本书是国家社科基金青年项目"数字出版模式下少数民族地区文化传承的版权问题研究"（16CXW012）的最终研究成果

数字出版模式下传统文化传承的版权问题研究

张慧春 著

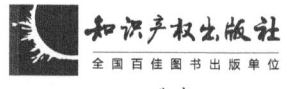

——北京——

图书在版编目（CIP）数据

数字出版模式下传统文化传承的版权问题研究／张慧春著 .—北京：知识产权出版社，2022.10

ISBN 978-7-5130-8374-4

Ⅰ．①数… Ⅱ．①张… Ⅲ．①传统文化—著作权—研究—中国 Ⅳ．①D923.414

中国版本图书馆 CIP 数据核字（2022）第 173834 号

责任编辑：刘 睿 邓 莹　　责任校对：谷 洋
封面设计：智兴设计室·任珊　　责任印制：孙婷婷

数字出版模式下传统文化传承的版权问题研究
张慧春　著

出版发行：	知识产权出版社 有限责任公司	网　址：	http：//www.ipph.cn
社　　址：	北京市海淀区气象路 50 号院	邮　编：	100081
责编电话：	010-82000860 转 8346	责编邮箱：	dengying@cnipr.com
发行电话：	010-82000860 转 8101/8102	发行传真：	010-82000893/82005070/82000270
印　　刷：	北京建宏印刷有限公司	经　销：	新华书店、各大网上书店及相关专业书店
开　　本：	720mm×1000mm　1/16	印　张：	18.5
版　　次：	2022 年 10 月第 1 版	印　次：	2022 年 10 月第 1 次印刷
字　　数：	300 千字	定　价：	98.00 元
ISBN 978-7-5130-8374-4			

出版权专有　侵权必究
如有印装质量问题，本社负责调换。

前　　言

中华人民共和国成立以来，我国一直奉行各民族一律平等的民族政策，少数民族文化是中华民族文化的重要组成部分，各民族文化平等发展，百花齐放。2018年3月5日，习近平总书记在参加十三届全国人大一次会议内蒙古代表团审议时指出："要深入践行守望相助理念，深化民族团结进步教育，铸牢中华民族共同体意识，促进各民族像石榴籽一样紧紧抱在一起，共同守卫祖国边疆、共同创造美好生活。"文化交流是铸牢中华民族共同体意识的有效黏合剂，各民族文化深入交流，互融共享应成为数字出版模式下少数民族地区传统文化传承的首要目标。本书主要讨论少数民族传统文化数字资源的版权保护问题。

习近平总书记强调："少数民族文化块头小，抵抗市场经济冲击的能力弱，一些非物质文化遗产流失严重，不能等到失去才懂得珍惜。要弘扬和保护各民族传统文化，去粗取精、推陈出新，努力实现创造性转化和创新性发展。"数字技术带来的"数字鸿沟"不能忽视，少数民族传统文化的传承需要保持文化的原生性。语言、风俗、传统的不同都会成为文化传播的阻碍。因而，作为一种较为弱势的文化遗产，为保护文化的多样性发展，从国际条约到国内立法都强调保护少数民族传统文化的传承。在传统文化传承过程中，"文化盗用"带来的文化发展不公平问题长期存在，从国际层面上看，发达国家凭借文化输出优势，不当使用了发展中国家的传统文化资源且没有支付报酬，由此带来文化发展失衡和利益分配不公平，而在本国文化发展过程中，也存在相对弱势文化遗产的均衡传承问题。传统文化资源的数字化传承可能加剧"文化盗用"的发生，一方面需要全面对传统文化数字资源进行分类管理；另一方面需要制定针对传统文化资源的有效传播策略。"文化盗用"不仅带来经济损失，并进一步削弱了相对弱势文化的发展，本质上破坏了对传统文化的解释权。因而，需要制定有关传统文化资源的具体使用规则，防止对传统文化资源的错误使用。

数字出版模式下，既有的出版规则被打破，出版的概念被技术发展扩大了。传统意义上的出版指的是复制和发行，即将作品通过有形载体加以传播，但是在数字出版模式下，有形的载体已经不重要，作品可以在网络空间通过不同的平台传播。即使不使用有形的载体，也可以欣赏并使用作品。所以，在数字出版模式下，以约束有形载体传播的"发行权权利穷竭制度"即"首次销售原则"在数字出版中是否适用就存在争议。目前来看，网络平台推出的区分定价模式，可以在一定程度上缓解"首次销售原则"缺失带来的问题。

对于少数民族传统文化传播来说，在作品知名度和影响力不高的情况下，支撑作品传播的有效渠道是文化机构。我国一直在加大对少数民族地区博物馆、图书馆等公共服务文化机构建设的支持，提供建设经费和项目经费为少数民族地区文化发展助力。然而在数字出版模式下，作品的传播方式从购买载体所有权的发行权传播模式转变为信息网络传播模式。理论上文化机构所购买的数字资源都是仅享有使用权而没有所有权，因而图书馆对作品的控制力就大大降低了，一般仅允许在许可期间内对作品的使用，而且还限制下载和复制。如果缺乏购买经费支持，文化机构功能的发挥极其容易被限制。概因在数字出版模式下，合理使用原则的功能发挥日益受到限制，特别是随着互动性创作的发展，创作者对视听资料的合理使用需求上升，但是合理使用标准的模糊性导致很多创作者无法判断使用是否合法，转换性使用规则的提出在一定程度上缓解了这个问题，至少转换性表达的使用方式不会对作品的潜在市场产生影响。总之，在数字出版模式下，只有对版权具有更强的控制力，才能最大限度实现赢利。欧盟出台的《欧盟单一数字市场版权指令》中有关"新闻出版者权"的设定就体现了对版权的争夺升级。我国《著作权法》第 24 条规定了"国家通用语言文字译民文"条款，该条款的法理依据存在争议，"国家通用语言文字译民文"条款的制定有其时代背景和特殊意义，但是在数字出版模式下，该条款是否仍然能发挥促进少数民族地区文化发展的功能需要再认识。一方面，由于少数民族文化产品市场竞争力相对较弱，需要创建更便捷的传播渠道提升作品的影响力以保证商业出版机制的稳健运行；另一方面，从发展公共文化角度分析，在数字出版模式下，少数民族群众应该更加合理快速地获取最新的文化知识，提升文化发展水平。但无论是"国家通用语言文字译民文"条款，还是目前的版权授权机制都没有很好地发挥应有的功能。目前我国少数民族地区的博物馆、图书馆等文化机构的场馆建设有了很大提升，面向农牧区以及边境地区的文化工程也在稳步推进，所以在硬件设施提升的基础上更要关注数字内容的建设。从世界范围来看，文化机构对提升少数民族地区、农村边远地区的教育水平、文化发展具有重要意义，但是目前的文化机构特别是图书馆对数字文献资源的使用却受到了限制。对于是否在版权法中设置图书馆版权例外规则，不同国家有不同的规定，欧盟很多国家采取版权补偿金制度，补偿图书馆对作品使用给作者带来的损失；美国版权法中明确规定了图书馆版权例外规则，而且将该规则写入《美国数字千禧年版权法》，赋予图书馆在一定条件下可以规避作品中嵌入的技术措施的权利，最多可以复制作品的三份数字版本，但禁止在场馆外使用。同时赋予美国国家图书馆馆长每三年提议修改图书馆例外规则条款的建议权。《欧盟单一数字市场版权指令》赋予图书馆一定条件下的文本挖掘权利。我国现行《著作权法》对图书馆的权利设定在第24条合理使用条款中，且对图书馆使用作品的权利加以严格限制。这实际上造成图书馆在数字出版模式下很难发挥其文化传承的功能，特别是少数民族地区的图书馆，有着丰富的馆藏传统文化资源，如果这些作品不能在数字出版模式下得到很好的传播，一方面无法满足公众对少数民族文化产品的需求，另一方面也无法提升少数民族文化产品的传承度和影响力。因此，应该充分利用版权许可使用制度，促成出版机构与图书馆建立共赢互利的版权授权机制，积极推行数字文献借阅，适当赋予图书馆规避技术措施的权利，以促进传统文化资源的传播。

数字出版改变了作品的传播方式，然而，基于数字出版带来的作品传播效率的提高，在学术研究领域掀起了去版权化运动。去版权理论受到学术界的支持，但是对学术作品完全去版权是没有办法实现的，于是"开放存取"运动随即产生。开放存取运动的宗旨是推动作品通过数字化形式快速传播,真正意义上实现文化资源的全球无障碍共享。虽然不能完全实现去版权,但是可以通过创作共享许可协议,对作品的保护期限和利用方式作出一定限制,以实现开放存取。开放存取的实现有金色、绿色、铂金、黑色等渠道可供选择,但是每种渠道都存在利弊。当前被普遍接受的传播渠道是作品被出版一年后可以实现对作品全文的免费获取。目前,很多知名出版机构纷纷宣布了自己的开放存取计划,可以说,在科技出版领域内,开放存取出版模式已经成为未来的出版趋势。从文化共享、促进传播、提升少数民族文化产品的影响力角度分析,对一些优秀少数民族文化产品实行开放存取出版模式是可行的。当然这个可行是有条件的,首先,要保证作者的创作成本可以得到弥补;其次,应在一定程度上确保作者享有收益;最后,要尊重作者的意愿。那些受到专项出版基金资助的有关少数民族传统文化体裁的作品是可以使用开放存取出版模式出版的,因为作者的创作成本可以得到弥补,而且也会得到额外奖励,通过开放存取模式一定程度上可以提升作品的传播度和知名度,也增加了少数民族传统文化产品供给。在开放存取运动的推动下,创作共享协议也得到了广泛推广,对少数民族传统文化产品的推广可以考虑采取创作共享协议文本,通过作者授权,促进作品数字出版。

在制定面向数字出版的文化传承版权规则时,根据少数民族传统文化传承的特殊性,需要从以下几个方面进行规则构建。(1)明确在数字出版模式下,不宜将首次销售原则引入网络环境中,因为无法有效对破解技术措施的手段进行控制就无法有效控制盗版的发生,而现有商业环境下是可以对数字作品的获取进行合理有效规制的。(2)对少数民族传统文化产品的传播注意对文化产品进行分类。文化遗产的数字化,一方面要注重保存,另一方面也要积极拓展利用方式。适当突破知识产权公有领域理论的限制,促成对传统知识、民间文学的商业化使用,但是要确保版权收益的公平划分。(3)由于少数民族传统文化产品的商业化运营模式还不成熟,从提升少数民族传统文化产品的影响力和传承度角度,应当适时建立更加灵活的版权授权机制,可以采用知识共享许可协议模式,在尊重版权人意愿的前提下,实现少数民族传统文化产品的共享。(4)数字出版已经改变了知识传播方式和出版利益格局，应当重新审视《著作权法》中"国家通用语言文字译民文"条款设置的法理依据和现实效果，对"国家通用语言文字译民文"条款的适用制定可操作性指引，应当对可以适用"国家通用语言文字译民文"条款的作品进行限制，对那些少数民族地区急需的具有经济和文化价值的作品可以进行合理使用，而不宜盲目扩大至所有作品类型。(5)通过对少数民族地区科技产业布局的初步考察，随着科技创作手段的提升，未来在创作过程中，势必要对视听作品等动态作品进行适当的引用和剪辑，所以我国应该建立更加灵活的合理使用制度，发挥转换性使用规则的作用，为创作者提供一个更加宽松的创作环境。(6)明确文化机构对少数民族传统文化资源传承的重要性，制定发挥文化机构传承文化资源的版权规则。在未来互动性创作进一步发展的前提下，应赋予图书馆等文化机构对合理使用行为的建议权，帮助规范公众的使用行为，也帮助公众更好地利用作品，构建和谐共赢的版权利益分配机制。

目　　录

绪　　论 ……………………………………………………………（1）
　第一节　选题的由来与意义 ………………………………………（1）
　第二节　研究对象与主要内容 ……………………………………（4）
　第三节　研究思路与主要方法 ……………………………………（11）
　第四节　学术创新之处 ……………………………………………（12）

第一章　少数民族文化权利：数字出版与传统文化发展 …………（14）
　第一节　数字出版模式下少数民族传统文化的传承和发展 ……（15）
　第二节　数字出版模式下少数民族文化权利的实现 ……………（32）
　第三节　少数民族传统文化资源数字化传承的知识产权制度保障 …（51）
　本章小结 ……………………………………………………………（75）

第二章　少数民族传统文化传播：数字出版中的版权利益重构 …（79）
　第一节　数字出版模式下作品发行方式的变革 …………………（79）
　第二节　数字出版模式下首次销售原则的存废之争 ……………（99）
　第三节　数字出版模式下的合理使用制度 ………………………（112）
　本章小结 ……………………………………………………………（141）

第三章　少数民族传统文化传承：数字出版与图书馆 ……………（144）
　第一节　图书馆与少数民族传统文化资源的数字化保存 ………（145）

第二节　图书馆保存少数民族传统文化数字化资源的障碍……（159）
第三节　图书馆版权例外规则的构建……………………（178）
本章小结……………………………………………………（197）

第四章　少数民族传统文化共享：数字出版与开放存取……（201）
第一节　开放存取概念的提出及实践……………………（202）
第二节　开放存取运动的发展……………………………（221）
第三节　少数民族传统文化产品实现开放存取的路径分析……（240）
本章小结……………………………………………………（248）

第五章　数字出版模式下少数民族传统文化传承的版权规则构造……（252）
第一节　面向数字出版的版权权利构造…………………（253）
第二节　推动图书馆作为文化传承机构的功能发挥……（258）
第三节　建立更灵活的版权许可机制……………………（262）
第四节　重新审视合理使用制度的范围设置……………（265）

参考文献……………………………………………………（270）

后　　记……………………………………………………（285）

绪　论

第一节　选题的由来与意义

一、国内外相关研究的学术史梳理及研究动态

在互联网技术浪潮的引领下，民族文化的传播模式发生了根本性变革，传统的文本传播方式受到来自网络新媒体的挑战，数字化阅读的推广普及使数字出版产业方兴未艾。在数字出版模式下，如何确保民族传统文化不被边缘化，如何借助网络传播的快速性、及时性和海量性等特点推动民族文化传承发展，成为国内外学者研究的重大关注点。数字出版的发展与民族文化传承是两个紧密相联的议题，目前国内外学者从新闻传播、图书档案管理、知识产权保护、文化遗产保护等领域对这两个议题展开研究，其中很多观点不谋而合，即数字出版模式下民族传统文化传承的版权保护要解决两个主要问题：一是大力支持民族传统文化产品的数字出版，厘清作者、出版者及其他相关权利人的权利义务关系配置问题；二是尽快完善数字出版理论，扫除产业发展障碍，完善出版及版权保护制度，确保民族传统文化的网络传播有序进行。鉴于知识产权保护制度的主旨和民族传统文化传承保护内核的高度一致，从知识产权保护角度分析数字出版模式下民族传统文化传承问题已成为学界的主要研究路径之一。目前数字出版模式下，我国少数民族传统文化传承保护所面临的主要版权问题包括：（1）数字出版模式下少数民族传统文化产品出版渠道有限，传统文化产品

的创作和需求不对称，版权的激励功能没有充分发挥，如何平衡作者、出版者及公众的利益存在理论争议。（2）数字出版的发展模式不清晰阻碍了公众对少数民族传统文化产品的获取。

为解决上述问题，需要从以下诸多层面展开研究：（1）要从版权法层面厘清版权保护与公众的获取权之间的关系。少数民族群体有权利获取其本民族传统文化产品，但在网络环境下，获取渠道的供给不足，导致少数民族群体的文化需求得不到满足，这需要国家从制度层面确保获取的通畅，例如，由政府提供资金建立面向少数民族群体的媒介机构。（2）需要探讨如何完善知识产权相关制度保护民族传统文化产品的创作和发展。从保护源头来看，一方面需要对经典少数民族传统文化产品进行整理保护，另一方面又要回应数字出版模式下传播方式改变所带来的影响。这需要完善版权法律制度中的许可使用制度，以及开放存取制度。（3）要确保少数民族群体充分享受到文化传承所带来的制度红利。数字出版模式是以市场为导向的，出版内容和规模都由市场决定，由于不具有优势市场地位，因而作者的创作热情不足，发行渠道不通畅，作者的收益难以保障。对经典作品的保护又过于强调大规模数字化保存，同时作品的利用却面临诸多知识产权制度障碍。综上，需要从知识产权保护出发，对知识产权制度中的合理使用、发行权的构造进行深入研究，只有适应数字出版模式下进行作品传播模式的变革，才能更好地保护少数民族传统文化的传承发展。

二、相对于已有研究的独到学术价值和应用价值

（一）将数字出版模式下知识产权制度的变革和少数民族传统文化传承问题相结合，拓展了版权法研究视野与空间

（1）版权法为民族传统文化的传承发展提供根本性保护，既确保作者能基于创作行为获利，也确保公众能及时获取利用作品。但数字出版模式下如何平衡作者、出版者及公众的利益，众说纷纭，以致理论研究零散化和碎片化，版权法中的相关制度被不断解构。事实上，只有以传播学理论为基础，通过对我国市场现状进行实证考察研究，改变目前理论研究自说

自话的局面，为民族传统文化传承发展提供知识产权制度支持，才能解决实务中出现的诸多问题。本书关注了如何建立面向数字时代的版权许可制度，以及如何完善合理使用制度以促进民族传统文化传播，提出著作权法的修改应该结合公共文化服务领域中的立法问题，再通过对少数民族传统文化传播模式的实例分析，才可构建完善立法的具体路径。

(2) 从少数民族地区传统文化传承发展版权保护角度考察我国著作权法制度的不足。在数字环境下，我国少数民族传统文化资源数字化保护已经取得重大进展，但市场化程度不高，版权交易不活跃，加之知识产权保护制度薄弱，导致少数民族传统文化产品的创作、传播、获取、利用遇到诸多阻碍。在项目调研过程中，笔者先后开展了对少数民族传统文化产品需求度的调研，第一次是面向全国的一般性调研，第二次是面向少数民族地区大学生群体的需求度调研。调研发现，公众对少数民族传统文化产品具有浓厚的兴趣，无论是学习还是欣赏，但在互联网传播模式下，公众普遍反映对少数民族传统文化产品的获取渠道不清楚。笔者又专门考察了内蒙古地区数字出版产业发展的情况，发现依托于大型出版机构进行的数字化工程项目已经在内蒙古自治区推行，从技术角度进行文献资源数字化也不存在障碍，问题在于数字化之后如何利用数字资源。目前存在的具体问题是传播机制不健全，版权问题不明晰，利益分配不清晰。

(二) 为我国数字出版产业发展的法治化奠定基础，帮助解决数字出版知识产权保护的现实问题

(1) 数字出版产业发展迅速，但是我国出版及版权法律体系对如何定义数字出版还没有明确界定，且调整数字出版的法律层级较低，无法从根本上解决数字出版领域内的问题。《互联网出版管理暂行规定》中对互联网出版的规定与《著作权法》《信息网络传播权保护条例》存在不协调之处，数字出版法律法规相对滞后成为制约数字出版产业发展的首要问题，这需要从行业发展现状分析法律保护的必要性和适用规则，为法律的修改完善提供理论支持。

(2) 互联网是当今时代最具发展活力的领域，在"互联网+"模式下，我国互联网出版产业虽然取得了长足的进步，但因为相关法规不健全，2014年数字出版的增长仅有20%的增幅。2015年出台的《关于推动传统出版和新兴出版融合发展的指导意见》指出，要推动修订《中华人民共和国著作权法》，加快修订出台《网络出版服务管理规定》和《出版物市场管理规定》。通过逐步建立以法律法规为主体、以部门规章为配套、以规范性文件为补充的法律法规体系，规范、保障、推动出版融合发展。综上，完善版权立法，建立合理化出版法律体系已经成为产业发展的关键。

第二节　研究对象与主要内容

一、研究对象

以数字出版模式下少数民族地区传统文化传承的版权保护制度构建为研究对象，提出的理论命题在于：如何确保在数字出版模式下维护少数民族传统文化产品的供给，并保障作者、出版者及公众的利益。如何为少数民族地区传统文化传承发展提供制度性保护。通过对国内外研究结论的梳理，目前数字出版模式下少数民族传统文化传播所面临的难题包括：（1）数字出版模式难以界定。以美国为代表的版权法理论认为，网络环境下对作品的传播可以界定为"出版发行"，而欧盟国家的立法则强调网络环境下传播作品属于信息网络传播权的行使。我国立法目前并没有就采取何种模式明确规定，这不仅造成理论争议，也导致产业发展的继续推进遇到制度障碍。（2）如何在数字出版模式下推动少数民族地区传统文化传承和发展。理论争议与现实困境都表明，只有完善版权保护制度，从创作、传播、获取等各个层面分析如何切实保护权利主体的知识产权，才能实现民族传统文化长远发展。目前来看，数字出版中版权保护的每个环节都面临立法缺失。有鉴于此，本书对数字出版模式下传统文化传承的版权问题作出全面梳理，进而结合知识产权制度发展的新动向研讨如何构建适应我国国情的少数民族传统文化传承版权保护制度。

二、总体框架

（一）数字出版模式下少数民族传统文化产品的创作与传播

少数民族传统文化的传播主要依靠国家通过专项资金扶植以及部分作者原创。"十二五"及"十三五"规划实施以来，国家一贯坚持鼓励和发展少数民族传统文化的政策，在少数民族地区通过公共文化建设项目推动民族出版、博物馆、图书馆以及其他公共文化工程的建设，促进少数民族传统文化传承。在数字出版模式下，除了依靠传统出版平台实现少数民族传统文化产品数字化转型外，还有自媒体渠道，但总体来看，传统平台数字化转型的成果转化不彻底、不充分，缺乏有影响力的少数民族文化传播自媒体平台。原因在于，目前数字版权法体系中的许可使用制度以及合理使用制度已经无法有效调整数字版权在网络空间内的运行，很多问题在实践中争议不断，导致版权运营机构（如出版机构、图书馆、创作者）即使拥有丰富的版权资源，也难以高效运用。本书对目前数字出版模式下的版权授权规制以及合理使用制度的发展进行了彻底梳理和分析，对少数民族传统文化产品数字化传播路径中的版权问题解决提出了建议。第一，需要进一步利用国家政策的扶植，搭建并发展少数民族传统文化传播数字化平台，培育有影响力的网络媒体和自媒体发展。第二，要采取有力措施，解决民族地区图书馆的馆藏资源数字化问题，并积极推动优秀少数民族传统文化产品实现数字借阅。第三，根据少数民族传统文化产品的市场发展需求和学术研究需求，有条件、有分类、有秩序地推进少数民族传统文化产品的开放存取。第四，对我国现行《著作权法》中的合理使用制度条款进行分析，特别是针对"国家通用语言文字译民文"条款的适用情况进行分析，提出在数字出版模式下有必要对"国家通用语言文字译民文"条款的适用作出具体限制，以避免在适用中出现侵权问题。

（二）数字出版模式下作者、出版者及公众之间的权利义务重构

根据《国家新闻出版广电总局关于报送国家"十三五"少数民族语言文字出版规划的通知》，在"十三五"期间，国家继续支持民族出版事

业的发展。但目前理论界对于数字出版模式的选择问题仍然没有定论，造成产业发展的继续推进遇到了版权法中的制度障碍，这无疑给民族出版事业发展造成了阻碍。如果采取"信息网络传播"模式则意味着版权法中的"首次销售原则"不适用于数字出版，这强化了作者、出版者的利益保护，但不利于经济发展较为落后的少数民族地区公众对传统文化产品的获取。如果采取"出版"模式，将传统的出版发行理论延伸到网络空间，则需要重新构建网络环境下的"首次发行原则"。归根结底，数字出版模式选择问题本质上是对作者、出版者及公众之间关系的重构。尽管"首次销售原则"存废之争在理论界已存在很多年，但是通过对"首次销售原则"的整理和分析，以及结合域外立法和判例的解读，笔者认为，在数字环境下设置"首次销售原则"没有必要，因为目前没有有效的措施打击网络盗版行为，也没有有效的技术手段来监督使用者对数字作品的使用行为的合规性，所以对于网络环境下作品的传播很大程度上还是需要通过版权许可使用模式来解决。在商业模式中，也可以采取阶梯定价的方式来解决作品的传播问题。但是就少数民族传统文化产品的数字化传播来看，最重要的问题还是培养有影响力的作品创作和传播平台，扩大作品的影响力，提升作品的知名度，才能真正实现依靠版权来获得收益。

（三）数字出版模式下获取权的保护

我国民族出版事业主要靠国家专项资金支持，这确保了作品创作的稳定性，但在数字出版模式下，及时传播作品使公众获取作品进而实现社会效益最大化是更重要的问题。特别是少数民族地区，少数民族主体对本民族传统文化产品需求量大，由于经济、版权制度等问题的制约，作品获取途径不畅，这也不利于少数民族传统文化的传承。事实上，可以探讨在数字出版模式下推行针对民族传统文化作品的"开放存取"模式。本书对"开放存取"运动的产生、发展、现状进行了全面分析和梳理，认为在我国，对少数民族传统文化产品实现"开放存取"出版具有可行性。首先，从学术研究角度分析，少数民族地区的图书馆、文化机构以及创作者，保存并创作了大量优秀少数民族传统文化产品，但是这些产品大部分没有被数字化，或者被数字化后也是作为藏品被留存在数据库中，传播度很低。

这就导致希望研究少数民族传统文化的公众不能通过网络很好地获取这些文化资源。其次，域外的案例和经验证明，"开放存取"运动可以很好地促进科技文化交流并保证公众的获取权实现。在我国，优秀的少数民族传统文化产品依托国家专项资金的资助出版发行，从作者创作意愿和创作激励角度分析，在保证创作成本回收和市场收益的前提下，作者是愿意将作品开放存取的，所以，少数民族传统文化产品具有进行开放存取出版的先天优势。同时，开放存取出版模式也可以帮助少数民族传统文化产品拓宽传播渠道，扩大作品的影响力。

（四）数字出版模式下少数民族传统文化产品的利用

数字出版模式下，公众可以通过购买获取少数民族传统文化产品，这是主要的传播方式。此外，图书馆对作品的数字化行为也成为少数民族传统文化产品传承的主要模式。在课题的研究推进过程中，笔者发现，图书馆已经成为传承少数民族传统文化的主要场所并发挥了重要的功能。以内蒙古大学图书馆为例，内蒙古大学图书馆与内蒙古大学蒙古学研究中心合作创办了"中国蒙古学信息网"，该项目也是2013年度国家教育部人文社会科学研究规划基金项目"蒙古学信息服务平台建设研究"的重要研究建设内容之一。该网站主要以蒙古学为主题，及时收集、整合、报道国内外蒙古学、相关民族学最新研究动态、论著信息、文献信息资源，并链接相关资源导航。该项目计划建设成为我国最大的蒙古学信息服务平台和学科信息资源的整合数据库，为我国蒙古学和民族学教学科研提供高质量高层次的资讯服务。内蒙古大学图书馆依托丰富馆藏资源创建了"蒙古文数字图书馆"，这是一个收集蒙古文文献的图书馆，主要收集以蒙古文为主要书写语言的相关文献，例如，图书、期刊、报纸、古籍金石拓片、博士硕士研究生毕业论文、会议论文，等等。该项目启动于2005年，经过十余年建设，已经形成一定规模。但是通过调研走访，笔者发现因为版权的限制，数字图书馆和数字数据库大多只能提供文章的标题、主要内容和链接，而无法全面支持全文本下载服务，想下载全文本的资源需要得到授权。由于资金、人力资源的限制，对馆藏资源数字化的速度也比较缓慢。目前我国著作权法与出版法立法体系对于如何协调网络环境下图书馆与出版机构的关系并没有明确规定。主要体现在：数字环境下图书馆对已发行作品的大规模数字化是否属于合理使用存在争议。此外，少数民族群体对于已经数字化的少数民族传统文化产品再利用的问题也需要从立法层面进行回应。域外立法对传统文化产品的"回复"制度作出了明确规定，同时在面向数字时代的网络立法中明确了图书馆的版权例外规则，我国立法尚未对少数民族传统文化产品的利用作出具体规定，这在一定程度上造成民族传统文化数字化资源的利用受到限制，而最大的问题是限制了图书馆功能的发挥。笔者认为，应当在立法中明确图书馆对合法收藏的文献进行数字化属于合理使用，并且要对图书馆可以数字化版本的数量作出规定，同时需要通过明确图书馆版权规则例外制度、图书馆合理使用制度，为少数民族地区图书馆的合法运行提供明确指引。

（五）数字出版模式下少数民族传统文化传承的版权保护制度构建

数字出版给少数民族地区文化传承带来了新问题，只有在知识产权制度的框架内进行整合保护，才有利于消除目前实践中的问题。（1）我国《著作权法》在立法中经过学界探讨和司法实践，已经显示出目前不具有构建网络环境下作品"首次销售原则"的可行性，所以目前数字化作品在网络环境下的传播是通过许可使用的方式实现的，公众只能在一段时间内获得对作品的使用权，但是不能将作品转售、出租或者借阅，只能个人使用。同理，少数民族传统文化产品在数字出版模式下的传播也需要通过版权许可使用而实现，这就需要版权内容提供方积极运用目前有效的网络传播渠道，通过版权授权传播作品。但是从市场需求和竞争角度来分析，少数民族传统文化产品的市场竞争力不高，也没有形成有影响力的创作群体和传播平台，这就决定了在数字化传播中基于商业模式的运营，版权方可能缺乏议价优势，所以需要制定灵活的作品授权策略，推动少数民族传统文化产品的数字化传播。（2）协调出版机构与图书馆等版本保存机构的合作，强强联合，推动少数民族传统文化产品的数字化传播和利用。目前少数民族传统文化产品的出版机构和文化机构没有有效地将彼此的文化版权资源整合起来，这实际上是一种资源浪费。通过对域外案例进行分析，可以发现，为了促进文化资源的传播，出版机构和图书馆天然具有共同的利益。一方面，图书馆通过订阅为出版机构提供收入渠道；另一方面，出版机构提供给图书馆丰富的数字文献，确保公众获取权的实现，同时也可以提升优秀文化产品的阅读量和知名度。（3）根据"开放存取"模式的要求，对著作权保护期限及作者对作品的授权使用作出更灵活的规定。通过研究，笔者认为，应该制定针对少数民族传统文化产品的"开放存取"出版政策，设置灵活便利的作品获取制度，一方面可以帮助受到国家专项资金支持的优秀少数民族传统文化产品顺利进入市场，扩大品牌影响，提升少数民族传统文化产品影响力；另一方面也满足公众对少数民族传统文化产品的需求。另外，对具有一定商业价值的少数民族传统文化产品也可以考虑适用"开放存取"获取政策，作品供给不足和影响力不足也是制约文化发展的要素之一，通过"开放存取"渠道积累稳定的消费群体，再谋求商业运营的成功，不失为一项有效策略。（4）我国《著作权法》中合理使用制度的设计包含了"国家通用语言文字译民文"条款。《信息网络传播权保护条例》将"国家通用语言文字译民文"条款纳入网络环境下，但是并未对"国家通用语言文字译民文"条款的适用进行说明，这也给实践中造成了争议，带来了观点冲突。在未来数字出版进一步发展过程中，运用新技术进行互动化创作的手段提升，作者需要获取视听资料进行编辑创作，"国家通用语言文字译民文"条款是否适用于数字视听作品，该条款是否受合理使用判断四要素的制约，在理论和实践中都存在模糊之处。笔者认为，在数字出版模式下，对"国家通用语言文字译民文"条款的适用也要遵循合理使用原则的判断标准，区分作品类型，不宜盲目扩大。

三、重点难点

本书的研究重点在于，结合我国少数民族地区传统文化发展现状及我国出版政策的具体要求，研究如何完善目前的版权保护制度。学界现仍未有研究成果将两者结合起来，而是分别从民族传统文化保护以及数字出版角度研究，造成研究结论比较片面，缺乏综合性和全局性。少数民族传统文化是一个非常庞大且抽象的概念，需要对其进行细致区分。少数民族文化可以分为物质文化和非物质文化，其文化形态又包括传统知识、民间文学、现代文化，再细分又可以分为少数民族文学、少数民族音乐，等等。

本书对少数民族传统文化的划分主要限定在数字出版模式下的少数民族传统文化产品传播。以出版物为研究核心，没有对非物质文化遗产进行具体研究，对文化遗产的保护和利用有所涉及。研究宗旨在于，在知识产权的制度框架内分析少数民族传统文化的传承问题。知识产权制度是重要的利益平衡工具，从产业发展的客观实际出发，研究作者、出版者、传播者、公众的权利义务配置应当成为本书的重中之重。

本书研究的难点在于，如何借鉴国外的制度发展和变革经验"为我所用"。知识产权法律体系国际化趋势非常明显，但在数字出版领域，对美国或欧盟的立法实践都不能不加分辨地全盘接受。我国文化发展政策的独特性决定了我们需要整合借鉴适合我国国情的知识产权保护政策：（1）国家的政策支持力度决定了我国民族出版领域内可以推行更灵活的版权保护方式；（2）数字出版已经成为主要的文化传播方式，然而目前数字出版模式的争议已经阻碍了产业升级发展，加之地区经济发展不均衡，少数民族地区的"互联网+文化"产业发展理念刚刚起步，故而需要研究如何从知识产权保护角度为新兴产业发展提供有效的制度支持。

四、主要目标

"十三五"规划建议提出"坚持创新发展，着力提高发展质量和效益"，这对互联网产业发展提出新的要求。"十三五"规划完美收官，我国数字出版发展已初具规模，公众数字化阅读习惯初步建立。"十四五"规划提出"充分发挥海量数据和丰富应用场景优势，促进数字技术与实体经济深度融合，赋能传统产业转型升级，催生新产业新业态新模式，壮大经济发展新引擎"。随着数字技术赋能引领作用充分发挥，内容生产传播数字化水平显著提升，未来我国数字出版产业将更加多元，精品供给更加丰富。但也应关注，少数民族地区数字出版产业仍不发达，网络版权交易活动发展缓慢，版权保护制度还有很多关键性问题没有解决，这更不利于少数民族地区出版产业的升级发展。此外，出版物大规模数字化在技术上已经没有阻碍，但版权法律制度的缺失事实上会造成我国民族传统文化产品市场价值不高，影响力难以提升。如何从实际出发，构建符合我国国情的出版及版权保护制度，这是本书的主要研究目标。

第三节 研究思路与主要方法

一、研究思路

本书采取"理论先行,实践导向,制度建构"的研究思路,首先,尝试厘清数字出版与少数民族地区传统文化传承的关系。从创作保护、传播保护、发展保护三个层面不同角度分析目前网络出版领域的问题,为论证版权法、出版法规的适用及新规则的设置提供合理性基础;其次,通过实证研究的方式,主要结合内蒙古等少数民族地区文化产业发展现状,有针对性地研究符合我国国情的互联网版权保护运行机制;再次,从法律适用及立法改革两个层面,分析如何解决当前的法律困境;最后,深入探讨数字出版模式下少数民族地区传统文化传承版权保护制度的构建及改革方向。

在整个研究结构中,"数字出版模式下版权法理论探索"是制度运行的理论依据;"传统文化保护的版权法律困境"为制度完善提供指导方向;"版权法律适用及立法改革"则是制度演进的具体路径。只有从理论出发,针对当前法律及实践中存在的问题,才能解决数字出版模式下少数民族传统文化传承的版权保护问题,从而完善我国出版及版权保护制度的建构。

二、研究方法

(1)唯物辩证法。分析数字出版模式下少数民族传统文化保护的政策目标、制度功能、价值判断以及其中蕴含的自然辩证原理,确保对少数民族传统文化传承保护的运行与制度设计始终在统一的理论框架中进行。

(2)比较研究法。考察美国、欧盟的版权法改革与实践积累的经验,借鉴其中适合我国发展的相关措施;比较分析新西兰、澳大利亚等国家建立的传统文化专门保护制度,汲取其中的有益思路。比较研究的方法主要应用在本书的论证环节,为法律适用及立法改革提供可比较借鉴的素材及论据。

(3)实证研究法。理论研究的目标只有落实在实践中才能真正发挥作用。针对数字环境下少数民族传统文化产品传播不足、创新能力不强、权利人利益得不到有效保护等问题，分析现有出版及版权法律制度的缺陷，在实践中不断检验理论的合理性，在积累经验的基础上完成数字出版模式下传统文化传承的版权保护制度构建。

第四节 学术创新之处

一、研究思想观点的创新

网络新媒体与少数民族地区传统文化传承研究这一议题的内涵十分丰富，本书选取的研究切入点为版权保护。当前以数字出版为代表的网络新媒体所面临的首要问题是版权运营体系和保护体系的重构，而少数民族地区传统文化传承的问题归根结底仍然是一个知识产权保护问题。为了摆脱研究的分散性、片面性，本书从我国实际出发，通过研究中外立法并结合我国出版产业法律保护体系的现状，将数字出版版权保护与少数民族地区传统文化传承问题结合起来研究，协调版权法与专门立法的关系，促进少数民族地区传统文化传承与版权法保护立法的对接，最终消除法律适用及实施上的障碍。

二、研究问题内容的创新

（1）在问题选择上，少数民族地区传统文化传承的版权保护问题不能拘泥于一个范围，而是应该从创作、保护、传承发展等角度展开研究，所以应当将出版、获取、传播等领域内存在的问题相结合，最终反馈到版权法立法中，探讨制度创新的有效路径，方能提出解决问题的新思路。

（2）在研究内容方面，目前国内外研究仅关注了数字出版模式变革带来的版权保护争议问题，以及网络环境下对作品使用多元化带来的合理使用类型多样化的问题，但都没有将这些问题与传统文化传承结合起来，导致研究结果片面、滞后。只有将上述研究内容统合起来，才能彻底厘清我国著作权法修改和发展的趋势，最终填补国内研究的空白。

三、研究的特色

本书的研究特色在于应用性强。内蒙古地区传统文化资源十分丰富，为本研究提供了样板和资料，本研究的最终成果能够拓展版权法研究视野和空间，并为传统文化资源保护立法提供理论依据，能够解决少数民族地区传统文化传承版权保护缺失的现实问题，所提出的立法改革建议具有较强的操作性。

第一章
少数民族文化权利：数字出版与传统文化发展

《国务院关于进一步繁荣发展少数民族文化事业的若干意见》（国发〔2009〕29号）指出，要加大现代科技手段运用力度，加快少数民族文化资源数字化建设进程。这是在国家立法层面推动少数民族文化资源数字化传承的起点，之后少数民族文化的数字化建设问题相继被写入"十二五"规划和"十三五"规划。数字出版作为传承少数民族传统文化的主要方式也受到了较高的关注，从中央到地方，都通过立法强调要推动少数民族文化数字出版产业的发展。少数民族文化数字出版促进工程是"十三五"时期数字出版重点项目工程。内蒙古自治区鄂尔多斯市在2017年印发的《鄂尔多斯市"十三五"时期信息化和信息产业发展规划的通知》强调打造具有蒙古民族特色的动漫、网络游戏、数字影音、移动内容、蒙古文数字出版品牌。《广西壮族自治区人民政府办公厅关于印发广西"十三五"基本公共服务均等化规划的通知》中强调实施少数民族新闻出版东风工程。其他省区市也有相关少数民族文化资源数字化的政策法规出台，"十四五"规划提出，"加强对外文化交流和多层次文明对话，创新推进国际传播，利用网上网下，讲好中国故事，传播好中国声音，促进民心相通"。"十三五"时期的文化建设成果为"提升中华文化影响力"的宏伟愿景提供了丰富文化资源，少数民族传统文化是中华文化的重要组成部分，亦当以数字出版升级发展为契机，成为传播中华优秀传统文化的主要力量。可以说，少数民族传统文化的数字化传承的技术路径和发展路径都已初具规模。但通过调研也发现，目前少数民族传统文化资源的数字化传承，特别是基于数字出版模式下的数字化传承仅实现了数字化存储,在数字化利用方面,市场化运作的方式还很不成熟,大部分的数字化工程是依托科研项目的支持,项目结束后数字化内容的利用基本停滞,这就造成在数字出版模式下缺乏具有影响力的少数民族传统文化产品、获取少数民族数字化传统文化产品的渠道不通畅等诸多问题。因此,需要从理论上梳理少数民族传统文化资源数字化传承的法理依据和发展路径,为少数民族数字化传统文化资源的深度利用提供理论支持。

第一节 数字出版模式下少数民族传统文化的传承和发展

一、数字出版对少数民族传统文化传播的影响

(一)数字出版改变文化传播渠道

互联网技术出现并大规模运用,成为人们日常生活中不可或缺的组成部分,其中互联网对出版行业的影响亦是颠覆性的,从网上看新闻,到通过阅读终端开启数字阅读的风潮,消费数字化产品已经司空见惯,数字出版已经成为一种趋势。新技术带来的潮流让人应接不暇,但从产业制度构建和法律制度构建的语境下探讨互联网技术带来的影响,还需要厘清相关概念的异同,以推进研究的展开。数字出版是以互联网为代表的数字技术在出版行业中应用所带来的结果,出版学研究将数字出版定义为:"数字出版是人类文化的数字化传承,它是建立在计算机技术、通信技术、网络技术、流媒体技术、存储技术、显示技术等高新技术基础上,融合并超越了传统出版内容而发展起来的新兴出版产业。数字化出版是在出版的整个过程中,将所有的信息都以统一的二进制代码的数字化形式存储于光盘、磁盘等介质中,信息的处理与接收则借助计算机或终端设备进行。它强调内容的数字化、生产模式和运作流程的数字化,传播载体的数字化和阅读消费、学习形态的数字化。"❶ 数字出版带来了图书的数字化传播和数字

---

❶ 张立,汤雪梅,介晶,等.数字出版商业模式研究[M].北京:中国书籍出版社,2016:15.

阅读习惯的形成，网络图书、网络期刊都成为行业发展的新趋势。但是对数字出版的定义仍然存在分歧，对于数字出版仍有广义和狭义之分，广义的观点认为："凡是将信息、知识、观念等内容，用文字、图像、声音等代码以任何形式在因特网上传播，均可称之为网络出版。"❶ 这种将数字化信息与出版联系起来的概念被称为"泛网络出版"，其概念为，"计算机技术、通信技术和网络技术的发展，使任何个人都能主动地利用网络媒介跨时空搜索、获取个人化信息，出版内容的制作可在跨媒体、跨设备、跨标准中进行，包括个人在内的所有出版者都可以在更为综合的内容和更加个性化的形式之间自由取舍"❷。但是泛网络出版的概念涵盖范围过大，实际上不利于从理论上对数字出版问题进行研究，很可能会造成挂一漏万或者以偏概全，如果追求全面的分析还可能导致泛泛而谈，重点不突出。于是对应的狭义数字出版的概念被提出，即"数字出版是具有合法出版资格的出版机构，以互联网为载体和流通渠道，出版并销售数字出版物的行为"❸。狭义数字出版的概念强调了出版主体的资质性，故将那些不具有出版资质的主体排除在外，厘清了数字出版的边界，故狭义的数字出版概念认为，数字出版就是传统出版概念在网络环境中的延伸。无论是广义的数字出版定义还是狭义的数字出版定义，都在不同的语境下被使用，概念并无对错之分，但是在分析和解决问题时，需要限定对概念的使用范围。通过对比相关的法律文件可以发现，在产业发展的语境下与在法律的语境下讨论数字出版的概念范围，显然是不同的。

《新闻出版总署关于加快我国数字出版产业发展的若干意见》（新出政发〔2010〕7号）指出，数字出版是指利用数字技术进行内容编辑加工，并通过网络传播数字内容产品的一种新型出版方式，其主要特征为内容生产数字化、管理过程数字化、产品形态数字化和传播渠道网络化。目前，数字出版产品形态主要包括电子图书、数字报纸、数字期刊、网络原创文学、网络教育出版物、网络地图、数字音乐、网络动漫、网络游戏、

---

❶ 王蕾. 网络出版初探［J］. 现代传播，2002（6）：101.
❷ 徐丽芳. 数字出版：概念与形态［J］. 出版发行研究，2005（7）：5.
❸ 王克黎. 数字出版与学术创新的相互作用［J］. 编辑之友，2008（7）：25.

数据库出版物、手机出版物等。❶ 该意见显然采用了广义的数字出版的定义，认为数字出版包括原创作品的数字化、编辑加工的数字化、印刷复制的数字化、发行销售的数字化和阅读消费的数字化。当然，从产业政策制定的角度来看，要关注全产业链的构建，采取泛数字出版的概念是合适的。但从法律角度分析，《网络出版服务管理规定》中的表述为，网络出版服务是指通过信息网络向公众提供网络出版物。网络出版物，是指通过信息网络向公众提供的，具有编辑、制作、加工等出版特征的数字化作品。同时，该规定要求网络出版的从业者，需要具备相关职业资格条件，并取得从业许可。可以看出，法律层面对数字出版的定义采取了较为狭义的概念界定，并将数字出版与网络出版作为同义概念理解。

从行业发展来看，数字出版涉及从创作到衍生品开发的方方面面，当然不仅指直接在网上编辑出版内容，也不仅指把印刷品数字化，真正的数字出版应该是对整个传播流程的再造。未来数字出版 3.0 时代，数字出版向融媒体深化发展，出版行业必将经历再一次的升级换代，因此数字出版实际上把出版业带进了一个泛出版的时代，数字出版就是未来出版业的全部，也是未来出版业的方向。从产业发展角度将数字出版界定为广义的概念具有前瞻性和创造性，但是法律角度却不宜作出这种泛出版的概念界定，因为泛出版的概念将多种出版业态纳入调整的范围内，然而并不区分主体的资质。我们需要从法律层面明确数字出版的主体，从而构建有效的法律规则。无论从广义还是狭义的概念分析，数字出版已经彻底改变了文化产品的传播方式和渠道，无论是出版主体、出版方式，还是出版渠道都已经突破了传统出版的方式，加之消费者数字化消费习惯的形成，未来数字出版的商业模式会对版权框架产生巨大的冲击和影响，而少数民族文化产品的数字化传播也要顺势而为，既要接受版权制度的调整，也要看到版权制度受到冲击带来的问题，找到适合少数民族文化产品数字化传播的适当方式。

---

❶ 新闻出版总署关于加快我国数字出版产业发展的若干意见 [EB/OL]. [2017-05-10]. http：//www.gov.cn/gongbao/content/2011/content_1778072.htm.

(二) 少数民族传统文化传播的数字鸿沟

英国人类学家爱德华·伯内特·泰勒对文化是这样论述的："文化作为一个复杂的整体，包括知识、信仰、艺术、道德、法律、风俗以及人类作为一个成员获得的任何其他能力和习俗。文化表现为一个族群与环境的互动。这些风俗在特定族群内代代相传。"❶《多哈宣言》提出当代知识产权中的新问题即保护原住民的知识和文化，并指出 TRIPS 理事会应该审视 TRIPS 协定与《联合国生物多样性公约》之间的关系以及思考如何保护传统知识和民间文学艺术。这标志着知识产权制度成为法律与少数民族文化保护的一个连接点。通过知识产权制度确定少数民族群体的知识产权权益，主张其所有的文化知识和遗产的特殊权利，以及维护、控制、保护和发展其文化、遗产的知识产权权利。《多哈宣言》进一步指出少数民族的文化权利包括世代相传的遗址和知识，这些代代相传的文化表达形式被视为与特定族群有关的财产。❷ 通过对《多哈宣言》的解读，少数民族传统文化产品涉及大量有关少数民族的技能和传统，这些元素融入族群文化中，促进了族群内的沟通和决策。少数民族文化知识体系是动态的，随着时间的推移不断发展并与族群的需求和环境相适应。

文化是一个难以把握的概念，三言两语恐怕难以概括上下几千年的文化流转。从传播学的角度分析，文化应是对某种特定生活方式和生存状态的描述，特定族群的生活方式和生存状态被稳定地传递下去，各族群之间展开文化交流，就形成文化的传承。"在当代社会，保持族群文化发展的多样性已经被《保护和促进文化表现形式多样性公约》所确认，保持民族文化的发展和文化的多样性是一项基本的人权。"❸ 民族文化包括民族物质文化与民族精神文化，因为精神内在具有极强的民族认同感的因素，所

---

❶ CORBET T S. Archiving our Culture in a Digital Environment：Copyright Law and Digitisation Practices in Cultural Heritage Institutions [EB/OL]. [2018-07-08]. http：//ssrn.com/abstract=2040977.

❷ The Separate Doha Declaration Explained [EB/OL]. [2019-11-11]. https：//www.wto.org/english/tratop_e/trips_e/healthdeclexpln_e.htm.

❸ UNESCO 2005 Convention on Cultural Diversity [EB/OL]. [2018-10-12]. https：//ifacca.org/en/what-we-do/sector-engagement/advocacy/unesco-2005-convention-cultural-diversity/.

以民族文化的传承绝对不是个人行为，而被打上了极强的群体性文化烙印，文化传承的最终目的是实现民族群体的自我完善和发展。

"在数字出版模式下的少数民族文化传承具有极强的技术推动文化传播的烙印，但技术对文化的推动具有双向作用，一方面技术会改变民族文化的传播形态和效果，另一方面也会推动大众文化的迅猛发展，大众文化不断在规模上超过了其他文化形态，而且还以各种'文化暴力'的方式掠夺着其他文化资源，这就造成了大众文化的强势地位，小众文化的传播空间反而受到挤压。"❶ 但是新技术带来的对少数民族传统文化传播的影响具有双面性，一方面技术会改变少数民族传统文化的传播形态和效果；另一方面也会造成作为小众的少数民族传统文化进一步受到来自大众文化的挤压。因为技术的进步推动了"互联网+"传播模式的形成，在数字出版市场形成并日益成熟的同时，市场必将发挥其对文化产品的筛选功能，经济效益更强的大众文化自然会迅猛发展，结果就是大众文化不断在规模上超越其他的文化形态，形成大众文化的强势地位。互联网仅用了四年时间就成为被广泛接受的大众媒体，互联网技术应用发展的美好愿景是促进知识、信息的快速传播，实现获取文化资源的公平、平等，但是回顾互联网发展的历程，这个愿景却远没有实现，互联网并没有让世界变成平等的，在互联网产业如滚雪球般不断壮大的同时，数字鸿沟❷也产生了。数字鸿沟被认为是互联网中霸权主义的体现，由于国与国之间经济和政治地位的不平等，那些经济发达、技术先进的国家往往垄断了信息的传播，而发展中国家通过互联网获利则处处受到网络霸权的限制，虽然技术是中立的，但是现实中网络产业的发展是不平等的，利益的天平更倾向于那些掌握更多信息的国家。"数字鸿沟"概念的提出是针对互联网产业发展早期，国与国之间的技术发展不均衡导致文化传播不对等，技术领先的国家输出更

---

❶ 岳广鹏. 冲击·适应·重塑——网络与少数民族文化 [M]. 北京：中央民族大学出版社，2010：3.

❷ 数字鸿沟，是指在全球数字化进程中，不同国家、地区、行业、企业、社区之间，对信息、网络技术的拥有程度、应用程度以及创新能力的差别而造成的信息落差及贫富进一步两极分化的趋势。该词源于美国著名未来学家托夫勒于1990年出版的《权力的转移》一书，该书提出了信息富人、信息穷人、信息沟壑和数字鸿沟等概念，认为数字鸿沟是信息和电子技术方面的鸿沟，信息和电子技术造成了发达国家与欠发达国家之间的分化。

多文化产品，而技术落后的国家则处于传播文化产品的被动地位。这种技术发展带来的数字鸿沟可以通过技术层面的追赶来弥补，但是对少数民族传统文化产品的数字传播来说，仍然存在一些其他的数字鸿沟需要突破。

（1）少数民族传统文化产品数字化传播的语言鸿沟。由于语言及文化传统的小众性，决定了少数民族传统文化传播模式并不能像大众文化那样具有广泛的受众和市场，所以对少数民族传统文化传播的市场策略、政策扶植和法律调整规范都要突出其特殊性。少数民族传统文化传播需要保持文化的原生性，即用本民族的语言传承民族文化。语言的首要功能是交流，同时也是人的主体性的表现工具。互联网诞生在英语国家，在初创阶段，运用互联网只能使用英语，有了数字技术的加持，英语文化产品不费吹灰之力就占据了文化优势地位，长期导致其他民族的语言难以在互联网世界中发声，与英语的强势文化地位相比，其他民族的文化产品要在互联网世界中占据一席之地，几乎毫无可能。在前互联网时代，从技术层面有人提出中文是无法在互联网世界存在的，要想在互联网产业中分一杯羹，就一定要学习英语，事实证明，这种论断是错误的。当从技术层面攻克了数字输入的问题，我国的互联网产业也迅速发展起来。但这种技术落后带来的连锁反应其负面影响也是显而易见的。虽然在技术层面突破了英语语言的封锁，但是没有抢得语言优势的先机，导致本国文化在网络环境下话语权丧失。后果就是，以美国为代表的西方文化体系与价值观念在网络环境下被不断强化，潜移默化地影响了网络世界中的用户，建立一种无形的强势文化地位，其他民族的文化很难与其抗争，本民族的文化丧失吸引力。对于美国文化的强势地位导致本土文化的式微，欧洲国家的体会颇深，欧洲立法者认为欧洲本土的传统文化甚至面临被"空心化"和"边缘化"的危险。对于这种现象，法国文化部官员惊呼"不断高涨的美国通俗文化浪潮正在吞噬法兰西"。❶ 作为中华优秀传统文化的重要组成部分，少数民族传统文化的数字化传承也要跨越语言鸿沟，一方面需要利用国家通用语言文字让更多的人了解本民族文化，另一方面也要保持本民族文化的原生性，利用本民族语言传承本民族文化。

---

❶ 唐克超. 网络时代的国家安全利益分析［J］. 现代国际关系，2008（6）：60.

(2) 少数民族传统文化产品数字化传播中的观念鸿沟。技术鸿沟可以被突破,语言鸿沟可以被消弭,但在传统文化传播模式向数字化传播模式转型的过程中,观念鸿沟却最容易形成强大桎梏。随着我国经济实力的增强,各族人民的精神文化需求日益增长。从"构建覆盖全国的公共文化服务体系",推进文化产业成为国民经济支柱性产业,建设具有中国特色的社会主义文化强国的总体目标出发,我国加大了对民族地区公共文化服务体系建设的力度。具体通过乡镇文化站建设、"村村通"、公共图书馆和电子阅览室等重大公共文化工程的推进,基本上构建了民族地区公共文化服务体系,活跃了民族地区的文化生活,促进了民族文化的传承传播,推动了民族地区社会经济文化的协调发展。❶ 可以说,从硬件完善角度来看,在技术层面实现对少数民族传统文化产品的传播保障是到位的,但是在目前的文化传播体系内也存在很多问题。构建基础设施只是推进传统文化产品传播的第一步,在数字出版模式下,传统的出版模式无论从传播速度还是内容制作都已经无法与数字出版模式相比,但目前的文化政策显然缺乏对数字出版与少数民族传统文化产品传播的促进作用之间的关注。文化传播不是仅靠修建馆舍、提供设备就能实现,关键还要解决激励创作的问题,以确保源源不断的文化产品被创作出来,变被动接受为主动创造,文化产品传播的链条才会完整,文化产业的发展才能持续。可以说,目前对少数民族文化产业发展的支持政策是正确且有益的,但已经落后于互联网时代的发展。有研究报告指出,在民族地区以及边远的农村地区,虽然通过投入大量经费建设了文化基础设施,这些设施的持续运转却是个问题。一方面,由于缺乏后续的资金支持,很多新建场馆沦为摆设;另一方面,由于缺乏贴近少数民族群众生活的文化产品,很多乡村甚至出现了争相购买盗版产品的现象。❷ 少数民族群众是否可以通过网络获取适合的电子产品更是缺乏调研数据的支持。可以看出,无论是在少数民族地区还是在少

---

❶ 李河,张晓明,张春霞. 抓住"一带一路"战略机遇开创民族地区文化发展新局面[M]//吴翠英,张晓明,任乌晶,等. 中国少数民族文化发展报告(2014—2015). 北京:社会科学文献出版社,2015:15-18.

❷ 贵州省委宣传部. 贫困地区农村公共文化服务需求调研——以贵州省为例[M]//吴翠英,张晓明,任乌晶,等. 中国少数民族文化发展报告(2014—2015). 北京:社会科学文献出版社,2015:293-295.

数民族群体中，都没有树立起"数字化"传播的概念，这种观念上的数字鸿沟很难在短时间内消弭。

（三）数字出版模式下少数民族传统文化传播的新特点

在以复制权为中心的印刷出版时代，无论是何种文化资源都要依靠相应的载体进行传播，传播模式所耗费的成本很高，基本的方式为复制—出版—发行—销售模式。在数字化时代，复制文化产品的成本降低，因为载体的成本、运输及保存的成本被大大降低了，文本的传输只需要一键操作就可以实现。这样，文化和科学知识不再因为制作和获取成本高而变得稀缺，只要可以熟练运用互联网，就可以精确找到想要的数字资源。当然，从技术层面讲这是很容易实现的，但是在数字出版模式下，文化传播的方式受到版权法律规则的制约，技术手段上的快速传输确实打破了国界、时间，甚至语言的限制，然而在法律层面，还有一些规则是不能被突破的。"但是如何从法律层面为少数民族文化产品的数字化传播提供保障却存在争议并缺乏系统性的研究，有学者提出文化产品的数字化传播应该是建立在共享和便利的基础之上的，而在数字环境下的版权治理中，这种以技术便利为核心的共享传输模式发展并不顺利，甚至处处便利性的优势没有充分彰显。"[1] 文化产品的数字化传播需要考虑作者、版权内容提供方以及消费者的综合利益，而少数民族传统文化产品的数字化传播则更为复杂，因为一些传统文化表达的作者不详，加之少数民族传统文化产品具有集体创作的属性，且版权利益的分配更复杂，文化产品的传播渠道设计也需要慎重选择。

在数字传播模式下，技术的发展确实为公众带来文化产品获取的便利，但是从国际立法以及域外立法来看，技术发展带来的红利远没有得到普及，因为惧怕技术带来的负面影响，例如盗版的加剧等问题，数字化作品的版权保护反而更加严格。"有学者甚至提出技术的发展反而导致版权保护的加剧，影响了公众获取作品的便利，应当在数字文化产品的传播中

---

[1] POPERNIK S B. The Creation of an Access Right in the Ninth Circuit's Digital Copyright Jurisprudence [J]. Brook. L. Rev, 2013, 697 (78): 700.

去版权。"❶ 尽管如此，数字出版版权保护的标准并没有走向绝对的自由，也没有变得更加严苛，而是根据实际的发展和需要，逐渐对现行版权制度进行修改。例如，各国开始关注弱势群体获取数字化文献资源的问题，对视听障碍者，从技术层面开发有声读物，允许视听障碍者在一定条件下免费获取数字文化资源。"《马拉喀什条约》就是在数字出版发展过程中针对新的问题提出的解决方案，特别针对视听障碍者获取数字化资源提供了制度支持。"❷

无论是从国内立法层面还是国际立法层面，数字出版模式下版权制度的改革都在逐步推进，尽管这种变革是渐进的甚至是缓慢的，但一些制度构建和发展可以为少数民族传统文化产品的数字化传播提供支持。首先，在技术驱动的数字出版发展模式下，少数民族传统文化传播不能采取与大众文化完全相同的传播渠道，而是需要另觅途径，进行政策扶植。其次，技术驱动的数字出版发展过程中，语言带来的数字鸿沟是可以被克服的。未来通过人工智能技术的应用，还会为小众语言的使用者提供及时翻译服务，以利于少数民族传统文化的传承。例如，东北大学自然语言处理实验室朱靖波教授团队与中国民族语文翻译局共同研发的汉文与民族文智能翻译系统上线试运行，供用户免费使用。汉文与民族文智能翻译系统研发历时两年，可实现汉文与蒙古、藏、维吾尔、哈萨克、朝鲜5种民族文的智能翻译，是国内首套汉文与民族文双向翻译系统。❸ 最后，数字出版模式下少数民族传统文化资源的数字化传播需要考虑如何通过构建版权制度来促进作品的持续创作和广泛传播，使少数民族传统文化产品的数字化传播不再仅仅是文化的传承，小众文化的孤芳自赏，而应尽可能在网络环境下发挥积极的影响力，最终促成少数民族传统文化产业的发展。

总之，新技术的发展极大地推动了知识的获取，人人都可以利用互联网参与文化生活，因为语言、地理位置、获取成本所带来的障碍，终将被

---

❶ THOMAS H. Copyright in the EU and U. S.：What Access-Right [J]. Copyright Society of the U. S. A, 2001, 383 (48)：364.

❷ Marrakesh Agreement Establishing the World Trade Organization. [EB/OL]. [2017-05-12]. WTO | legal texts https：//www.wto.org/english/docs_e/legal_e/04-wto_e.htm.

❸ 东北大学. 自主研发汉文与民族文双向翻译系统 [EB/OL]. (2015-04-22) [2020-03-05]. http：//www.jyb.cn/high/gdjyxw/201504/t20150422_619773.html.

技术所消除。为了保护本民族文化资源的继承和发展，政府应该提供相应的政策来缩小数字鸿沟，实现文化传播的自由。知识产权法的立法目的就在于促进优秀文化的传播，所以未来少数民族文化的数字化传播更需要借助知识产权制度实现文化价值的增值。数字技术的发展给公众的文化生活参与权带来了新的机遇和挑战，知识产权制度对文化产品的传播模式也起着越来越重要的作用。一方面少数民族群体需要借助数字技术提供参与文化生活的能力，另一方面也要积极共享全球范围内可以获取的先进文化产品，以促进文化交流。数字技术可以支持文献的数字化保存，并实现全球范围内的访问、保存和网上存档、搜索。在技术驱动的前提下，未来在边远地区和少数民族地区也可以支持使用本民族语言传播数字文化产品，以便共享和传播。

二、数字出版模式下少数民族传统文化发展的新机遇

（一）少数民族文化资源传播渠道增加

数字出版促成了作品传播方式的变革，也是文化传播方式的变革。在传统出版模式下，文化的传播渠道是泾渭分明的，包括出版、广播电视、电影等渠道，不同的渠道有不同的产品制作和传播模式。数字出版的出现显然打破了业已形成的文化传播格局，只要作品可以被数字化，就意味着作品可以通过网络传播。所以，在数字出版模式下，作品的传播方式是多样的，除了数字化文本、数字电视和电影，还出现了网络游戏、短视频以及 VR、AR 作品。可以说，数字出版模式下少数民族文化资源可以利用的传播渠道增加了，作品形式也更加多样化，这意味着新的机遇，当然也充满挑战。

在数字出版模式下，少数民族的文化传播与发展权同样应受到关注，在这一模式下，有关少数民族文化权利的立法趋势也出现了新特点，立法开始关注少数民族群体对互联网的使用，保护少数民族群体通过互联网获取和传播信息的权利。2009 年 7 月《国务院关于进一步繁荣发展少数民族文化事业的若干意见》强调加大现代化科技手段运用力度，加快少数民族文化资源数字化建设进程。2011 年数字出版"十二五"时期发展规划

强调发展少数民族文化数字出版促进工程，为少数民族文化的传承保护、开发利用和持续发展提供数字化平台。同时还要在数字出版领域内开辟少数民族文化内容的传播渠道，并大力扶植少数民族文化数字出版的发展。中央层面的立法也带动了各地方纷纷立法制定促进少数民族文化资源数字化传播的规定。广西壮族自治区、贵州省、甘肃省、湖北省、湖南省都相继制定了利用数字手段传播少数民族文化产品的法律法规。

（二）少数民族传统文化资源数字化传播需要充分利用知识产权制度

少数民族传统文化体现在少数民族群众生活的方方面面，包括语言、生活习俗、节日、仪式、艺术创造等方面。文化资源是一个高度抽象和概括的概念，讨论少数民族文化资源的数字化传播，要明确传播何种文化，如何传播文化。从当前学术研究的热点来看，对于少数民族文化传播的问题，从传播学角度主要集中在探讨民族地区的文化建设、文化交流、文化战略构建等问题。对数字化传播的路径研究则鲜少涉及少数民族传统文化。从法律层面的研究则更少，仅仅从非物质文化遗产保护角度有所提及，但非物质文化遗产只是少数民族传统文化的组成部分，可以说，少数民族传统文化产品的数字化传播问题研究还缺乏传播学与法学的统一。

在数字出版模式下，毫无疑问，数字传播正在引导少数民族文化新发展。首先，数字出版促进了少数民族文化传播形态的变化，即从文本时代进入数字化时代，从而进一步促成了传统文化在网络时代的传承和整合。数字出版的强势到来，宣告了传统文化的传承并不止于博物馆中的藏品和图书馆中的古籍，这种相对封闭的文化传承方式已经与互联网的开放精神背道而驰，在数字出版时代，这些传统文化更需要被大众多了解和接受。其次，数字化传播促进少数民族文化发展与现代意识和时代精神相结合，从而使传统文化与现代文化整合创新。"网络以及全球化的发展，会起到砂轮的作用，磨平一些文化的'棱角'，但是，却不能消除造成文化差异的各种生存条件，磨平一个民族的文化历史传统，将全部文化同质化，相反，网络会成为一个万花筒，让各个民族文化在全球层面上交流和互动，将会创造和强化他们不同的个性。"❶ 只要在文化发展过程中坚持创新，就会实现传统文化在数字化传播模式下的进一步发展。

网络出版为传统文化传播提供了一个新的表达空间，扩大了文化的交流与传播。在法律框架内的文化交流与自由表达可以提高民族凝聚力和国家认同。经过多年的基础设施建设投入和教育投入，少数民族中的大部分群体特别是青少年群体已经可以比较熟练地通过使用网络工具来维系情感，促进交流甚至是进行创作表达。❷ 但也要注意，"网络媒介的传播边界空前扩大，这也使得媒介环境越来越复杂，公众的自由表达和文化多样交流的后果也充满不确定性并越来越难以评估"。❸ 同样，少数民族传统文化的数字化传播也需要进行全面的评估与合理设计，特别是在法律框架内的合理设计。面向数字出版的少数民族传统文化传播首先应该树立符合时代发展趋势的文化传播观念。互联网不仅是一种传播工具，还应该是创造财富的手段。而在幅员辽阔的少数民族地区，大部分地区已经完成基础网络设施的建设，格兰研究数据显示，截至2019年第一季度，我国有线双向网络覆盖率超过90%的地区一共有14个，分别为重庆、内蒙古、甘肃、青海、宁夏、新疆、北京、辽宁、江苏、上海、天津、江西、吉林和广西。其中重庆、内蒙古、甘肃、青海、宁夏和新疆的有线双向网络覆盖率已达100%，其余8个地区的有线双向网络覆盖率为90.9%~98.5%。❹ 无论是在城市还是牧区边防，人民群众使用智能终端、互联网技术观赏影视节目已经司空见惯，在快手、抖音等平台上，也出现了很多少数民族主播，制作了很多原生态视频作品，其中也不乏"网络红人"，但是真正可以熟练运用网络技术创造财产的主体仍是凤毛麟角，大部分网络作品还是简单地录制生活状态，以原生态的自然状态或者生活状态吸引观众，在吸

---

❶ 岳广鹏. 冲击·适应·重塑——网络与少数民族文化 [M]. 北京：中央民族大学出版社，2010：292.

❷ 笔者在调研中发现，目前在移动设备中已经有很多APP程序或者其他手机应用程序支持少数民族文化产品获取，如内蒙古奥云信息技术服务有限公司运营的奥云技术输入法程序以及ehshig音乐程序受到少数民族青少年群体的普遍认可并被广泛使用。

❸ 蒋晓丽，邹霞. 新媒体：社会风险放大的新型场域——基于技术与文化的视角 [J]. 上海行政学院学报，2015（3）：90.

❹ 有线双向网络覆盖率超90%的地区一览 [EB/OL]. (2019-08-07) [2020-04-06]. http://www.sohu.com/a/332182615_99924572.

引了一定的粉丝群体后推销产品,增加收益。有很多网络主播通过这种方式实现了脱贫致富,也带动了身边的群众。但是从文化产业发展的角度来看,这种依靠个体单打独斗的传播方式并不符合文化作品的传播定义,因为很多短视频并不能构成作品,同时也无法培育基于创作作品带来的衍生品产业发展,亦不利于培育少数民族文化产业。好的作品也需要平台承载,在传统出版模式中,少数民族传统文化产品传播有独特的渠道,例如国家支持少数民族题材作品出版、在电视节目中有专门的面向少数民族群众的频道,在广播节目中也有专门为少数民族群众创作的节目。但是在网络环境下,可以持续供给少数民族传统文化产品的渠道是有限的,其影响力同样如此。实践中缺乏具有影响力的少数民族数字化产品输出平台,以少数民族文化为背景的知识产品从创作数量和影响力来看都不具有竞争优势。在少数民族地区也没有形成有影响力的数字文化产品产业基地,数字出版产业仍未形成,互联网技术更多的意义也仅仅是成为人们休闲娱乐的方式,互联网产业的发展潜力仍然没有被最大挖掘出来。

知识产权制度的根本宗旨在于鼓励创作和维护作品传播,事实证明,在数字出版模式下,知识产权制度仍然发挥了重要作用。少数民族文化产品因为并不是主流文化产品,其影响力有限就意味着其能创造的经济价值有限,这样就会使知识产权的激励机制无法有效发挥。同样也因为经济价值难以有效发挥,作品的传播范围也受限。归根结底,仍然要突破数字出版中的"观念鸿沟"问题。总之,为了确保少数民族文化产品的经济价值在网络环境下实现,还应继续加大力度在少数民族地区和少数民族群众中展开有关知识产权的宣传和教育活动,让创作者理解知识产权是和有形财产一样具有极高价值的财产,同时也要促进公众对少数民族传统文化的理解,少数民族传统文化并不是历史遗迹,也不是不具有时尚价值的文化资源,在数字出版模式下,少数民族传统文化可以也应当与时俱进。

三、数字出版模式下少数民族传统文化资源传播的法律保障

在列强争霸的殖民时代,广大的殖民地区以及被侵略地区的民族,其经济和文化发展长期被歧视、被压制。后殖民时代,由于经济发展迟滞落后,弱势民族文化群体在对外贸易、文化输出方面仍然处于被动地位,其

至本民族文化面临被同化甚至消失的危机。在当今世界多极化发展的时代背景下，多元文化发展的理念已经被世界各国所承认和接受，在立法层面，特别是宪法层面，多民族国家一般都将保护少数民族文化发展条款确立为宪法条款，保证实施。我国《宪法》也明确规定各民族一律平等，同时《民族区域自治法》也明确了保护我国少数民族群体文化发展权。《联合国保护和促进文化表现形式多样性公约》等国际条约的出台也为文化多样性发展提供了支持和依据。从国际和国内立法分析，对少数民族文化发展的法律保护主要体现在以下两个方面。

（一）少数民族语言的法律保护

数字出版的规模越来越大，影响力也越发重要，其发展不仅影响到少数民族群体的相关利益，也与少数民族文化是否能参与网络文化发展息息相关。如今，网络已经深入社会生活的每一个方面，无论是行政、工作、学习，还是生活，处处离不开网络。在数字出版模式下首先需要解决的问题是语言与网络的兼容性，其次是开辟利于少数民族传统文化资源数字化传播的网络渠道。虽然技术的发展可以解决互联网带来的语言鸿沟，但前提在于要确保少数民族传统文化产品可以通过本民族语言传播。

从立法方面来看，世界范围内的大部分多民族国家和地区都通过立法保护其少数民族语言文字的使用和发展，例如欧盟《保护少数民族框架公约》就规定了保护少数民族语言的使用。《欧洲区域或少数民族语言宪章》的目的是保护和促进在欧洲的历史性方言和少数民族语言。"依据这些条约，在保障少数民族文化发展的措施中，欧盟学者强调要确保在传播媒介中保证利用少数民族语言制作的文化产品的供给和传播，例如国家要投入专项资金建立面向少数民族群体的广播电视频道，制作少数民族语言节目。但欧盟学者也指出这些保护少数民族语言发展的法律条文大多是原则性的规定，对于具体实施和保障措施，往往缺乏相关的细化规则。所以在媒体市场化过程中，这些规则很容易被打破。"[1] 在传统媒体逐渐式微

---

[1] MORING T. New Media and Implementation of Instruments in Support of Minority Rights Related to Media [J]. 6Eur. Y. B. Minority Issues, 2006-2007, 19 (6): 21.

的情况下，随着互联网传播媒介的兴起，少数民族文化的传播模式理应延伸至互联网领域。但问题在于在"互联网+"条件下的商业模式和管理模式中，如何在互联网领域内传播少数民族传统文化产品，改变目前少数民族传统文化传播在网络空间的滞后性，是需要慎重考虑和规划的问题。"欧盟很多学者已经呼吁必须将欧盟宪章中的一些有关少数民族权利的条款适用到网络空间中，例如新媒体及数字出版中，而构建新的文化传播规则需要考虑在网络空间如何配置权利义务，这实质上是一个知识产权政策问题。"[1]

"欧洲学者麦格曾经对网络环境下少数民族文化传播的特点做过总结，他认为，网络空间传播少数民族文化应该确保少数民族获取和使用本民族文化的选择性并保持自己族群的话语空间，且在少数民族文化传播过程中，应该确保少数民族群体享有的本民族特定文化产品使用的授予权，以寻求族群身份的定位。"[2] 他认为，在网络空间构建少数民族群体的话语空间，应该帮助少数民族群体关注自身文化发展并加强其对公共事务的参与度，要确保网络空间少数民族语言、文化的发展，传承少数民族历史文化遗产，增强族群的创造力，促进少数民族群体通过网络参与就业和发展经济的机会；至少要保障少数民族文化的网络传播渠道，保证少数民族群体参与有关网络文化传播的政策制定和决策流程；特别要提供基于网络平台构建的公共服务，保障少数民族语言和文化产品的传播。即在数字出版模式下，不但要保证少数民族传统文化产品供给，也要保证激励少数民族传统文化产品的创作机制的畅通。

如何利用新技术手段传播少数民族传统文化，世界各地都在进行尝试。面对媒介的不断变化，欧盟不断尝试修改立法以应对这种状况，为了使那些适用在电台等媒体的规则延伸适用到以电视为代表的可视媒介中，欧盟通过修改《无国界电视指导原则》，规定少数民族文化资源也同样适

---

[1] MCGONAGLE T, MORING T. Minorities and the Media: Present, Probing and Pressing Questions [J]. Eur. Y. B. Minority, 2010, 369 (9): 373.

[2] MORING T. Media Markets and Minority Languages in the Digital Age [J]. Journal on Ethnopolitics and Minority Issues in Europe, 2013, 112 (4): 34. 国外学者通常用"族群""原住民"来指代国内的少数族裔，在本书中"少数民族""族群""原住民"的概念是一致的。

用在以数字电视为代表的新媒体中。❶ 尽管在传媒法中已经作出了即时调整，欧盟学者仍然认为这些新的传播渠道用来传播欧洲少数民族文化是值得肯定的，但是这些措施还没有实施到位。原因在于，网络工业是由商业资本支持的，所以在网络空间主流文化的传播更商业化，而网络环境下文化传播模式是以商业化为主导的新型商业模式，政府将更多的问题放入市场化的语境内解决，而欧盟委员会也将技术标准问题交给企业解决。❷ 在这种网络工业中，不具备显著经济价值的"弱势"文化，如何在主流文化中保持其原生性就需要审慎规划。鉴于此，欧盟通过不断推出新立法来解决这种文化发展的失衡问题，例如出台针对新媒体的新政策，以及禁止对信息和通信技术的滥用等。在英美等以判例法为代表的国家，也通过判例确认并保护少数民族文化的传承。❸ 结合国内采取的各种立法措施来看，无论采取何种法律调整手段，数字出版模式下确保少数民族文化数字化传播的政策主要目标在于创造合理的获取媒体服务的环境，促进各民族参与社会生活的权利实现、消除利用新媒体进行信息流通的障碍；防止通过数字技术进行文化资源的垄断或者设置获取文化资源的壁垒，基本原则在于通过法律调控确保为包括少数民族群众在内的公众提供普遍的社会化服务。

（二）少数民族传统文化传播渠道的法律保护

商业化主导的文化传播模式必然导致一些流行性较低、市场需求不高的冷门产品不受重视，甚至被排除出主流市场之外。从互联网服务角度看，要求国家来填补私人资本所不能提供的服务空白，这是网络文化传播的政策要求，但是从目前来看，这部分的立法显然要迟滞于网络产业的发展和现实要求。一方面，这种迟滞体现为立法层面缺少对少数民族文化数

---

❶ TARIACH M G. Freedom of Expression of Minorities in the Digital Age: Staking out a New Research Agenda [J]. JEMIE1, 2013, 12 (5): 14.

❷ MORING T. Media Markets and Minority Languages in the Digital Age [J]. Journal on Ethnopolitics and Minority Issues in Europe, 2013, 112 (4): 44.

❸ CORBETT S, BODDINGTON M. Copyright Law And The Digitisation Of Cultural Heritage [M]. Centre for Accounting, Governance and Taxation Research School of Accounting and Commercial Law, 2018: 38.

字化传播所提供的法律支持；另一方面，即使法律条文中规定了对少数民族文化的保护，这种法律语言也往往是原则性的、笼统的、缺乏可操作性的，所以仍然需要从法律操作层面进行探索。

使法律的原则性规定具体化，亦是不同国家面临的相同问题，但是各国都进行了不同的路径尝试。例如，英国为了确保少数民族群体能够在数字出版模式下实现对文化的传播和获取，成立了专项基金以支持少数民族的网络文化活动。摩尔多瓦共和国则提出一个构想，建立一个互联网平台，提供多民族对话，有语言翻译的技术支持，而且一些节目可以在公共电视频道播出。❶ 如果说卫星频道和广播的资源是有限的，那么网络传播渠道相对来说则是无限的，很多国家都认识到应当鼓励并提供机会给少数民族利用这些资源。数字化技术的发展将会使少数民族媒体的发展更快，公众获取文化产品的渠道选择面也更宽，但是在数字出版的发展中确实忽视了少数民族群体作为创作者的需求。数字出版基于网络传播，作为媒介的网络资源具有公共产品的属性，公共产品应当被界定为非排他性的和非竞争性的。但商业媒体具有天然的竞争性，他们需要通过广告等收入维持运营，例如，法国当布列塔尼商业电视频道商业化后，便放弃了少数民族文化产品市场，所以势必要建立以公共基金运作的媒体来服务公众。❷ 一方面，这是保障公众的文化参与权和获取权；另一方面，也可以避免市场的盲目性带来的文化排斥。商业化的发展趋势给传统文化产品留下的发展空间是有限的，造成了少数民族文化传播发展的落后。来自欧盟的实证研究表明，少数民族文化传播进入数字化领域是缓慢的，甚至可以说少数民族文化传播迟迟没有进入数字化市场。以欧盟为例，欧洲的近 10 种少数民族语言，其中 30% 的少数民族语言媒体没有进入互联网领域。❸ 在商业资本主导的文化传播模式下，为了保障少数民族文化的传播，一些国家也采取了相应的补救措施，例如给私营媒体提供补贴，对媒体经营规则作出

---

❶ TARLACH M G, MORING T. Minorities and the Media: Present, Probing and Pressing Questions [J]. Eur. Y. B. Minority Issue, 2010, 369 (9): 371.

❷ MORING T. New Media and Implementation of Instruments in Support of Minority Rights Related to Media [J]. 6Eur. Y. B. Minority Issues, 2006-2007, 19 (6): 23.

❸ MTIMA L. Copyright and Social Justice in the Digital Information Society: Three Steps toward Intellectual Property Social Justice [J]. Hous. L. Rev, 2015, 459 (53): 460.

限制，目的都是确保文化多样性和少数民族文化传播。在我国同样存在媒介话语权的问题，在数字出版商业模式的构建中，同样是以商业资本为主导的，腾讯、新浪微博、抖音短视频等新兴互联网平台都是以营利目的而存在运作的，所以在这些平台运作中，显然不会更多关注产品供给的差异化问题。但是在这些平台中也不乏有吸引力的少数民族传统文化产品，只是数量少，影响力小，所以有必要考虑从国家层面推动少数民族文化产品传播的数字化平台建设。以技术进步为主导的数字出版，其发展和传播也需要在新的环境下建立新的规则以推动文化传播。目前的问题在于，基于主流文化传播的网络渠道已经形成，在此基础上设计少数民族传统文化的网络传播渠道及法律保障模式，其中应该关注文化产品的制作如何监管、版权保护规则如何设计、公共服务如何提供以及商业媒体公司的作用如何发挥，等等，总之，面向数字出版的少数民族文化传播体系构建需要基于目前的版权保护体系，既要注重保护，又要激励创作。

第二节　数字出版模式下少数民族文化权利的实现

一、少数民族文化权利

（一）少数民族文化权利的类型及表现形式

联合国促进和保护人权小组委员会成员何塞·马丁内斯·科博认为，原住民社区存在受歧视的原因与历史上列强的入侵以及殖民地背景密切相关，这造成了民族文化之间的冲突。原住民社区的文化被归类为不同于主流社会和阶层的独特文化模式，是对祖先传承下来的文化和民族特性的继承。原住民通过长期构建的族群意识形成自我认同，进而有权排斥第三方未经许可的使用。❶ 从全球范围来看，各国少数民族文化发展普遍存在的问题大抵为保留本民族文化原生态发展样态的同时与主流文化协调发展。这些少数民族传统文化和发展要保持其原生样态，防止滥用及误读。

---

❶ TORSEN M. Intellectual Property and Traditional Cultural Expressions: A Synopsis of Current Issues [J]. Intercultural Hum. Rts. L. Rev, 2008, 199 (3): 200.

随着殖民时代的结束，一些有过被殖民历史的少数民族国家纷纷开启了新的历史发展进程，这就意味着对少数民族文化的保护进入新的时代。首先要面对的问题是少数民族文化具有的极强原生态性如何与现代化发展的衔接问题。为了防止被现代化趋势过度侵蚀而使本民族文化丧失原生态性，以及防止"文化盗用"，构建新的有利于保护少数民族社区的法律规则被提上日程。例如，为了应对发达国家的生物海盗行为，少数民族社区通过知情同意权来对抗资本强势掠夺民族资源的行为。随着少数民族社区参与民族资源的开发，以及未来少数民族社区文化资源的商业价值日益凸显，这种经济利益带来的利益冲突会更多。为了扭转此局势，一些非营利性组织也开始创设并组织一些意在维护少数民族社区文化原生态性的活动，例如马赛知识产权计划是由美国华盛顿特区的非营利性组织发起设立的，旨在帮助肯尼亚和坦桑尼亚的马赛社区。"他们认为路虎以及一些大型奢侈品牌诸如路易威登、劳夫拉伦、花斯丹宝等从马赛社区的传统文化中吸收了大量创作元素，但社区没有获得实质利益，该计划致力于恢复马赛对其标志性文化品牌的所有权。"❶

直到20世纪90年代，少数民族社区的知识产权保护问题都没有受到足够的重视，经过少数民族社区的不断争取，2000年世界知识产权组织（World Intellectual Properey Organization，WIPO）终于成立了知识产权与遗传资源、传统知识和民间文学艺术政府间委员会，为促进少数民族社区的知识产权保护做了大量工作，为推动有关知识产权保护国际条约在缔约方内落实发挥了重要作用。"上述委员会提出成员方必须承认少数民族社区对其族群的知识产权享有权利，并且在保护少数民族社区知识产权时不仅要考虑法律和商业利用问题，还要考虑道德、文化、历史、政治、宗教、精神和道德层面。例如，不恰当地使用神圣的文化艺术品、符号或图案不仅可能造成经济损失，而且还会对相关少数民族社区造成文化亵渎。"❷ 因此，在部分少数民族文化资源中，少数民族文化权利是一种集

---

❶ OLUFUNMILAYO B. AREWA, PIRACY, BIOPIRACY, BORROWING: Culture, Cultural Heritage and the Globalization of Intellectual Property. Case Research Paper Series in Legal Studies Working Paper 04-19 [EB/OL].[2020-12-20]. http://www.law.case.edu/ssrn.

❷ Internship with WIPO's Traditional Knowledge Division in 2020 [EB/OL]. [2019-12-03]. https://www.wipo.int/tk/en/news/tk/2019/news_0009.html.

体权利，而非个人权利，因为个人利益是通过群体身份而彰显的。从国际条约的发展来看，《世界知识产权组织版权条约》（WCT）、《世界知识产权组织表演和录音制品条约》（WPPT）以及《视听表演北京条约》都关注了少数民族社区的知识产权保护问题，例如《视听表演北京条约》中赋予了民间文艺表演者录音录像的权利，以及通过表演获取利益的权利。❶

WIPO每年都会召开会议，讨论有关传统知识、传统文化表达以及遗传资源的保护立法问题，但很遗憾，这个问题仍然没有达成一致意见。传统知识包括那些代代相传的知识和经验，例如传统医药的使用或者传统知识的迁移。传统文化表达是指基于代际的身份特征和继承关系所世代相传的文化，例如舞蹈、歌曲、设计或者故事。根据知识产权规则，传统知识和传统文化表达都被认为是公有领域的资源，因此可以免费使用。然而，原住民和当地社区普遍认为，传统知识和传统文化被不正当地使用或者说是错误地使用，例如被第三方申请专利或者版权，使第三方不当占据、获得了知识和作品。WIPO成员已经开始建议对传统知识和传统文化应该予以知识产权体系的保护，来防止未经授权的使用。但从对信息的接触角度考虑，对传统知识和传统文化的保护框架可能会对公有领域产生负面影响。很多观点的交锋都反映了WIPO成员之间缺乏有效的沟通。主要争议的问题表现在以下三个方面。

（1）保护的客体。少数民族文化的范围不仅包括有形的表达和无形的表达，也包括那些不能纳入版权保护体系内的表达，例如礼仪、标志、名称、符号、游戏以及体育运动。如果允许对上述内容的独占，会对知识产权理论中的公有领域造成破坏。因为如果将这些元素纳入知识产权法领域，意味着从公有领域中移除这些材料而允许持有者利用这些表达获得排他的权利并获得利益，这就阻碍了公众对传统民族文化产品的获取。

（2）如何定义受益人。利用知识产权保护模式意在给原住民或者社区团体提供保护，承认他们的受益人地位，因为他们创造、表达、维系以及利用和发展了传统知识和传统文化，但如果直接推定受益人为原住民或者社区也会存在争议，因为一些民间传说的作者不详，仍然存在作者主体身

---

❶ WIPO Beijing Treaty on Audiovisual Performances is Concluded [EB/OL]. [2012-06-26]. https://www.wipo.int/pressroom/en/articles/2012/article_0013.html.

份的争议,做出这种直接推定可能会潜在损害这些作者的利益。

(3) 保护的范围。有关传统文化领域内的一些元素是禁止获取使用的,包括禁止修改,也即禁止冒犯和诋毁原作。这样事实上就是从公有领域内移除了上述作品,禁止任何衍生作品的产生,又会与言论自由相抵触。此外,不同于版权法中的保护期限,一些成员提出了无期限保护的建议,认为只要传统知识和文化符合保护标准就应当永久受到保护,这又产生了文化产品垄断问题。

从国际层面上看,立法对族群中非物质文化遗产保护的关注度较高,已经确认了在非物质文化遗产中文化多样性、环境权、后代人利益、人类共同利益、可持续发展等利益分配问题。这为未来系统研究保护少数民族文化利益提供了研究方向,至少在确定数字时代少数民族文化利益的范围时应该考虑这些新的价值理念,厘清少数民族文化的路径选择。"集体权利的概念被国际条约提出并被成员所接受,《发展中国家突尼斯版权示范法》对民间文学艺术的定义就体现了集体权利的特征,强调民间文学艺术应当是指在本国境内被认定为该国国民的作者或民族集体创作,经世代流传而构成文化遗产基本组成部分的全部文学、艺术和科学作品。"❶ 这个定义也被其他公约和成员方的立法所接受,甚至对之后的有关少数民族群体知识产权保护立法产生影响,例如,2000 年《非洲联盟关于保护当地社区、农民与育种者权利、管理生物资源获取的示范法》就使用了"群体知识产权"概念。此外,美国、澳大利亚、新西兰等国家在司法判例中也认可了少数民族群体享有知识产权。我国也不乏相关案例,例如饶河县四排赫哲族乡政府诉郭某等侵犯民间文学艺术作品著作权纠纷案,在法院判决中就承认了《乌苏里船歌》是基于赫哲族传统民歌《想情郎》改编的,赫哲族群体享有基于改编产生的作品权利。❷ 强调少数民族文化权利中的成员权利与集体权利,在法律操作层面会产生一些问题,当成员权可以确认的情况下进行利益分配容易实现,但如果将少数民族文化产品的权利视

---

❶ The Tunisian law on copyright [EB/OL]. [2018-08-17]. https://www.wipo.int/cgi-bin/koha/opac-detail.pl? bib=11951.
❷ 参见饶河县四排赫哲族乡政府诉郭某等侵犯民间文学艺术作品著作权纠纷案,(2003) 高民终字第 246 号。

为集体权利，如何使用和进行利益分配就会产生很多问题。由于复杂的历史发展等原因，一些少数民族文化产品的族群很难划分，例如长调和马头琴艺术是蒙古族的文化财产，但在进行非物质文化遗产申请时是由中国和蒙古国共同申请的，因为作为集体权利应由族群共享，但是由于历史发展原因，还要对族群的范围进行重新界定。族群是一个高度抽象的概念，一旦发生侵权行为由谁来主动维权也是一个问题。由于主体的模糊甚至长期缺位，导致少数民族群体文化资源受到侵犯很难维权。所以国际公约和国内立法都主张落实保护少数民族的文化权利需要国家和政府承担更多的责任，应当在指导、帮助、扶持少数民族地区文化发展时，将其文化权利的保障作为一个重要的方面，促进文化和经济共同发展，进而带动整个民族地区社会全面进步。

少数民族文化中的艺术、舞蹈、音乐和文学作品都可以成为知识产权所保护的客体，特别是在现代流行文化中，少数民族文化可以为流行文化提供原始材料和丰富素材。文化具有巨大的社会变革力量，知识产权保护文化表达，支持共享也鼓励创造，还能产生巨大的经济利益。根据著作权中的思想表达两分法理论，著作权起着保护作者表达的作用，而不考虑诸如民族、身份、地位、财富等因素。如果知识产权不保护表达，那么音乐、文学作品等文化产品就会遭受侵害。但是，著作权法是在确立作者身份的基础之上，即对可以明确确定的个人或者法人作者提供经济激励来促进创作，繁荣文化。可以说，著作权制度是一种"民族中立"的制度。民族作为一个群体无法成为作者，当然无法创作出作品，但是民族文化产品是需要融入现代化发展的，民族文化创作的创新发展离不开知识产权制度的保驾护航。少数民族文化权利是国际社会承认的基本人权，也是我国宪法确认的基本权利，通过知识产权制度保护少数民族文化产品的传承，首先需要将这些已经被确认的权利融入知识产权制度中，而并不需要整体移入。无论是判例法国家还是成文法国家，对少数民族文化权利的保护主要包括以下两个方面。

（1）少数民族文化发展权。这是建立在多元文化发展理论基础之上的权利构造，意在保护少数民族群体的文化权利。

（2）参与文化生活的权利。这项权利具体包括文化参与、获取科学技术以及保护作者身份的权利。其中科学与技术文化包括人类知识的所有领域，如技术、工艺美术、科学与社会科学、民间智慧，等等。该项权利也是国际公约所确认的权利在本国法中的具体落实。从上述权利划分来看，对民族文化权利的保护主旨观点应该是围绕"保存、发展、参与以及获取"来构建，而这些权利关键词的形成是建立在司法实践和现实需要的基础之上的。

少数民族文化权利在国际立法层面已经明确其权利的涵盖范围和保护的必要性，但权利如何保护还需要被具体落实，从域内与域外的立法来看，少数民族文化权利的表现形式包括以下三个方面。

（1）传统知识。传统知识的定义来源于《生物多样性公约》，公约中将传统知识定义为：少数民族地区（原住民社区）的传统生活方式与方法需要被保护，其与生物多样性有关的传统生活方式需要被创新保护。❶ WIPO 对传统知识的定义为：基于传统的文学艺术或科学作品……以及其他一切来源于工业、科学、文学或艺术领域的智力活动所带来的创新和创造。因此，可以说是源于当地或传统社区的知识，这些知识是传统背景下的智力活动和洞察力的结果，包括"技术诀窍、技能、创新、实践和学习"，知识体现在传统的社区生活方式中，或者包含在从一代传到另一代的编纂知识体系中。传统知识的"传统"方面是由于它在社区内保存和传播的方式，从一代传到另一代。❷

（2）传统文化表达（民俗）。传统文化表达是代代创作和传承的产物，反映了族群社区的历史、文化、社会认同和价值观，也被称为"民间传说的表达"。传统表达不限于音乐、舞蹈、艺术、设计、名称、标志和符号、表演、仪式、建筑形式、手工艺品和叙事等任何其他艺术或文化表现形式，还包括诸如故事、史诗、传说、谜语和其他叙述、文字、符号、名称、音乐表达、传统技艺、仪式和其他表演以及艺术品、雕刻品、珠宝、篮筐编织、玻璃器皿、地毯、乐器和建筑形式等。

（3）遗传资源。遗传资源是指具有实际或潜在价值的遗传物质，包括

---

❶ The Convention on Biological Diversity [EB/OL]. [2019-10-11]. https://www.cbd.int/convention/.

❷ Traditional Knowledge [EB/OL]. [2019-11-21]. https://www.wipo.int/tk/en/.

含有遗传功能单位的植物、动物、微生物或其他来源的物质。传统知识往往记载了哪些生物具有的药用价值因而存在潜在的商业利益，特别是在医学方面。这方面的遗传资源被视为少数民族特有的资源。少数民族代表着一类文化群体，他们遍布在不同的地域但具有独特的传统、信仰和文化，几个世纪以来由特定的社会和环境因素塑造形成了各自的本土知识体系。

"文化生活"一词从人类学意义上来理解，作为"特定社会或人民的独特思想、社会行为、生活方式和交流模式"。毫无疑问，少数民族有权保护和传承其文化传统，这是一项重要的文化权利。然而，保护传统文化生活只是其中一方面，发展和传播少数民族文化权利同样应该受到重视，因此，必须更广泛地理解"文化生活"的内涵。少数民族群体的文化权利不仅包括传统习俗，也包含了表达创造力、寻求真善美、交流思想的意义。这些目标是通过发展语言、生活方式、文学、音乐以及传统仪式、传统体育活动、传统技艺、自然和人文环境、衣食住行、习俗等来实现的，这些元素都是少数民族群体表达他们文化生活权利的方式，这代表他们的世界观。❶ 文化生活有多种形式，例如传统文化、高端文化、流行文化，以及现在势头正盛的数字文化。无论是民间传说、科学期刊，还是教科书、百度百科；无论是小说，还是微博，这些都是文化元素。同理，少数民族的歌曲和流行音乐、视频影音以及已经出现的人工智能新媒体都是文化形态。文化生活是充满活力和动态的，也是一种变化和不断发展的多样化现象。文化生活的不断变化在于个人的不断创造会将现有知识重新解释为文化资源。"根据文化理论家弗雷德里克·巴特（Fredrik Barth）的观点，文化并不是固定的一成不变的，而是由群体构建的，在这个或多或少不一致的话语世界里，文化最终被不断地建构起来。例如爵士乐，就是许多音乐家借用并重新诠释彼此作品而创造出来的新的作品类型。"❷ 劳伦斯·莱西格认为，没有艺术是不能被重复使用的，人类有权参与他们选择

---

❶ NICHOLAS G. Indigenous Cultural Heritage in the Age of Technological Reproducibility: Towards a Postcolonial Ethic of the Public Domain [EB/OL]. [2016-08-07]. http://www.sfu.ca/ipinch/outputs/publications/.

❷ GARON J M. Localism as a Production Imperative: An Alternative Framework to Promoting Intangible Cultural Heritage and Expressions of Folklore [EB/OL]. [2018-05-06]. http://ssrn.com/abstract=1687179.

的文化生活方式和形态，这也是文化生活产生的前提。❶ 参与文化生活的权利最重要的是确保公众的参与权，公众亦是文化的创造者，参与是权利的本质。文化生活与文化参与是不同的，"参与"文化的权利在于能够单独与他人一起消费和创造。参与文化生活意味着获得、享受、参与和发展文化遗产的能力，以及制定、表演、制作、翻译、修改和重新创造、分享、批判以及转化文化生活。文化参与权的保障是建立在获取文化材料的基础之上的，参与权包括创造、分享、利用和交易文化产品和技术的自由。参与权是平等的，体现为主体地位的平等，每个人不分性别、年龄、阶层、身份、贫富，都享有平等的参与文化生活的权利。更进一步讲，文化参与权包括精神和物质层面的参与，这不是从作者的角度来看待文化发展，而是从公众的角度来分析的，作者创作了文化产品，但这并不意味着要赋予作者特殊的权利，而是人人都有成为作者的可能，任何作品都是在前人作品的基础之上汲取养分，为了传承文化，在保护作者利益的同时，也要保证公众的参与。要实现每个人参与文化活动的权利，须消除歧视性障碍，以及防止因地理、语言、贫困、受教育程度不同而导致的不平等。例如，为了保障视觉障碍者的文化获取权，自 2003 年以来，世界盲人联盟一直在向 WIPO 及相关权常设委员会（SCCR）施压，要求修改版权制度，让视觉障碍者无障碍获取作品，最终促成了《马拉喀什条约》的订立，确立了视觉障碍者获取版权作品的权利。这个例子可以说明，知识产权制度可以确保调解利益平衡机制的发挥，确保弱势群体不因自身的弱势地位而丧失获取和发展文化的权利。这种弱势群体的定位既可以是国家之间，也可以是民族之间，还可以是有缺陷的群体之间。当然弱势这一概念总是与强势相对，对于主流文化而言，少数民族传统文化就处于相对"弱势"的地位，所以保护少数民族群体的文化权利还要从少数民族群体的基本利益出发，进行制度设计。

---

❶ CORBETT S, BODDINGTON M. Copyright Law and the Digitisation of Cultural Heritage, Centre for Accounting, Governance and Taxation Research School of Accounting and Commercial Law [EB/OL]. [2019-11-25]. http：//www. victoria. ac. nz/sacl/cagtr/.

（二）少数民族文化权利与少数民族传统文化资源使用

少数民族的文化发展权，是早已被国际法所关注的一项权利，特别是在发达国家对发展中国家的文化掠夺语境下，这个问题更为突出。域外很多法学家也对这项权利通过案例进行了分析和说明，这个过程是持续的，而所采取的法律手段也是多样的，其中的利益分配问题十分复杂。例如，"欧洲冒险家进入南美洲进行探险，遇到了Makushi部族，在与部族的交往中，欧洲冒险家从这一部族经常使用的毒箭头中提取出了一种毒液，这种提取物后来被广泛使用在西医中，用来治疗肌肉松弛症"。❶ 有学者指出，这种使用方式是不合理的，是对原住民资源的掠夺。从法律上分析，药品作为部族的私有财产，部族可以主张财产权保护，而事实上南美部族从来没有从使用中获得收益。但是目前存在的法律困境在于，毒液的提取物是由冒险家通过现代技术提取的，提取物的财产价值显然要大于毒液本身的价值，但是提取物的产生是依赖于部族的传统知识，归根结底这种提取物的产生是以部族的财产为基础的。传统知识当然可以作为知识产权保护的客体，但问题在于这种古老的毒液代代相传，已经成为公有领域的财产，那么部族是否有权从公有领域的产品中获益呢？"学者阿曼达·帕斯克（Amanda Pask）认为，原住民的权利诉求无论从国际法角度还是财产法角度以及知识产权保护角度都无法获得支持。如果从族群权利角度主张原住民文化生存权受到威胁，他们可以有权控制对他们文化符号的使用并阻止他们的文化被贬损和流失。"❷

目前对少数民族文化产品的使用存在一种误区，认为这种古老的文化元素更像是一种"文物"，如果任由这种观念存在，则将使更多人认为少数民族文化成为一种固定的、不再发展的文化形式。然而从法律层面来看，少数民族群体阻止这种对其文化符号的使用方式又产生了很多问题，最突出的问题在于如何协调传统知识利用、文化发展和使用行为之间的关

---

❶ BORISSOVA V. Cultural Heritage Digitization and Related Intellectual Property Issues, Journal of Cultural Heritage [EB/OL]. [2020-10-08]. https：//doi.org/10.1016/j.culher.

❷ SHARMA M. Traditional Knowledge Digital Library：A Silver Bullet in the War Against Biopiracy [J]. Marshall Rev, 2017, 17 (4)：217.

系，这可以从商业环境中对这些使用行为进行分析，例如，从版权保护角度来看，可以受到版权法保护的少数民族文化产品如果符合作品的条件，可以享有著作财产权和著作人身权，如果这些作品已经进入公有领域仍然受到著作人身权的保护，不能对其进行贬损性使用；对少数民族文化符号的商业化使用不能造成传统文化的贬损。

（三）数字出版模式对少数民族文化权利实现的影响

"著名文化学者来德洛里亚认为：考古学家和人类学家曾为印度文化的传播作出贡献。在20世纪70年代，考古学家和人类学家就开始关注族群关系的维系问题，他们认为确保族群后裔参与文化遗产的管理和保护，是保证少数族裔文化传承和发展的前提，因为通过仿古和保存古代文化可以与本土价值观融合以及促进感情沟通。"❶ 当然，这并不意味着非本族裔的群体被排除在这一文化语境之外，只不过非本族裔研究人员在展开研究时更应该注意与族群展开互动，以促进知识产权和文化的公平交流。"认识到保护少数民族文化是一项系统工程，加拿大的文化遗产和知识产权研究事物工程（IPinCH）集合了超过50位人类学家、律师、考古学家、博物馆专家等，以及25个相关组织，致力于探讨如何进行更公平的科学研究和信息文化交流，这个研究机构受到了加拿大人文和社会科学研究基金的资助（SSHRC）。"❷ 过去，由于殖民统治、战争等因素的影响，一些少数民族群体被剥夺了发展权，或者其文化发展权受到影响，随着殖民时代的结束，互联网时代的到来，这些群体的文化发展又面临互联网时代的新问题，其中亟待解决的问题在于如何利用互联网环境下形成的开放社区获取新的知识，并使本民族文化在互联网环境下获得发展，这是互联网时代带来的有关少数民族文化参与权的新问题。文化参与对文化的传承和发展至关重要，文化传承的议题在互联网技术诞生之初就是文化资源保护的主要议题，在互联网时代，文化的传承途径更为多样，但也要注意，文化

---

❶ CORBETT S, BODDINGTON M. Copyright Law and the Digitisation of Cultural Heritage, Centre for Accounting, Governance and Taxation Research School of Accounting and Commercial Law [EB/OL]. [2019-09-15]. http://www.victoria.ac.nz/sacl/cagtr/.

❷ SHARMA M. Traditional Knowledge Digital Library：A Silver Bullet in the War against Biopiracy [J]. Marshall Rev, 2017, 17 (4)：220-221.

传承并不仅仅是特定族群的权利，文化传承是整个人类社会的任务，进入互联网时代，更广泛的文化参与权不断受到强化，特别是在数字出版模式下，要弥补新的传播发展方式给少数民族文化传播带来的消极影响，维护少数民族的文化权利已经在国际社会形成共识。学者塔拉奇·麦格纳格认为，文化自由表达权的充分实现，需要保证可以广泛且充分地接触到各种层次和类别的表达机会以及可以选择的信息资源。❶ 此外，这种多样性内容必须是可以通过一些平台来充分接触和获取的。在互联网时代，全面确保少数民族群体在网络空间内获取现代文化并保存和发展本民族文化，并不是一个简单的任务，需要耗费大量的投资和运营成本，要完成这一宏大任务，需要来自国家层面的支持。

（四）数字出版时代的获取权

数字时代的到来改变了文化传播模式，法律学者和公共利益倡导者开始关注交流与创造力的问题，他们认为文化需要自由交流才能激发创造力，而在网络世界中版权却存在被过度控制的趋势。劳伦斯·莱西格受到自由文化运动的启发，创立了知识共享倡议，不断有学者加入网络文化发展的大讨论中。概言之，这些学者都倡导保护个人自由创造和分享文化作品的价值。这些观点都是从维护公众利益的角度出发，因为公众有自由获取作品的权利，公众的创造力需要以获取作品为前提。自由获取运动的发展也影响了国际立法，联合国经济、社会和文化权利委员会对《经济、社会、文化权利国际公约》（ICESCR）中的一些比较模糊的条款进行了新的注解。"2009年11月，联合国向ICESCR缔约方发布了第一份关于'参与文化生活权利'责任的具体指导。这样，公众对文化产品的获取自由成为国际社会承认的基本人权。目前，有160个国家加入了ICESCR。"❷ 我国亦是其中之一，这意味着其成员须承认每个人都有参与文化生活的权利，每个人都有权受益于他们作为作者的任何科学、文学或艺术作品所产生的道德和物质利益的保护。作为

---

❶ URIBE-JONGBLOED E. A Qualitative Methodology for Minority Language Media Production Research [EB/OL]. [2016-01-07]. http://creativecommons.org/licenses/by-ncsa/4.0/.

❷ OHCHR. International Covenant on Economic, Social and Cultural Rights [EB/OL]. [2019-12-17]. https://www.ohchr.org/en/professionalinterest/pages/cescr.aspx.

基本人权的文化参与权的确定给了文化自由和知识获取的支持者以理论支持，通过利用国际人权框架，自由文化倡导者可以建立跨境联盟，应对未来可能出现的法律问题。

在数字化时代，超级计算机、互联网以及宽带普及率提高，在世界范围内科学和文化知识的融合发展与传播速度空前提高，公平获得创新的科学、文学和艺术内容在数字化时代对公众来说十分重要。但随之而来的盗版、内容控制带来的风险和不公平的问题也被广泛批评，然而立法方面的回应十分滞后。另外，倡导更便利的知识获取、更快速地获得医学和艺术作品的运动已经出现，目的就是应对数字化时代带来的挑战。主张自由获取的学者认为，版权法有可能通过允许过度扩张的权利定义，对研究和教育的合理使用进行过度限制，这种趋势很可能会遏制创新。著作权法保护的主旨在于使公众受益，并确保公众有权充实知识、文化以及所有可以从富有表现力的作品中获得的利益。著作权法保障私权的实现，保护作者基于创作利益所享有的权利，但同时著作权法也是一部保护公共利益的法律，立法目标要考虑公众教育权利获得文化知识权利的实现，所以从保护主体来说不仅限于从事科学、文化等行业的从业者，版权法中相关利益的实现也应该以获取权的实现为前提。因为不承认获取权就无所谓复制、发行以及合理使用规则适用的余地。所以，数字出版模式下，获取应该是第一位的。版权法需要为公众提供足够的获取作品的空间，才能发挥创作激励作用，同时获取也意味着提供更多的创作机会。

二、保障少数民族文化发展的法律实践

从知识产权理论来分析，少数民族文化资源因为历史存在时间较长，有些作者已经不可考，且大部分已经进入公有领域，所以在对少数民族文化进行利用的过程中，使用者往往会认为这种文化遗产因为时效性问题已经成为人人可以使用的公共文化产品，从而导致少数民族文化资源的商业化运营收益微薄。

澳大利亚雍古族曾为了维护本民族的文化权利进行过诉讼维权，该案被告未经少数民族社区许可，擅自制造并销售了一批地毯，这些地毯上的图案使用了澳大利亚国家美术馆收藏的一系列民族文化艺术品，这些艺术

品被认为是澳大利亚雍古族人的文化资源,但是被告在使用时并没有获得雍古族的使用许可。原告鲁鲁族认为这些艺术品的版权应由本社区的艺术家所享有。最终,法院判决被告侵权成立并需要赔偿原告损失。❶ 著名的"狮子王案"将原住民在国际贸易中文化维权的问题带入公众的视野。❷ 1939年,一位名叫所罗门·琳达的祖鲁艺人与他的乐队"夜莺"录制了一首歌并命名为"Mbube"(祖鲁语为"狮子")。之后《狮子》这首单曲在整个非洲南部地区非常受欢迎,销量喜人。1950年,著名美国民歌歌唱家皮特·西格将《狮子》这首歌重新制作并收录自己的专辑中,他将重新制作的单曲命名为"维姆"(Wimoeh)。20世纪60年代,《维姆》这首歌又被重新制作成另一个版本,就是大名鼎鼎的迪士尼音乐剧《狮子王》的主题曲"The Lion Sleeps Tonight"(安睡的狮王)。从这首歌的诞生到几经翻唱可以看出,其起源是祖鲁民族的原创歌曲,但作为非流行文化的民族文化产品,这首歌被长期打上了美国原创的烙印,被认为割裂了与本民族的血缘联系。这首歌的原创作者所罗门·琳达仅以10先令的价格将作品的版权转让给了加洛唱片公司。1962年所罗门·琳达去世后,美国音乐出版公司获得了作品版权并考虑仅以1美元出售版权。20世纪90年代,一位名叫瑞安·马兰的记者撰写文章,揭露了原住民文化资源在国际贸易中流失的问题,他特别强调,虽然"狮子"的衍生品赚了数百万美元,但原创作者琳达的女儿作为版权财产的继承人却在南非过着贫困的生活,原创作者没有得到应有的收益甚至是尊重。文章发表后引起了一系列连锁反应,一方面公众对这种文化"海盗行为"进行了谴责,另一方面从法律层面也有相关人士开始启动维权程序。有律师指出可以引用"版权回复"(reversionary copyright)制度,如果作者在其有生之年分配其版权,则版权在其去世25年后在满足特定条件的情况下仍会归还其遗嘱执行人,即使版权的权利已经转让。❸ 因此,尽管琳达的继承人已经将他们

---

❶ FARAH P, HERITAGE R. Conflict between Intellectual Property Right and Human Right: A Case Study on Intangible Culture Heritage [J]. Oregon Law Review, 2018, 94 (1): 153.

❷ FARAH P, HERITAGE R. Conflict between Intellectual Property Right and Human Right: A Case Study on Intangible Culture Heritage [J]. Oregon Law Review, 2018, 94 (1): 165.

❸ 在《英国版权法》中有关于"版权回复"的规定,该案的影响很大,英国律师提出相关的解决方案。

的"狮子"作品版权转让，但这项规定仍适用。在 2006 年"狮子王案"审判前夕，诉讼各方达成了和解协议，而唱片公司已经向迪士尼授权使用"The Lion Sleeps Tonight"。该案最终达成的解决方案是："The Lion Sleeps Tonight"被认为是来自祖鲁族的原创歌曲，而所罗门·琳达也被认为是"The Lion Sleeps Tonight"的共同作者。该和解协议还规定，琳达的继承人将收到过去使用"The Lion Sleeps Tonight"以及未来在全球范围内使用这首歌曲的版税收入。最后，为了完成和解协议，各方还共同建立了一支信托基金，为继承人管理版权收益。该案具有深远的法律影响，其解决方式实际上创设了一种原住民社区基于其传统文化保护的"知情同意权"，因为该制度的目的是保护原住民传统知识，为原住民保护传统知识提供支持，以控制未经许可对传统知识的获取和使用，行使其事先知情同意权，并确保原住民群体从使用其传统知识中获得公平和公正的利益分配。

少数民族文化财产具有极强的集体财产属性，所以在上述案例中，都涉及对群体性族群财产的利益分配问题，并在族群利益式微维权困难时提供对第三方诉讼和索赔的机制。之后遵循这一思路，一些国家的立法中都加入了对少数民族文化资源使用的知情同意权制度。即任何对少数民族文化资源的使用行为，都必须经过少数民族群体的同意，遵循事先知情同意原则和少数民族群体习惯。对少数民族文化资源的法律保护，终极目标在于实现可持续发展。加强对少数民族文化资源的保护，一方面可以使相关族群增加收入，促进可持续发展；另一方面也关照到少数民族文化资源群体性利益。

2010 年通过的《关于获取遗传资源和公正和公平分享其利用所产生惠益的名古屋议定书》（ABS）从国际法层面承认少数民族对其传统知识享有不可分割的权利。"议定书第 7 条确立了原住民的事先知情同意是获取民族文化资源的前提条件，各国有义务确保原住民知识的获取和使用受到事先知情同意权利的约束。"❶ 少数民族社区的知情同意权越来越受到缔约方的重视，南非、

---

❶ BUCK M, HAMILTON C. The Nagoya Protocol on Access to Genetic Resources and the Fair and Equitable Sharing of Benefits Arising from their Utilization to the Convention on Biological Diversity [EB/OL]. [2011-07-19]. https：//onlinelibrary. wiley. com/doi/abs/10. 1111/j. 1467-9388. 2011. 00703. x.

巴西、秘鲁、菲律宾、中国、哥斯达黎加、印度、葡萄牙、泰国和美国这些多民族国家都纷纷修改本国立法引入知情同意使用条款。随着传统文化资源知识产权保护意识的提高，各国政府开始重视对少数民族社区的知识产权保护，承认少数民族社区对其知识产权享有权利，确认了少数民族可以享有基于其知识产权所带来的收益并通过建立相关司法措施保障少数民族群体诉讼权利的实现。

对传统文化资源风格的不当模仿会构成"文化盗用"，这种方式看似符合合理使用要求，但是在作品创作过程中，极易造成对传统文化内涵的错误解读。艺术家博·迪迪利创作了大量流行歌曲，这些流行音乐大多是从传统音乐中获得的灵感。但是他发现其作品在市场上被很多表演者所模仿，而且他认为这种模仿是完全照搬、毫无创新的模仿，完全脱离了原作的文化传承内核，这种拙劣模仿已经严重影响了他的创作。相对于主流文化来说，少数民族文化产品本身处于竞争的弱势地位，如果在创作源头得不到保护，那么版权制度激励创作的功能就无法发挥，少数民族文化产品的创作就会萎靡不振，甚至就此断流。由于知识产权教育和法律服务的不到位，少数民族群体的创作权利和知识产权获益的权利都存在被忽视和无法保护的情形。

随着数字技术的推广，一些国家建立了与少数民族传统社区知识产权相关的数据库，以便更进一步地为少数民族群体提供保护。如果数据库中的传统文化内容与少数民族的精神意义有关，则一般不允许外部访问，这些知识应记录在封闭式访问数据库中，并仅对那些获得社区同意的人开放。"例如，印度的传统知识数字图书馆以及2011年美国专利和商标局美洲原住民部落官方徽章数据库的构建都是旨在防御性保护传统知识和文化表现形式的重要范例。"❶

从少数民族群体对本民族文化资源进行使用、创作和维权的实例来看，版权制度确实可以对少数民族文化传承起到促进和保护作用，但是作为相对"弱势"的文化，一些创作者缺乏对版权制度的了解，所以丧失了维权的最佳时机，甚至客观上已经不存在维权的渠道。所以还需要构建相

---

❶ SHARMAS S. Traditional Knowledge Digital Library. "A Silver Bullet" in The War against Biopiracy? [J]. J. MARSHALL REV. INTELL. PROP. 2017, 214 (17): 222-223.

关的辅助制度或机制来保护少数民族文化成果。

三、数字出版模式下少数民族文化权利保障的渠道构建

(一) 数字出版模式下版权运行机制悖论

在实践中,少数民族文化产品受到的保护与流行文化相比并不充分。首先,由于目前文化产品议价制度的不完善与不合理,不利于少数民族文化产品的传播。其次,少数民族部分文化形式为口头的代际传播,作者不详且不易留存,出现问题很难举证。最后,少数民族文化的小众性与文化传播方式的独特性决定了侵权的易发及维权不易。版权制度是存在于具体的社会环境中的,在商业模式主导下的文化传播中,公众对少数民族文化的认知往往是刻板的。法律是中立的,法律不能主动干预主流文化的发展,作为小众文化的传统文化就处于传播中的相对弱势地位。版权立法虽然持中立的立场,但由于文化发展的不平衡,恪守版权规则反而会造成事实上的文化发展迟滞。所以,在未来面向网络时代的版权立法中,要考虑如何消弭这种因为文化发展的不均衡带来的利益分配不均衡问题。传统文化体量小且代代相传,大多已经进入公有领域成为"思想"范畴,而版权制度只保护表达而不保护思想,当然这些创作"思想"的艺术家就无从参与版权法的利益分配制度中。版权法体系对于未经许可的使用是严厉禁止的,一旦作者的创作贡献被视为思想,他们就不能成为作品的创作者。这也导致了文化获取和发展的不平衡。

如果不对少数民族传统文化的类型、使用和创作进行有效规制,就会出现对少数民族文化的"不恰当开发",而版权法对这种现象几乎没有任何防御手段或者是规制手段。仅靠市场力量来推动少数民族传统文化产品的传播和发展,显然还无法解决需求不足和创作激励的问题。产生法律保护的缺陷,其深层原因在于少数民族文化传播模式存在个人创作与社区创作并存的因素,由于民族文化的历史传承性导致版权制度中思想、表达两分法的失灵,所以从法律层面看,少数民族文化产品被占用和模仿是无法避免的。但是如果放任这种现象发展,就会导致少数民族文化创作者的主体身份丧失。知识产权保护模式的适用在少数民族文化传播过程中明显存

在保护不足。这就表明，单纯依靠版权法无法充分发挥保护和传承少数民族文化资源的功能，反而会产生使相对弱势的文化更加边缘化的问题，在保护少数民族文化资源的法律机制中、在版权制度的运行过程中会产生与自身立法目标相冲突的悖论。

（二）数字出版模式下权利实现的新路径

数字出版模式下对获取权和参与权的强调被学界反复提及，由此展开了一系列关于自由文化与知识获取的运动，这反映了学界对网络环境下公众自由获取文化产品的强烈关切，构建网络环境下新的文化产品传播策略是当务之急。自由文化倡导者倾向于建立跨国文化传递联盟，利用国际组织提供的帮助和支持进行文化传播、应对诉讼风险。概因数字出版模式的深入发展使得公众的文化参与空间受到挤压，可以自由获取的边界也不甚明确，而需要明确的是承认公民具有参与文化生活的权利就意味着必须在知识产权的法律框架内对这项权利提供保护，不应以牺牲文化参与权为代价予版权内容提供者以过多的保护。

虽然从国际公约层面已经确立少数民族文化保护的必要性、合理性和紧迫性，但这种原则性的承认文化多样性前提下设定的条款毕竟缺乏操作性指引而流于形式，应该明确数字出版模式下少数民族传统文化产品的传播规则，特别是在法律层面确定利益分配的具体方式。在数字技术出现的十几年里，新媒体和其他新的技术纷纷出现，文化生活空前多样化，人们对文化生活的理解也是变化发展的。无论这个社会是否"传统"，文化生活都是不断变化的，特别是在共享带来的创作红利中，个人创造力的勃发不断地为文化资源的发展贡献新的创意和产品。少数民族传统文化产品的传承、保护及发展自然也不可避免地被卷入这种趋势中。文化理论家弗里德里克·巴斯（Fredrik Barth）认为，文化"不是从一个来源产生的，也不是一个整体，而是当人们参与多种文化之中，在或多或少存在差异的话语世界构建了不同的文化语境和文化产品，并不断交流"。[1] 劳伦斯·莱西格（Larry Lessig）认为，"文化应当被不断交流、不断学习、不断创作

---

[1] 岳广鹏. 冲击·适应·重塑——网络与少数民族文化[M]. 北京：中央民族大学出版社，2010：46.

以实现不断发展，否则一些传统文化表达会成为历史化石"。❶ 文化的交流、共融需要确保大众自由且广泛的参与。

我国知识产权法律制度体系的建立存在一个由被动接受到主动变革的过程，其中与传统文化保护相关的知识产权法律保护制度的研究和法条制定则更为晚近。至今我国"民间文学艺术作品著作权保护条例"仍未出台。面向数字出版时代的版权立法，更需要对传统文化在互联网传播中出现的新特点、新问题积极提供对策。与国外立法和司法实践不同，我国坚定奉行并实施各民族一律平等的民族政策，并没有在法律层面中出现非常严重的所谓"版权掠夺"行为，但也出现了一些案例，例如"乌苏里船歌案""安顺地戏案"，都反映出对少数民族传统文化保护亟待解决的法律问题。我国司法实践中承认少数民族文化产品中的民间文学艺术作品、非物质文化遗产是具有集体创作属性的，但对于这些作品如何利用、如何进行版权利益分配还需要从立法中加以确认。我国对少数民族文化的保护和发展十分重视，特别是注重利用新的技术手段保护少数民族文化。过去，我国传承少数民族文化的平台相对完善，例如有专门的少数民族作品传播渠道，包括电台、广播电视频道以及网站，但是在数字出版时代，出现了传播渠道不足的问题，缺乏可提供持续的、有影响力的网络传播平台。只有完善平台建设，持续供给作品，才能提供有效的案例来分析少数民族文化产品在数字出版模式下的传播样态及路径，以指导并完善立法。目前来看，构建有效的少数民族传统文化产品传播平台可以充分利用现有媒体平台，结合媒介融合发展，推动平台数字化转型；也可以与现有大型商业网络平台合作，开辟传播少数民族传统文化产品的新渠道；更重要的是，鼓励少数民族自媒体的发展，鼓励创作出更多优秀的少数民族文化产品。

（三）我国少数民族文化发展中的问题

"我国少数民族人口数量已经过亿，对这一庞大群体传统文化传播的关注非常有意义，同时，我国各少数民族的传统文化都具有丰富的内涵，

---

❶ LESSIG [EB/OL]. [2019-08-04]. https://www.lessig.org/.

是少数民族人民物质文明和精神文明的结晶。他们在漫长的历史发展进程中，也一直在找寻与实践着适应于经济社会发展传播方式，绵延不绝，具有强大的生命力。"❶ 数字出版时代构筑适应新时代发展的少数民族文化产品的传播渠道，是打造"文化软实力"的有效手段，而互联网恰恰是一个需要集多种资源包括设备、知识、收入于一体才能参与的活动，这就需要一手抓硬件建设，一手抓软件建设。

在数字出版模式下，少数民族文化面临新一轮的文化转型，与其他文化的相互吸收和相互融合的趋势会日益明显，在这一过程中，冲突和融合是交替存在和互相转化的，持续的冲突只在特定的条件下才能发生，因此少数民族地区的文化冲突总会在民族文化融合的基础上促成民族文化的变迁。在数字出版模式下，如何实现少数民族文化产品的传承和保护，需要转换思路，对当下网络版权制度的发展和变迁有一个深刻理解并融入这一大变革的过程中。互联网的到来将文化发展带入了历史的快车道，网络文化纷繁芜杂，但却是现代生产方式的代表，传统文化并不是阳春白雪，网络文化也并非下里巴人，网络文化将极大地促进少数民族文化的发展。接受网络文化发展带来的积极成果而不是消极对抗才能做到将新技术手段运用得当，发挥其应有的正面作用。但不能忽视的是，少数民族传统文化具有其不能消解的原生性和独特性，不能被全然抛弃，放弃特色和民族印记。"事实上，所谓的网络文化也不是全球绝对同一化的文化，网络文化也是一个具体的有特殊内涵的文化概念，超民族的网络文化是不存在的。可以说，实现传统文化向网络文化转型的民族或国家，其网络文化都是具体的、特殊的、丰富的，而不可能是超民族国家的抽象的一般性文化。人们常说，越是民族的就越是世界的。换言之，越是具有民族国家内涵的网络文化才越是真正的网络文化。"❷ 网络文化并不是彻底的西化文化，任何能够被数字化的文化方式都可以在网络世界中获得留存和发展，任何有价值的文化都可以在网络环境下开辟属于自己的发展空间。在数字出版模

---

❶ 岳广鹏. 冲击·适应·重塑——网络与少数民族文化 [M]. 北京：中央民族大学出版社，2010：71.

❷ 岳广鹏. 冲击·适应·重塑——网络与少数民族文化 [M]. 北京：中央民族大学出版社，2010：275.

式下，发展少数民族文化，维护少数民族文化权利需要注意，一方面要去伪存真，自觉抵制网络文化基因中的西化；另一方面也要注意解决强势流行文化带来的文化冲击。流行文化除了具有市场带来的经济优势，还携带着更多的现代元素，对其他非流行文化产生了较大影响。少数民族文化与互联网的相遇是民族文化中传统与现代、民族性与世界性的融合创新，既有机遇又有挑战，虽然会受到一定的冲击，但是作为一种新型的文化产业，在网络空间中要做到文化传承，借助数字化技术对传统文化和新技术进行兼容，同时也为民族文化的数字化提供养分。总之，传统文化的充实文本为少数民族传统文化数字化提供了坚实的物质基础，但是少数民族文化中的传统性也会规范民族文化的发展规则，为少数民族文化网络传播提供精神内核。

第三节　少数民族传统文化资源数字化传承的知识产权制度保障

一、向数字化跨越中的知识产权障碍

（一）数字化环境下知识产权制度面临质疑

数字出版时代，知识产权的相关规则日益受到批评，甚至被认为与基本的人权属性相违背，对知识产权规则的修改势在必行。从国家层面来看，确保公众参与分享文化产品的权利需要做到充分尊重公众的文化发展权，为公众获取作品提供合理的渠道。立法不应对文化参与权加以干涉，更不应不合理地限制公众获取文化产品的权利。关于参与文化生活的权利，法律和政策的设计应该扩大知识的获取和公众的参与机会，无论是个人或集体都可以平等地成为文化产品的消费者和传播者。虽然一些国家在宪法性文件或者文化发展立法层面都基本确立了多元文化发展的思路，保护国内少数民族文化发展并承认少数民族文化权利，但从维权层面来看，很多问题需要通过知识产权制度来解决。知识产权制度如果不能发挥其利益平衡机制，会对整个社会的文化发展产生负面影响。过度集中的版权利

益划分必然会限制公众获取及参与文化生活的能力。文化参与需要获取材料和工具，从而确保公众创造和分享的自由，平衡的知识产权制度可以充分保护言论自由、知识获取和公共领域。知识产权法通过规定对获取知识产权的例外和限制制度以实现对公众获取文化产品的支持。

　　数字技术的发展改变了传统出版秩序中的传播规则，甚至传统的出版主体已经发生了变化，一些大型互联网企业逐渐承担了传统出版商的角色，这些企业往往选择适用技术措施保护版权内容，这在某种程度上又干涉了公众参与文化生活的权利。对于技术措施滥用以及反不正当竞争行为，从法律层面必须对严格的版权封锁制度进行调整。例如，应当限制不正当技术措施的使用，以及对合理使用条款的僵化适用作出改变。参加文化生活要求法律规则不能包含过多限制性规定，公众有权要求免于陷入过多的技术障碍。但技术措施自产生之初就引起了广泛的担忧，不乏学者抱以悲观态度，认为技术措施的产生意味着合理使用制度的解构。如果允许著作权人以保护版权内容为由过度适用技术措施或者以反技术措施规避为理由提起诉讼，势必会引起公众的不满。国家应采取积极措施应对数字技术带来的挑战。保障文化参与权最终确保公众可以有效利用文化产品，鼓励文化发展创新。当然法律并不能对可以通过市场有效配置的资源进行强制性干预，但对于少数民族文化产品的传承存在市场调节的失灵，所以还需要从立法角度进行利益分配的重新设定。包括但不限于：首先，通过立法确保各地采取积极措施完善公共服务以提高公众获取文化产品的可能性。例如，鼓励和发展科学和文化领域的国际交流与合作，为公众提供数量合理的博物馆、图书馆和其他文化机构以确保公众能够获得文化产品而不受财产状况和身份地位的差距带来的影响。其次，政府还可以通过提供公共文化采购、教育和文化政策以促进知识信息的分享。最后，应制定政策鼓励发展开放获取期刊，促进开放教育资源和开源软件运动的发展。例如，那些获得公共资助的研究和艺术作品应通过开放获取期刊或知识共享许可的方式供公众获取，以促进公众可以更多地获取文化材料及参与文化创作。数字技术的发展意味着互联网自由，文化自由、知识共享和自由获取的呼声会越来越高，而这些观点也日益受到国际社会的认可。为了促进上述权利的实现，知识产权制度的完善自然不能被偏废，重塑知识产权法以更好促进多元文化发展的过程不能仅通过原则声明来实现，充分的法律改革特别是知识产权制度的变革至关重要。

当代知识产权制度在调整少数民族文化产品的传播过程中出现失灵，概因知识产权制度的理论基础在于利用无形财产的价值配置权利义务关系，实现利益分配。这种权利的配置是构建在私权领域内的，而侵权的产生也要求损害赔偿是可以被界定的。知识产权的保护期是有限的，经过保护期限，所保护的客体就进入公有领域，每个人都可以使用，这样一方面通过赋予权利人一定时期的垄断权确保激励创作，另一方面也通过设置公有领域确保公众获取的实现，达到一种利益平衡。知识产权法的保护模式意在保护社会利益的最大化，但是在少数民族文化的传播过程中，知识产权制度的调节机制却远没有达到这种利益配置的公平要求。例如，现代流行文化可以从少数民族文化中吸收大量的故事、美术作品、建筑作品等作为新作品的创作素材。我们可以把蒙古包元素用在服装设计中，可以将少数民族的传统文样图案印在运动衫上，诸如此类，比比皆是。这种使用方式具有合理性，原因在于这些古老的民族元素大都已经进入公有领域，可以不经许可免费使用，但是对于被使用的少数民族群体来说，这些借鉴行为产生的财富是来源于其祖先的，这种未经授权的使用会带来一些问题。例如，不恰当的使用会导致文化遗产被歪曲或者被篡改，以致造成玷污和扭曲。在西方社会，由于历史的原因，找到原住民的文化遗产是毫不费力的，传统设计和美术、文学、音乐、宗教仪式、传统知识以及有关传统文化的元素几乎无处不在。西方社会成为其他国家原住民文化的贪婪消费者，那些少数族裔有关超自然力的想象被转化为海报、茶巾等装饰物，此种使用比比皆是。2010年温哥华冬奥会的会徽"伊拉纳克"其灵感来源于巨石阵，会徽的衍生品收入颇丰，同时加拿大一些族群的图腾柱图案也在市场中广为推广。有关少数族裔文化内容的电影也成为投资方的选择，然而在好莱坞电影中，少数族裔的形象已经固化了，这些形象或原始或贫穷，总之与主流文化的形象相去甚远，随着信息技术的发展，文化学者开始担心这些信息对观众的影响会增大。无论是报纸的报道、绘画、照片、录音、电影、电视，还是现在的互联网，获取有关少数民族文化产品只需要轻点鼠标就可以完成，久而久之，这些民族传统文化就会被理所当然地视为公有领域中的一部分，加之对少数民族文化产品原始性形象的固化，这个观点就更难以被修正了。互联网是一把"双刃剑"，其正面作用在于，首先，这种使用当然会导致人们对少数民族文化遗产价值的尊重以及学术研究的兴趣。其次，少数民族文化财产也是国家文化财产的一部分。因此，因纽特人的巨石像才能作为温哥华冬奥会的会徽，成为国家的象征。但其负面作用在于，使目前有关文化遗产的认知问题产生了一个错误，就是拒绝承认文化遗产是"活态"的文化，这一认知在互联网传播环境下得到强化，得出的结论是少数民族的文化遗产属于公有领域。那么当文化遗产的保护被排除在法律之外，如何从知识产权的角度来保护族群的文化遗产呢？文化遗产究竟应看作人类的遗产还是经过历史发展形成的有关族群身份的遗产？这个问题实则是一个文化与基于文化权利的表达问题，以及文化发展权、信息经济以及其他相关的问题，所以很多学者表现了对原住民文化发展的担忧。

数字出版时代的到来加快了民族文化资源的传播范围和效率，毫无疑问，这种数字化的文化交流和借鉴可以使公众体验到来自异域的文化，丰富人们的生活阅历，不同文化之间的借鉴具有创意和趣味，例如，将民族音乐与流行音乐结合起来，或者将民族文化元素加入流行时尚中。在这种文化交流中，少数民族文化本身也可以得到传承和发展，更应该认识到民族文化应该是活态的，在保持精神内核层面要不断发扬光大。另外，也要注意避免在数字出版环境中形成对少数民族文化及其文化形象的固化认知，认为少数民族文化就是原始的、神秘的、固化的。总之，多民族国家都在探索如何构建有效的法律机制来保护少数民族文化资源，作为一种无形财产，其文化表现形式可受到版权法的保护，但是少数民族文化的类型并不符合版权法保护客体的特征，所以还需要从其他立法层面提供保护支持。著作权保护文化产品需要遵循思想表达两分法，然而，对于少数民族文化思想表达两分法的适用却存在问题，首先，少数民族文化的内核始终打上了祖先精神的烙印，这是他们生活的存在，这是对思想的使用还是对表达的使用，目前争议很大。其次，既然存在深刻的精神文化烙印，我们需要深入地思考和解释对少数民族文化产品的使用和商品化所带来的影响。例如，岩画不仅是简单的历史文件供我们分析那个时代的建筑或者艺术价值，也可以反映相关族群的世界观和精神传统。通常来自少数民族的历史遗迹都反映了当时的生活状况，所以在考古中通常会发掘出当时权力象征的符号。如果在商业化过程中，在服饰或者酒瓶上使用这些象征权力的符号就可能会带来麻烦，事实上，这表明流行文化的使用方式和少数民族本土文化存在冲突，这也体现在对财产概念的理解上。上文指出，在少数民族的文化概念中是不区分思想和表达的，而同时保护少数民族的文化权利还要符合习惯和立法。一方面是公有领域的模糊；另一方面是精神权利的伤害。总之，网络文化带来的商业化使用规则对少数民族群体来说弊端在于：（1）可能会失去对祖先知识和财产的接触；（2）可能会失去对本民族文化遗产的控制；（3）文化遗产的神圣感被减弱；（4）文化的识别性变得商业化；（5）对于缺乏符号认知的人来说可能会触犯禁忌；（6）造成对一些特殊的或者神圣的符号不当使用；（7）神秘感的丧失或者秘密性丧失；（8）原生态产品易被复制并受到假冒制品的威胁。在面对商业资本缺少话语权的情况下，越来越多的少数民族群体开始关注现代的使用方式对他们的文化遗产所带来的影响和潜在的伤害。知识产权制度归根结底是保护私权的制度，鼓励对无形财产进行商业化使用从而获得财产利益，少数民族文化产品也具有无形财产的属性，所以通过知识产权制度来保护对少数民族文化产品的商业化使用是符合立法机制的，但是在商业化利用中出现了各种问题，特别是对精神权利的侵害问题，这些问题没有得到很好的解决，故而知识产权制度受到了质疑。

（二）面向数字化的文化产品传播

数字技术被应用到文化产品传输中，人们可以更便利地利用电子设备获取文化产品，而且可以在世界范围内搜寻感兴趣的文化产品。所以，人们可以在大型百货商场中看到埃及的金字塔，抑或在某次文化展览上重建一个巨石阵或者玛雅文化的标志，总之，在本国建构一个异域文化风情区并非难事。这种文化的"拿来主义"现象在当代艺术发展中随处可见，数字技术的红利让公众轻易欣赏到文化遗产。当然，新文化的产生都是在过去的文化积淀中汲取养分，古代传说可以被数字化后通过新媒体播放，创作者可以从中找出新的创作灵感，科技发展带来的创作养料和素材更容易获取也更便利创作，这是个前所未有的时代。正因如此，开源运动应运而生，越来越多的学者达成共识，新的科技手段需要被用来分享思想和信息，这种趋势是不可被限制的。新技术会带来对传统知识和知识产权的新威胁，特别是可以通过站点访问那些以前无法访问的信息和影像。岩画艺术就是一个例子，岩画艺术是表现在岩石上的信仰体系或者是祖先文化系统和知识的表现。技术的发展打破了地域的界限。摄影的出现移除了地理来源和文化内容的关联性，使一般公众都可以获取这些图片。一些学者关注到新技术带来的影响，指出新技术的发展使接触素材越来越容易，通过新技术不仅能访问和共享信息、音乐和影像，而且能对这些素材进行重新创作组合。新技术使艺术创作更加自由多元，同时也带来新挑战。例如，3D技术的产生使立体复制成为可能。从保护文化遗产角度来看，这种技术可以为博物馆等机构提供大量的文化复制品。另外，新技术的发展也实现了对族群生活的复制，为族群文化资源商业化提供了机会，也就是说，对于使用原住民的文化和知识的正当性问题将会更尖锐。如何通过知识产权保护制度有效保护族群社区的权利，以及确定公有领域的范围就十分重要。事实上，保护原住民的文化遗产就是保护他们的文化身份和福祉。商业化使用的边界或者其他不适当地使用文化遗产的具体表现如何界定，需要在财产法制度体系中加以明确。同时，我们也需要界定什么是恰当的使用。例如，现实生活中一些乐队喜欢用少数民族文化符号作为乐队标识，或者一些商业团体喜欢使用族群标记作为商标，这些行为都有待商榷。对文化遗产表达的使用，不同的方式会产生不同的影响，影响范围包括文化声誉、民族认同和商业利益。如今，少数民族群体越来越重视其文化遗产资源的保护。虽然新技术的发展会影响每一个人，但是对族群来说，他们的文化遗产被使用和商业化的机会大大增加了。当然，新技术是把"双刃剑"，也给族群社区带来了机遇和挑战。

（三）重新认识数字出版中文化产品的获取问题

金斯伯格教授指出，在未来的数字化版权市场中，对数字文化产品的获取更重要，应当允许在数字环境下对文化产品进行有限的体验。在网络环境下，传统以复制权为中心的版权法体系正在被以信息网络传播权为中心的新权利体系所取代,不过新的秩序正在形成,旧的秩序已经被打破。信息网络传播模式下,复制行为变得模糊甚至不重要,文化产品的传播更迅捷和便利,人们更进一步地享受到科技进步带来的便利,但显然法律文本的滞后导致立法并没有跟上技术的变迁,反而在一些问题上踟蹰不前,导致司法实践反反复复,争议不断,有学者认为目前司法实践中对有关作品网络传播与使用问题的判决已经日益陷入形式化,恪守是否形成复制件、保存作品的缓存时间以及临时复制的问题,等等,这些形式问题的判断对解决法律关系的争议毫无意义。获取权的提出就是在网络环境下海量作品的传播与使用的背景下出现的,这一理论上的新权利类型更适合于数字文化产品市场。"继金斯伯格教授提出了'获取权'问题后,2010年佐哈尔·埃弗罗尼教授进一步阐释了信息网络传播过程中的问题,他认为版权法中的反规避条款代表了'新保守主义'的趋向,作品的数字化文本被嵌入技术措施后,公众的获取权就会受到限制,而过度的限制是不可取的。他认为在数字化环境中,立法者仍然以保护复制权为中心的导向是一种失误。"❶ 因为复制权为中心的立法模式是源自18世纪或19世纪的权利分类,而访问权是与新技术保持同步的反映版权法发展的新型权利。但是在法律层面这个问题就演变为,未经许可规避技术措施的行为是否都构成侵权?对这个问题,司法实践中存在不同的解决方式,有法院认为应当作为个案判断,如果使用符合合理使用原则,则这个问题就转变为合理使用问题。还有法院认为,未经许可规避技术措施的行为是违法的。也有法院通过判例规则提出了非侵权性使用标准,但何为非侵权性使用,其适用规则并不清晰。DMCA的相关规定实际上造成了版权保护的两条路线:一条是调整有形文化产品的保护路径;另一条是通过立法调整文化作品在网络中的传播。只要仍然存在有形复制品市场,现行的版权法规则就不会过时,因为传统媒体仍然在文化传播过程中起着重要作用。

技术措施为著作权人保护权利上了一把锁,加之发行权被限制在传统出版渠道中,通过信息网络传播作品就完全依赖于对作品的许可

---

❶ STOUT K D. Copyrights without Limits: The Undefeatable Right of Access Control under Sec. 1201 (A) of the Digital Millennium Copyright Act [J]. Marq. Intell. Prop. L. Rev, 2015, 220 (19): 198.

使用来进行，从而形成著作权人的权利控制与公众获取权的冲突，显然，著作权的天平目前还无法确定如何分割这部分利益，目前的解决方案是由著作权人以许可的方式传播作品，消费者在许可范围内使用作品。例如，通过付费获得作品使用权后可以在程序中获得一部分存储空间用来复制、使用作品，甚至一些出版机构还会赠送作品的光盘和一定的存储空间。这被视为出版方提供的一种消费者亲和型商业模式，但是消费者能获得什么，决定权在著作权人。这显然与知识产权制度中的获取问题是有区别的。在此种商业模式的诉讼中，如果未经许可规避了技术措施，很容易构成侵权，因为实践中法院通常会认为这种规避技术措施的方式会造成著作权人市场利益的损失。合理使用制度是对抗版权侵权的有力制度，但是合理使用制度的适用条件十分苛刻，所有法院在讨论数字作品使用过程中的作品利用问题是否适用合理使用制度存在争议。但是在规避技术措施的情形下，确实有很多公平使用的情形，这就为获取权的引入提供了机会。有学者提出必须在合理使用制度框架内明确获取权，合理使用是法定之权，在网络环境下获取权受到了限制，因为合理使用制度缺少了适用的余地。在反规避立法模式下至少要为公平使用的用户留有余地。认识数字环境下的获取问题有利于在面向数字时代设计少数民族文化资源的保护制度。因为在多民族国家中，对少数民族文化资源从认识、利用到保护都存在一个共性，即由国家、政府主动推动少数民族文化资源的保护，而这种保护首先是通过为少数民族地区提供基础设施建设包括普及网络通信基础设施、修建文化活动场馆而实现的。但是少数民族群体真正掌握了互联网技术、运用新技术手段发展本民族文化产业的能力还有待提高。一方面，少数民族群体创作数字化作品的能力有待提高，这就导致少数民族文化产品在市场上供给不足，经济价值也不高；另一方面，少数民族文化网络空间进行传播交流的过程中，也要确保少数民族群体可以获取足够的文化产品维系创作以及获取本民族文化产品。在数字出版时代，这两个问题仍未得到足够的重视和思考，如果仍然延续此前的自上而下的扶植政策，少数民族文化资源的数字化传承就不能最大限度地依靠网络时代的技术进步获得发展。

二、面向数字出版的知识产权制度调整

(一) 传统出版模式下的版权规则在数字出版中的式微

获取权并不是一项法定的知识产权权利类型，但是获取权是知识产权权利实现的前提条件，也是著作权制度的立法目的之一。在司法实践中，为了平衡公众的获取与著作权人的利益，法官通常会根据个案来衡量，在以复制权为中心的立法时代，这个特点已经十分突出了。鉴于数字技术带来的版权内容封锁，获取作品的权利难以实现，在著作权法立法转型的时间节点，司法实践要面临的问题则更为复杂。以复制权为中心的版权立法通过以下内容在一定程度上确保了公众对作品的合理获取。

(1) 思想与表达两分法的提出。思想与表达两分法解决了著作权法的边界问题，哪些内容是公众可以自由使用的，哪些内容是需要经过许可的。思想与表达两分法来源于美国判例法中的菲斯特案。❶ 该案中，法官从司法层面解释了获取与自由表达以及版权保护的关系。根据版权法中的思想、表达两分，作品中的思想应该被自由使用，只有作品中的措辞、表述语句等表达手段才能受到版权法保护。

(2) 有关作品的保护期限。为版权作品设置保护期限，一方面为了防止作者的权利被过度垄断，另一方面也确保公众可以在合理的期限内使用作品。根据国际公约的规定，版权保护期一般是作者生前加死后 50 年。但是各国立法对作品保护期限的设置并不一致。保护期的设置体现了版权法应当确保权利人不会垄断任何知识的立法思想，也意味着在作品保护期限外，公众可以充分利用其从阅读中获得的任何事实或想法来进行创作或其他活动。

(3) 确定公有领域的范围。除了思想与表达两分法，版权法中也对公有领域的范围进行了设置，例如，除了思想和已经超过保护期限的作品，表达形式有限的规则表述以及戏剧创作中的场景原则等有限表达都

---

❶ 王迁. 知识产权法教程 [M]. 北京：中国人民大学出版社，2016：32.

被纳入公有领域范围，这意味着公众可以对这些有限表达不受限制的使用。

（4）首次销售原则。首次销售原则是指版权人自己发行或者许可他人发行作品的复制件或者录音制品以后，合法获得了该复制件或者录音制品的人，可以进一步销售、转让或者处理相关的复制件或者录音制品，版权所有人不得干预。❶ 首次销售原则的适用被认为是版权机制内调节作者与公众利益平衡的有效手段，防止作者基于创作行为干涉过多形成垄断利益，同时也使公众有更多的渠道获取作品。我国著作权法也承认首次销售原则。"首次销售原则在 Kirtsaeng 案中得到进一步明确和解释。消费者依法在国外购买的作品，可以在国内进行销售，并不构成版权侵权。"❷ 该案重申的原则包括首次销售原则涵盖国外作品，并允许在国外购买或拥有作品的人将其带入国内进行后续转售或分发。该案的深远意义在于通过判例确立了在教育、图书馆管理、博物馆、美术、书籍销售和转售领域内也同样适用首次销售原则。首次销售原则的确立意味着版权旨在首先使公众受益，并协助公众获取信息接受教育。首次销售原则是对著作权人版权权利的比较重要的限制，也是公有领域空间增强的表现。在判例中的说理部分，法院承认为了追求利润的最大化，出版商当然可以通过市场来谋求利益，但是权利人的手却不能伸得过长，干预公众对知识的获取，在版权的国际贸易中，因为知识产品的定价在不同市场会存在差异，所以存在"剪刀差"的情况下就需要进行利益平衡，总之，平行进口的问题在版权交易中是存在的，但仍不能打破首次销售原则的适用。

（5）技术措施与使用的冲突问题。在格罗斯特案中❸，围绕作者与相关权利人的权利冲突与平衡问题展开探讨。该案中承认在符合特定规则的前提下，利用技术措施规避权利人的版权封锁是合理的。但是未经许可获取未发表的作品是法律所禁止的。如果获取作品十分困难或者需要许可才能实现，那么自由表达思想的权利就会变得脆弱，从而形成一个卖家强势

---

❶ 王迁. 知识产权法教程［M］. 北京：中国人民大学出版社，2016：124.

❷ Kirtsaeng testified to earning ＄900,000 in revenue from these sales. John Wiley & Sons, Inc. v. Kirtsaeng, 654 F. 3d 210, 215（2d Cir. 2011）.

❸ Metro-Goldwyn-Mayer Studios Inc. v. Grokster, Ltd. 545 U. S. 913. 2005.

的贫瘠市场。公众有权获得适当的渠道以获取文化资源。数字技术的发展及应用导致获取文化产品的成本降低以及侵权的易发，如此而产生的技术措施封锁趋势纯粹是功能性的，而且过多地保护版权内容提供者的利益，这样公众获取作品的权利就被忽视了。须知，版权法所保护的是原创性表达并保护作品的获取和传播，而并不是要最大化甚至形成权利人对版权利益的垄断。

在数字出版时代，传统媒体的发展空间迅速被数字媒体所挤压，传统出版业如临大敌，因为传统媒体盈利模式很大程度上依赖广告、订阅和零售，但这些利润来源大部分流入新媒体中。这个问题如果内置到少数民族文化产品的传播语境下来看会更严重，因为少数民族文化产品的传播更依赖于传统媒体，可以说在传统媒体的体系中已经构建了一套比较有效的文化产品传播方式，但是互联网技术的出现很快打破了这种模式。如果说互联网 2.0 时代，个人用户提供内容成为主流；那么到互联网 3.0 时代，世界正在见证新的创新服务模式，以传统媒体为背景，将更多的资源导入新媒体平台中，这将会进一步改变市场，如果没有相关政策出台，少数民族文化的传播模式和路径将会更为滞后。数字化市场在全球的迅速发展，使在全球化语境下平衡规模利益更具难度，少数民族文化产品在互联网竞争中要抓住机遇，还需要打造属于自己的互联网平台。目前的情况是对少数民族文化的发展所保护的规约还不足以与其功能发展相匹配。在互联网运动的第三次发展浪潮中，大公司拥有丰富的资源，他们携带资源进入市场，如果少数民族群体只能被动适应这个市场，那么互联网第三次发展浪潮就不能说是成功的。从目前的形式来看，仍然需要强调国家在互联网新领域中对少数民族群体的支持，而不仅仅只是从传统媒体角度支持。数字媒体的发展使在线获取使用和制作作品变得毫不费力。这种发展所形成的新市场潜在且深刻地影响着少数民族文化的发展。在这个发展过程中充满新的机会和激励，产品的生产与分配更容易，成本也得以降低。一些研究表明，少数民族群体也积极使用他们的语言制作成节目并上传到网络中。对于公共产品来说，对少数民族文化内容的供给，在自由市场竞争条件下的发展有其短板。要知道，少数民族文化也是整个媒体生态的重要组成。综上所述，少数民族文化传播发展需要更多支持，而目前的国际公约与文化政策已经不能为保护少数民族文化提供积极有效的保护，如何将行之有效的政策延伸至网络环境下，我们必须思考如何采取积极手段在数字化环境中构建和传统媒体至少是平行的制度规则。

（二）构建数字出版模式下少数民族文化资源的新传播机制

在数字出版模式下，由于盗版的易发以及危害性更大，著作权人始终对作品的数字化传播存在忌惮，未经许可使用作品往往是不被允许的，所以虽然数字出版使作品的传播更便利，但是实际上公众的获取权是受到严格限制的，这也导致首次销售原则无法在网络空间使用。在有形出版时代，作者与出版商曾经希望通过立法来控制转售文化产品的价格，但是这个想法最终落空，原因在于公众获取作品的权利不应受到过分干预，应该鼓励合法副本的二级市场形成。首次销售原则的确立目的是限制版权内容所有人的权利。根据首次销售原则，消费者可以在未经版权所有人许可的情况下转让已经合法取得的作品。同理，信息网络传播语境下的反规避条款事实上也限制了副本的转让，如果放任反规避条款的实施，就会从根本上动摇首次销售原则存在的合理性。在网络空间是否适用首次销售原则在司法实践中一度分歧很大，目前看来阻力很大，在网络环境下重构作品的传播和使用规则是大势所趋，一些传统规则因为局限性难以与新技术兼容，故失去了其重要价值，当下的问题在于在这一场由科技变革引导的公众与著作权人、网络平台的新一轮博弈中，如何保证作品的公平交易和使用，如何通过制定新的规则体系来激发和保持创造和创新的动力。当然，规则的建立首先取决于市场。版权内容提供者是主要的市场参与者和主导者，他们自然不会将市场利益拱手相让，但是公众的获取权是否因此就要被舍弃？"威廉.M.兰德斯和理查德.A.波斯纳认为，扩大保护创造性作品所固有的价值不对称会导致立法机构更有可能保护内容所有者的利益而不是内容使用者。"❶ 所以他们认为更好的选择是由法院对具体的使用行为作出限制。事实上，美国第九巡回法院已经开始尝试在个案中讨论获取权的合理性，明确了司法实践中需要允许不受约束的获取权的存在，例如

---

❶ 威廉.M.兰德斯，理查德.A.波斯纳.知识产权法的经济结构[M].金海军，译.北京：北京大学出版社，2005：49-50.

在在线游戏以及数字化文化产品之中，法院可以作出倾向于保护消费者的判决，但如果内容提供商通过合同限制使用，那么法院也无能为力，如果合同条款过度干预消费者的合理获取，法院可以作出相应的调整。在数字出版环境下，对很多版权规则的解释不能再参考传统出版模式展开，很多学者逐渐倾向于在数字环境中构建和应用版权规则时，法院必须只保护"促进科学进步和有用艺术"所必需的权利。对于少数民族文化传承来说，保护与接触本民族文化遗产的重要性不言而喻，不能因为存在侵权的可能性而停滞不前。如何达成这个目标，首要的原则仍然是要保持对文化资源的保存和获取。只有保存才有获取的可能，在数字出版模式下也不例外。文化学者约翰·吉尔克里斯特（John Gilchrist）认为，对于文化遗产来说，"过去是我们的一部分，内在于我们的艺术、社会、经济等方面并不断发展。对于未来一代，最重要的是接触这些文化遗产，并理解它们，充分地了解过去才能更好地发展未来"。❶

以文本记载的文化内容，在保存方面容易散佚，所以这些散佚的文化内容就得不到传承。也就是说，文化遗产可以被看作我们目前和未来处理很多领域中问题的关键，包括政治、知识、文化和经济。在数字时代，文化遗产的保存和接触成为重要问题，欧盟委员会一直强调这个问题。目前网络空间中的资源来自不同的文化领域和不同的语言，这使人们更容易欣赏自己的文化遗产以及其他国家的文化遗产。在互联网中保存文化遗产有助于丰富和多样的文化遗产的传承并保护文化遗产免受不可挽回的损失。基于文化的基本价值，文化材料是重要的文化价值增值因素，高质量的数字化内容是产业有效规模化的关键因素。知识的数字化和数字化保存将成为新的商业模式。无论是文本时代还是数字化时代，对知识的保存和获取都是重要的，在数字时代更要促进信息的多样化，但是也产生了一些并不和谐的因素。网络环境下对文化遗产及文化内容的数字化保存是必要的，但是也存在很多问题，例如，对文化遗产和文化产品数字化的投资成本高、资源收集时间较长，此外还存在知识产权障碍。在数字出版模式下，

---

❶ CORBETT S, BODDINGTON M. Copyright Law And The Digitisation Of Cultural Heritage, Centre for Accounting, Governance and Taxation Research School of Accounting and Commercial Law [EB/OL].[2020-01-05]. http：//www.victoria.ac.nz/sacl/cagtr/.

知识的传播和获取应该更广泛和更便捷，从技术角度出发，要确保每个人都有更多的机会接触或者获取信息，但是在大数据保护趋势日益加强的情况下，一些信息的财产属性更强，访问的受限概率更高。在信息社会，对一些大企业来说，公司的某些信息就是财产，这些信息可能直接关乎公司的存亡，当然需要加强立法保护。但是对于少数民族文化传承来说，信息数据的保护问题需要辩证认识，不应成为文化传播的阻碍。少数民族群体首先需要确保可以通过互联网渠道获取本民族的文化和知识，并可以控制他人未经许可的营利性使用或者其他的不正当使用。然而完成这个任务一方面需要成本，另一方面还要从制度上克服公有领域理论带来的影响。"技术促进信息的流动，这些流动使信息和社区分离，文化资本转化成为社会资本、经济资本。"❶ 在互联网时代，民族文化的传播应该为本民族带来文化收益。建立面向数字出版时代的传播新秩序是少数民族文化产品传播过程中要解决的问题。一方面应当要建立有关民族文化的档案和发布平台；另一方面可以考虑建立一个开放的内容平台，一个在线的、开放获取的数据库。目前文化遗产和文化产品信息获取不平等，如何利用和发展少数民族文化并从中获益，我们需要对目前的数字内容利用体系进行反思。

（三）对公有领域理论的突破

数字化技术的产生在一定程度上便利了文化产品的保存，也丰富了民族文化产品的留存和传承能力。以文化机构为例，图书馆、博物馆和档案馆等文化机构就可以利用数字技术手段保存民族文化产品，但从公众的需求考虑，数字图书馆的产生更重要的意义也在于使公众更容易获取并了解民族文化产品。然而数字技术为义化机构带来的难题在于传统的文化遗产保存机构是否享有将文化产品上传到网络进行传播的权利？我国法律明确规定数字化是一种复制行为，那么作品数字化后的版权归属还需要征得作者授权，而以版本留存为目的的数字化资源如何借阅才能最大限度地减少对作者利益的损害也是要考虑的问题。

---

❶ SINHA M K, MAHALWAR V. Copyright Law in the Digital World [M]. Springer press, 2017: 108.

首先，对于公有领域内的作品利用问题，其法律风险相对较低。那么传统的"文化遗产"属于公有领域的范围吗？事实上，版权法中的"公有领域"概念能否适用于文化遗产领域在学界存在争议。从版权法角度分析，版权法不保护传统文化，因为时间已经超过保护期限，况且很多流传下来的民间文学艺术作品作者已经不可考。所以一些少数民族文化资源往往不属于版权法保护的客体，它们被划定为版权法中的公有领域。目前有学者对这一观点提出质疑。他们指出版权法体系是不能容纳文化遗产的，版权法体系必须作出调整。[1] 其次，大部分传统文化产品的作者不可考。著作权保护具有独创性的作品，但民族文化产品由于很多内容都是集体创作的结果，且一些作品作者不详，而对于合作作品，版权法仅保护那些具有合作创作意图的作品，所以少数民族文化产品的传播如何纳入版权法体系中还存在理论上的障碍，也有学者提出版权法体系内从来就没有传统文化存在的余地。如果在版权法体系内没有给予传统文化保护，那么文化遗产保护机构的侵权诉求也同样难以被这个体系所接受。争论的核心问题在于如何将版权理论引入这个领域。版权保护的目标在于实现私权和公共利益的平衡，而不是私权没有适用余地的领域。从技术层面看，文化资源数据库和传统的文化资源保护模式是存在区别的，数据库的特征在于公用性和使用性强，而传统文化资源社区的私有性和社群性更强。对于少数民族文化资源可以直接使用还是需要经过少数民族社区许可，这个问题很大程度上取决于一国的政策规定，而不能强求统一立法解决。从法理上分析，最大的障碍就是公有领域问题：如何界定公有领域。如果这些资源被界定为公有领域内意味着任何人都有权利使用，而利用这些资源所创作的作品会成为公有领域内不可分割的部分。如果都纳入公有领域，少数民族群体就丧失了对民族文化再利用的专属权利，如果创新力不足就会加深文化发展的失衡。欧盟学者认为，应成立一个委托管理机构专门管理少数民族文化资源的使用，同时还应该赋予文化机构对数字化后的民族文化产品以著

---

[1] PANEZI A. Europe's New Renaissance：New Policies and Rules for Digital Preservation and Access to European Cultural Heritage [J]. J. Eur. L, 2018, 596 (24)：604.

作权。❶ 还有学者认为，少数民族文化资源的权利当然应当赋予少数民族社区，但是应当赋予文化机构更大的权利，至少要允许其自由复制，而且文化机构的功能维系应当受到国家的支持。赋予文化机构更大的版权权利，这样文化机构就可以作为授权主体通过签订合同来调整对民族文化资源的使用，甚至可以设定一些条款规避对公有领域的设定，例如新西兰版权法对某些有关民族文化产品的版权交易行为就设定了限制。❷ 但是使用合同条款来规避著作权法中的公共利益问题是否合理呢？这个问题目前来看，答案是否定的，因为这种对公有领域的限制是违背公平交易规则的。此外，也有学者担心赋予文化机构过多的权利会助长文化机构的垄断地位，因为目前文化机构对学术研究、教育以及文艺批评领域内的话语权具有很大影响。目前文化机构也开始关注馆藏文本的数字化问题，例如在接受捐献过程中，会就数字化问题与捐献者进行协商，避免日后陷入侵权纠纷。文化机构的馆藏作品还有很大一部分是孤儿作品，这些作品的作者无从考证。对于孤儿作品来说，对其利用还存在很多法律问题有待解决。

版权法的例外规定都仅限于对作品的原始版本进行复制，以用于版本留存。对用于馆藏的数字化拷贝的获取，各国版权法规定并不一致。例如，新西兰版权法规定馆藏版本的交流数字版本只能上传到一个特定的账号，使用方式是严格受到限制的。用户的数量不能超过档案馆所获得的馆藏量，而且使用者必须被告知不合理的版权使用情形。根据澳大利亚版权法，用户获取作品的电子版本，这些电子版本都有保护的格式，要获得文化机构的允许而且要被告知版权错误使用的情形。❸ 技术手段可以实现对版本的数字化，但在传播利用中需要与实体版本的使用规则保持基本一致，并不意味着允许对原始版本的随意数字化并移入新的平台。文化机构以保存版本为目的的使用一般不具有营利性，所以是允许数字化的，但是商业机构的活动是为了赢利，如果文化机构对馆藏作品进行数字化后再借

---

❶ PANEZI A. Europe's New Renaissance: New Policies and Rules for Digital Preservation and Access to European Cultural Heritage [J]. J. Eur. L, 2018, 596 (24): 608.

❷ APLIN T. A global digital register for the preservation and access to cultural heritage: problems, challenges and possibilities [EB/OL]. [2014-08-07]. http://ssrn.com/abstract=2424823.

❸ APLIN T. A global digital register for the preservation and access to cultural heritage: problems, challenges and possibilities [EB/OL]. [2014-08-07]. http://ssrn.com/abstract=2424823.

阅则会与商业机构的版权利益冲突，而目前一些文化机构的活动着眼于提供在线电子版本的获取而赢利，这种使用是否合理需要讨论。网络出版模式下如何制定版权规则，控制文化产品的获取和流通，这对于学术研究和文化获取的公平性更重要。目前很多的文化机构在收集作品时面临资金短缺和相关版权知识匮乏的处境，特别是在数字化作品这个问题上，所以很多文化机构所实施的数字化权利实际上是处于灰色地带的，很可能违反版权法的规定。但是很多文化机构还是选择了风险管理策略。虽然未经许可数字化馆藏作品可能构成侵权，但为了完成保存文化产品的任务，大部分文化机构还是在内部活动中开始进行数字化版本的工作，例如编制数字化的馆藏目录。对于版权机构的地位设定，不同国家的规定是不同的，其权责配置也不同。例如，美国判例曾判决对图书馆中超过版权保护期限的作品的精确复制不构成侵权，虽然文化机构会以收藏人的身份提起诉讼，但公有领域的规则是不能突破的。这个规则很长时间内受到文化机构的批评。在学理上，美国学者一般认为，文化机构不能利用版权制度来干预公有领域内作品的使用。新西兰版权法中对独创性的基本要求是有证据表明创作的作品中包含了技艺和努力。有学者则指出，文化机构确实可以作为权利人对文化资源进行分配，但这种使用分配都要基于法律的基本规则，不能突破公有领域规则和公平交易规则，而通过合同的方式进行资源配置，关键在于选择何种知识产权许可使用模式。域外一些国家例如新西兰和澳大利亚已经开始对少数民族文化资源的使用进行管理，一般管理工作由文化遗产管理机构负责，并出台相关的制度和细则，但这种规制一般是使用性的指导意见，并不具有强制执行力。这意味着未来文化机构的运行必须遵循一定的规范价值，否则会产生法律纠纷。

少数民族文化的数字化传承要根据不同的文化产品类型设定限制，如果是现代、当代的作品，作者身份可考，权利体系明晰，当然可以利用现有的版权制度来促进作品的保护和传播。但少数民族文化中非常重要且数量较大的内容是丰富的文化遗产数字化保护和传承问题，这需要对版权法中的公有领域理论进行一定的突破，不能一概将文化遗产全部界定为可以自由利用的公有领域内的文化产品，因为其独特的商业价值和精神利益价值，需要对文化遗产资源的保存主体、使用方式、传播方式制定新的规则。

三、少数民族文化资源的数字化传承需要知识产权制度

民族文化资源的传承和保护问题的研究远远早于版权法的出台，在有记载的文化典籍出现之后，人们就开始思考如何将这些文化遗产传承下去。在版权制度出现之后，这些制度的作用一定程度上被版权法所取代，而在版权例外制度中也能找到维系这些制度的相关规则。总之，版权法的出台意味着文化资源作为可交易的无形财产受到法律保护，但并不意味着文化的传承制度就不再重要，反之，版权制度正是对文化保存和发展的兼顾。

（一）法定版本呈缴制度与文化资源保护

对民族文化的保存历来受到各国的重视，进而形成了一项法律传统，可以说图书馆的诞生就与文化保存的观念密切相关。文化保存的观念被认为起源于法国，法国国王弗朗索瓦一世在 1537 年 12 月 28 日签署了《蒙彼利埃条约》。[1] 该条约规定，每出版新书的副本都要送到布卢瓦的皇家图书馆。如果不按照规定提供版本将会受到包括罚金和没收版本的惩罚。"根据克鲁斯（Crews）教授的研究，法国的法定版本留存制度于 1617 年开始与对外贸易保护的法规结合实施，即提交法定版本是获得对外贸易保护的前提条件，到了 1793 年法定版本呈缴成为作品获得版权保护的前提，这样法定版本呈缴制度就与版权制度相衔接。"[2] 法国以文化保存为目的的版本留存制度逐渐受到欧洲其他国家的效仿。例如，英国也学习了这项制度，但是并没有通过国家立法的形式，而是允许私人之间通过订立协议来实现版本留存，具体协议条款的拟定由牛津大学和出版公司提供方案。"根据 1610 年 12 月 12 日的一份合同内容分析，英国出版公司将出版的图书存放在图书馆，约定只要相关图书再版后，就允许图书馆提供自由借阅服务，同样图书馆可以对这些图书进行整理和复制。但是这项协议不具有

---

[1] 李菱. 全球化背景下法国文化保护主义政策研究 [J]. 文学教育, 2018, 25 (3): 163.
[2] LEVITIN A J. Remote Deposit Capture: A Legal And Transactional Overview [J]. Banking Law Journal, 2009, 115 (126): 116.

强制执行力,是否授权全凭意思自治。"❶ 随着英国许可法案的出台,这种自由约定的版本呈缴制度演变成为法定的义务,出版方需要把出版的图书向英国皇家图书馆和剑桥大学图书馆呈缴,如果逾期未呈缴则需要支付罚金,之后的《安妮女王法》也继承了这一规定,《安妮女王法》被公认为现代意义上的版权立法,所以在英国也实现了法定版本呈缴制度与版权法的衔接。《安妮女王法》规定,出版图书的一个副本需要提供给指定的9个图书馆。1801年版权法案又增加了两个图书馆,由于出版商的不满,到1837年,馆藏图书馆减少到5个。根据目前的英国法律,规定的馆藏图书馆为6个,包括大英图书馆、剑桥图书馆、牛津大学图书馆、苏格兰图书馆和威尔士图书馆以及都柏林三一学院。美国在1790年版权法案中也建立了法定版本留存制度,收藏版本的任务起初由美国国会负责,但在1846年之后,这项权利被正式移交给美国国家图书馆。

  法定版本呈缴制度的出现有其特定的历史原因,一方面是为了实现对民族文化资源的保存;另一方面也是为统治阶级服务,例如为了满足国王的藏书需求。拿破仑时代的法定版本呈缴制度的制定目的主要是言论审查,防止煽动性和亵渎性的作品传播。随着专制统治的结束,法定版本呈缴制度已经成为一项开发信息资源的制度,这个制度开始服务于提高学术研究和传播。后来法定版本呈缴制度的资源公共属性被强调,例如,大英图书馆就认为版本留存制度可以方便公众更好地接触作品以及保存作品。法定版本呈缴制度在普通法和大陆法中都有体现。当然,需要提交留存版本的是已经出版的有形出版物,通常是印刷版本。"例如,澳大利亚版权法(1968)第201条规定,在澳大利亚出版的读物都需要向澳大利亚国家图书馆提交留存版本。第201条对图书馆资源进行了定义:提交的资源包括图书、期刊、报纸、小册子、音乐、地图、计划、图表或者表格。这些版本不包括再版及以后的版本,除非相关版本进行了大改动。需要指出的

---

❶ LEVITIN A J. Remote Deposit Capture: A Legal and Transactional Overview [J]. Banking Law Journal, 2009, 115 (126): 118.

是，澳大利亚规定，提交版本是受到版权保护的前提条件。"❶ 美国法律规定权利人，一般指版权人或者享有独家出版权的出版商提交作品的保存版本，但是也局限于已经出版的作品。根据《美国版权法》（1976）规定，版权登记可以作为提交版本留存的豁免。目前，世界上一些主要发达国家都制定了有关文化资源保护的出版物法定版本呈缴制度，而且这些制度也逐渐与版权保护制度相衔接。我国虽然没有专门的法定版本呈缴制度，但在一些相关的法律保护制度中也可以找到相应的法定版本呈缴条款，例如，我国规定历年博士毕业论文都需要提交国家图书馆进行收藏，但我国的法定版本呈缴条款并没有与版权制度相衔接。

在数字出版模式下，法定版本呈缴制度是否延伸到数字版本开始进入研究者的视野，英国、新西兰和加拿大都要求法定版本呈缴的对象包括非印刷介质，即数字化版本也应成为呈缴对象。美国和澳大利亚的学者都呼吁对法定版本留存制度进行修改，延伸至数字版本。2010年欧盟高级别专家组有关数字图书馆版权的问题小组对这一问题给出了初步的意见，认为作品的数字化保存需要纳入法定版本留存制度中。法定版本留存制度为保留民族文化发挥了重要的作用，但是对于少数民族文化资源的保护来说，其发挥的作用有限。因为要提交呈缴的版本都是经过出版商编辑完成的成品，而少数民族文化资源有很多是没有以作品的形式出现的，甚至从商业利益考量，由于市场需求的问题，很可能有关少数民族文化的选题不会成为书籍。但是如果建立数字化的版本呈缴制度，就能适当弥补这个缺陷，例如，欧盟2010年就开始考虑将网络环境下能收集到的所有作品类型，包括网页资料都列入版本呈缴的范围内，但具体呈缴办法还在酝酿中。

（二）少数民族文化资源数字化保存的法律问题

尽管有关数字化文化遗产的争议仍然存在，但数字化的趋势不可逆转，一些国家已经开始积极探索有效的方式进行文化资源的数字化传承，

---

❶ 范并思, 李超平, 俞传正, 于良芝, 肖希明, 郭凌辉, 初景利, 刘炜, 黄晨. 在新的信息与技术环境中感受图书馆的律动——2008年的中外图书馆事业和理论研究［J］. 中国图书馆学报, 2009, 15（3）: 60.

例如，荷兰开始对进入公有领域内的文化遗产，通过集体管理组织（CMOS）进行管理，该组织利用其成员机构开展对公有领域内文化遗产的收集工作。对于授权问题，荷兰著作权集体管理组织采取了"退出机制"，即如果权利人明确表示不愿意数字化其文化资源，通过声明即可，不需要再另行授权。❶ 但是这种机制发挥作用的范围有限，业内仍然呼吁建立行之有效的法定许可制度，通过建立合理的补偿机制来更公正地分配利益。总体来看，对于民族文化资源的保存和收集工作在未来仍然由文化机构承担主要责任，这就需要赋予文化机构一定的管理职能以及通过构建更灵活和更合理的版权许可使用制度确保对文化资源的保护。例如，探讨构建延伸性集体管理的模式。延伸性集体许可的概念起源于斯堪的纳维亚国家，模式是自愿集体管理和法定许可管理的结合。延伸性集体管理虽然有自身的优势，但是也存在固有的缺陷，即这种模式的运行依赖于现存的集体管理组织的完善，必须已经存在集体管理组织才能使用延伸性管理。对集体管理组织的权利也需要进行限制，例如，有学者指出如果要使用电影作品中的文化遗产资源，如果影片完成十年以上，使用者就不受集体管理组织的约束。事实上，作品的数字化无论从技术手段来看还是从法律手段来看，都不存在问题，推行的渠道可以很快搭建，难题在于数字化后的使用问题。如果使用，如何付费、如何许可，这才是未来少数民族文化资源数字化的难题。从法律层面来看，这本质上是一个当事人之间的合意问题，从合同法角度解决即可，但是由于其中涉及公有领域、公众获取权的保障等问题，单纯依靠合同来调节对民族文化资源的利用是片面的，甚至还会产生其他难以解决的问题，例如过度垄断、作品使用的不稳定。"有学者指出，真正能坚定地推动并执行民族文化资源数字化任务的主体应该是政府而不是私人资本。"❷ 有关使用作品的付酬问题也比较复杂，对于那些流行文化资源，在供求双方实力均衡的情况下，根据市场行情可以对作品使用费进行谈判，这就依靠市场机能的发挥。但对于少数民族文化资

---

❶ BODOASCA T, TARNU L. General Aspects regarding the Collective Management of Patrimonial Copyright and Related Rights [J]. Rom. J. Intell. Prop. L. 2019, 31 (8): 35.

❷ CORBETT S, BODDINGTON M. Copyright Law and the Digitisation of Cultural Heritage [M/OL]. [2019-12-22]. Centre for Accounting, Governance and Taxation Research School of Accounting and Commercial Law, 2018: 38.

源，其需求度相对不高，使用群体的经济优势也不明显或者不具有经济优势，这样文化机构想要通过收费来维系运营，这个愿望很可能收效不大。对于支付费用的设定，目前观点不一，一般认为应该考虑公众的获取便利性问题，以及对作品的使用程度、用户的范围、作品被复制的数量等，如果是在教学中的使用还要考虑学生的数量，如果是在广播中使用还要考虑使用的数量，等等，根据这些因素来推算出使用作品的付酬百分比。文化机构的首要目标并不是赢利，而是确保公众的获取，目前来看，对文化产品数字化后的授权使用机制不完善，导致通过文化机构对作品利用的渠道十分不畅。

目前很多国家或者地区都已经开始着手进行民族文化资源数字化的工作，形成相关的数据库，但是这些数据库如何使用还存在法律问题。有学者指出，数据库的权利人如何定位？如果数据库的所有权和使用权由文化机构掌握，而这些文化资源本身属于少数民族社区，那么文化机构是否应将数据库带来的收益与少数民族群体进行再分配。此外，由于文化机构掌握着数据库的使用权，会不会又形成新的文化垄断？例如，加拿大第一民族社区不列颠哥伦比亚省，由文化机构主导进行民族文化资源的数字化工作，积极倡导民族文化资源在网络上传播，不列颠哥伦比亚省的文化政策强烈倡导在网络环境下传播其民族语言和民族文化，问题在于这些数字化的内容来源于原住民社区，但是权利却由文化机构行使，这种模式会导致加拿大原住民社区无法在信息网络环境下控制本社区文化的传播。[1] 还有一个问题就是对这些文化资源的规范性使用，一旦通过网络传播，任何使用这些资源的用户都可以对这些材料进行剪辑和混音，如果出现玷污性使用或者其他不恰当的使用，会给民族文化资源甚至族群带来精神伤害。尽管很多文化机构表态，会对这些数字化后的文化资源采取加密措施，但风险依然存在，因为破解技术无处不在。虽然在这个模式中，不列颠哥伦比亚省原住民社区并没有表态，但文化学者却表示担忧，他们认为如果一个族群的文化资源被存放在服务器上，本民族的群体使用这些资源可能还要受到限制，例如付费等，这是不公平的。由文化机构来控制文化遗产实际

---

[1] APLIN T. A global digital register for the preservation and access to cultural heritage: problems, challenges and possibilities [EB/OL]. [2014-08-07]. http://ssrn.com/abstract=2424823.

上与文化保护政策是相违背的，数字化的实践考虑到了历史的研究和保存的问题，但是没有考虑到本土知识的传播政策。"现代艺术创作将民族文化资源作为创作素材使用，但是却没有对这种使用支付报酬，例如在电影或者其他作品中使用了民族文化中的祭祀仪式、民族舞蹈或者其他有特色的内容。使用民族文化素材制作的衍生作品是可以获得知识产权法保护的，但是素材本身是不受保护的，这被认为是一种文化发展不平等。"[1] 但是从民族文化融合角度来看，过度强调文化发展的不平等性也会掩盖文化融合的问题，例如，在 2010 年加拿大温哥华冬奥会上，会徽的设计采取了因纽特人的形象，被认为是主体民族与少数民族团结的象征。

目前，文化机构所面临的更棘手的问题在于是否开放民族文化数字资源的获取和使用，这里面存在一定的法律风险。有学者指出，根据作品类型的不同，风险程度也不同，例如，孤儿作品的侵权风险就比较低，因为数字化后的孤儿作品如果能够实现在线传播，一方面可以提升作品的影响力，另一方面一旦作者确定也会提高作者的声誉。如果作者反对这种使用方式，可以通知文化机构移除作品。但是未经许可的使用很容易诱发侵权，加之缺乏法律的指引，导致一些文化机构选择不进行馆藏资源的数字化，以规避侵权。这样虽然法律责任可以免除，但文化机构的服务公共利益、科学研究、教育和文化传承的价值就被舍弃了。要解决这个问题有两种方案，第一，文化机构与权利人签订合同，细化数字化后的使用方式，如是否允许网络传播，是否允许公众获取。"例如，新西兰蒂帕帕（Te Papa）博物馆的指南中写明：如果公众被允许复制作品会产生大量的版权问题，例如拍照、借阅电影或者录音录像制品等，则需要对这些行为全面禁止以规避商业上和法律上的风险。"[2] 第二，文化机构利用版权豁免条款传播作品，如果文化机构无法履行馆藏的职能，文化遗产就会面临毁损或者失传的风险；如果许可的条件过于苛刻，那么公众就很难获取文化资源。如果不予许可使用所造成的后果就是公共领域内的作品获取不足，也

---

[1] APLIN T. A global digital register for the preservation and access to cultural heritage: problems, challenges and possibilities [EB/OL]. [2014-08-07]. http://ssrn.com/abstract=2424823.

[2] 西蒙·奈尔，杨瑾. 边界与桥梁：博物馆与全球文化和谐 [J]. 自然科学博物馆研究，2019, 44 (2): 66-67.

就阻碍了作品的流通和创作。对文化机构获取作品限制往往被诟病为违背文化机构的职能和妨碍公众获取作品,制定完善的文化机构版权豁免条款是促进文化传承的有效手段。

(三) 知识产权制度存在的争议

数字技术带来的便利性事实上很难发挥,从一些疑难的法律问题中可以看出,法律已经成为技术全面推广的阻力,但是这种阻力的存在却是必要的,因为在如何进行利益分割还不能确定的情况下,技术作为一把"双刃剑",其负面效应可能会带来更多的问题。例如,2011年美国某流媒体公司推出了一项服务,通过网络放映电影,并收取费用。该公司并没有通过权利人获得授权,而是通过在市场上购买DVD碟片,再通过公司的播放设备播放出去,显然,该公司认为其购买了合法的DVD光盘,就有权利使用。当然,从权利穷竭角度分析,这项抗辩也有可能成立,但是,这项服务很快就被叫停了,原因在于其负面效应造成的损害结果过于严重。类似于这种技术与使用之间的矛盾一方面凸显了立法的滞后与科技发展之间的复杂关系,另一方面也反映出以复制权为中心构建的法律体系受到来自信息网络传播的挑战。数字出版时代权利人对作品的控制能力空前增强与公众获取数字内容需求之间的矛盾日益突出,也导致了面向数字化立法的版权时代来临。《美国数字千禧年版权法》就是在这种压力之下产生的。在麦迪公司诉暴雪公司案中❶,如何平衡公众与数字内容提供者之间的利益,争议竟长达十年之久,一方面著作权人为了控制作品,在作品中嵌入虚拟锁和密钥等技术措施,另一方面公众对这种作品封锁行为表示担忧,认为著作权人加大了对作品的控制力反而会导致公众丧失对作品合理使用的权利。司法实践中,对于技术措施是否可以规避、如何规避的探讨空前激烈。法院认为,一些大型互联网公司和软件公司在著作权许可使用中所占的优势地位已经在一定程度上形成限制竞争的垄断,构成版权规则的滥用。获取权并不代表消费者一定要占有作品,而是消费者想要获得一种消费体验,只要能通过一定的渠道接触作品,是否能留存副本并不重要。

---

❶ Mdy Industries, Llc v. Blizzard Entertainment. 629 F. 3d 928. 2010.

技术与法律规则的冲突协调是一个漫长的过程，并且会一直持续。从 DVD 时代到互联网时代，这个博弈的过程一直没有停歇。复印机和摄录机的出现，使公众获取作品的能力增加，这引起版权方的恐慌，他们纷纷对生产新技术工具的厂商提起诉讼，要求他们承担侵权责任。但是法院根据技术中立的原则，提出了非侵权性使用原则，认为新技术的提供者不能因为技术有可能导致侵权的发生就承担共同侵权责任，这是不合理的，之后司法实践又对非侵权性使用作了进一步阐释，认为："如果设备提供方通过采取积极措施促进侵权行为的发生，或者说技术的研发目的根本上就是以侵权性使用为前提的，那么设备提供方不能免责，构成著作权侵权。"❶ 但是进入互联网时代，这个问题反而变得来回摇摆，其使用的目的是非营利性的，公众是否可以通过规避技术措施手段获取作品，在不同的判例中给出了不同的解决方式。这也是数字出版模式下知识产权制度自身的运行机制出现的问题，在少数民族传统文化资源的保存、开发与传播过程中，这一问题必须得到一个比较明确的解决方案。目前少数民族传统文化产品的开发还没有形成具有影响力的产业运作模式，存在文化产品商业化不足、经济价值不高的问题，同时还要注意，相当数量的少数民族文化资源是存储在文化机构中的，但目前文化机构对这些文化资源的数字化工作的合法性还存在争议，对这些数字化资源的后续使用规则也不甚明确。这意味着，对比主流文化而言，少数民族文化资源的供给渠道不足，自然影响获取渠道的畅通，文化机构主体地位的模糊也导致少数民族文化资源成为文化机构中难以流动的藏品，从而失去其作品的属性。

本章小结

数字出版是人类文化的数字化传承，它是建立在计算机技术、通信技术、网络技术、流媒体技术、存储技术、显示技术等高新技术基础上，融合并超越了传统出版内容而发展起来的新型出版产业。数字出版改变了传统出版的文化作品传播模式，在传统出版模式下作品可以通过出版、广

---

❶ POPERNIK S B. The Creation of an access Right in the Ninth Circuit's Digital Copyright Jurisprudence [J]. Brook. L. Rev, 2013, 740 (78): 699.

播、电影电视等方式进行传播，而在数字出版模式下作品被通过二进制代码转化为数字化形式，只要学会使用互联网就可以获取及传播数字化作品，换言之，只要作品被数字化后，通过网络进行传播的渠道就变得更加多元。例如，电子书、微信平台、微博、抖音短视频等自媒体都成为数字化作品的传播渠道。数字出版的发展也使本来就存在的数字鸿沟问题益发凸显，少数民族文化产品基于语言的小众性、文化产品供给与需求的不均衡性，以及文化产品定位的问题在网络环境中的传承需要设计专门制度。

认识到少数民族文化资源的传播方式要及时适应数字出版时代带来的转型，无论是国际立法层面，还是国内立法层面，都开始积极探索通过数字技术保存少数民族文化资源的方式。我国也将支持少数民族文化资源数字化的发展理念写入国家发展规划，并形成一套从中央到地方的支持少数民族文化资源数字化发展的政策体系。作为中华优秀传统文化的重要组成，少数民族文化发展权、参与文化生活的权利应当得到保障。这些权利如何在数字出版模式下落实，目前还没有一个统一的最佳路径，各国都在根据本国的实际情况积极进行探索。欧盟主张应当迅速弥合网络环境中少数民族文化传播的"语言鸿沟"，开辟使用少数民族语言传播文化产品的互联网频道，并建议国家建立专项资金制作少数民族文化产品，根据欧盟学者的研究观点，数字出版模式下少数民族文化产品的制作和传播仅仅依靠市场调节是不能够满足少数民族文化资源传承和发展需求的。

事实上，在数字出版模式下探讨少数民族文化资源的传承，需要首先厘清少数民族文化资源的文化形式是什么？需要传承什么？目前理论界最集中讨论的少数民族文化资源就包括传统知识、民间文学以及遗传资源等。这些世代相传的知识和现代技术结合产生极高的经济价值，但由于技术的落后和知识产权观念的缺失，在对上述少数民族文化资源进行开发过程中就产生了"文化海盗"现象。对此现象，很多国家都开始进行批判，认为这是对弱势文化的掠夺。从实践中的案例来看，这些问题最终通过知识产权法得到了解决，但这在知识产权法理中又形成一个悖论，就是少数民族文化资源作为世代相传的文化遗产实际上早已进入公有领域，根据公有领域理论的基本原理，这些文化资源是可以被无偿使用的，但是如果恪守公有领域理论，客观上又会助长"文化海盗"的情形。那这是否又意味着知识产权无法调整少数民族文化资源的传播呢？事实证明，在数字出版时代，仍然需要发挥知识产权法的作用来传承和发展少数民族文化资源，因为作为一种重要的无形财产，少数民族文化资源的无形财产属性是与知识产权制度的立法目标和宗旨高度契合的，由于历史发展原因，不能完全照搬现行知识产权制度来调整民族文化资源的保护传承，而需要在尊重客观事实和文化发展独特性的基础上对现行知识产权制度进行适当修改和变革。首先，要明确少数民族文化产品并不是固定不变的或者已经成为"文物"，在现代技术条件下，少数民族文化经过再创作依然会焕发蓬勃生机。所以，对于符合作品构成条件的原创少数民族文化产品仍然可以纳入现行版权保护机制内。其次，对于传统知识、民间文学等文化资源，一方面可以通过非物质遗产保护法加以调整，另一方面也可以纳入版权法体系中。实际上，从文化资源保护和传承的法律发展史考察，最终与文化保护相关的制度都与版权制度产生了衔接。以法定版本呈缴制度为例，这一古老制度诞生之初就是为保护和传承文化发展的需要设立的，经过不断的完善，最终这项制度与版权制度产生了衔接，即作品如果要获得版权保护，需要按照规定进行法定版本呈缴。在数字出版模式下，法定版本呈缴制度更重要，可以确保各类文化资源通过数字化方式得到保护和传承。

但是，需要明确的是，文化产品的保存和发展相辅相成，不可偏废。少数民族文化资源的主要保存主体是博物馆、图书馆等文化机构，而实践中这些文化机构也开始积极对少数民族文化资源进行数字化保存，目前保存的直接作用仅仅是防止文化资源不会遗失，不会散佚，但如果这些数字化的文化资源得不到利用，最终也仅仅成为历史的记忆而已。很多文化机构已经开始主张作为文化资源权利人的权利，一些文化机构也开始尝试对馆藏的数字化文化资源进行使用，但是这些使用行为是否符合版权法的要求还存在争议。在数字出版模式下，这些争议的存在必须尽快得到解决，以畅通文化资源数字化的使用渠道。如前所述，只要少数民族文化产品符合作品的定义就可以纳入版权法的领域进行保护，但是在数字出版模式下，以复制权为中心的版权权利类型已经无法适应作品传播的需求，技术措施的嵌入使版权人控制作品的力度空前增加，实际上，只要在作品中加入技术措施，那么不经版权人许可规避技术措施的行为会构成侵权。这也意味着版权法中合理使用规则在数字出版环境中被消解了,随着公众的获取权被提出,学者认为互联网技术带来的便利性并没有最大限度的变现,反而版权人因为惧怕技术带来的负面影响被放大,选择对作品数字化施以严格的控制,公众对数字化资源的获取被削弱了。对于少数民族文化产品的创作和传播来说,公众获取权的丧失并不利于少数民族文化产品的创作和传播。少数民族文化产品本来就存在供给不足的问题,如果数字化渠道不畅通,那么少数民族群体就无法有效通过网络获取本民族文化资源,这样也意味着创作素材的减少。同理,经过如此循环,少数民族文化资源的数字化传播会日渐式微,少数民族的文化发展权就得不到保障。

本章研究提出了少数民族文化资源在数字出版模式下面临的各种法律困境,并结合域外和国内经验得出结论,数字出版模式下版权法规则仍然是对少数民族文化资源进行保护和传承的优选渠道,但传统版权法的规则已经不能适应少数民族文化创作、发展和传承的需求,在未来对数字版权规则进行变革的同时,需要将少数民族文化发展的实际需求纳入版权法的变革中,实现文化多元化发展的最终目标。

第二章
少数民族传统文化传播：数字出版中的版权利益重构

2016年3月，全国人民代表大会发布《中华人民共和国国民经济和社会发展第十三个五年规划纲要》，其中强调加快发展数字出版，推动出版发行等传统产业的转型升级。2016年12月，《国务院关于印发"十三五"促进民族地区和人口较小民族发展规划的通知》（国发〔2016〕87号）指出，要推进少数民族文字数字出版工程，支持少数民族文字数字出版的基础信息化，资源加工标准，资源技工平台，资源管理平台，资源库及资源发布平台等项目建设。这意味着少数民族文化资源数字化已经从国家层面受到肯定和支持，但是数字化仅仅是文化资源保存的第一步，对于少数民族文化资源的传承来说，还要构建数字化传播平台，这就需要认真审视目前数字出版模式下文化资源传播的版权法律路径，分析构建少数民族文化资源传承路径的最佳模式，以期完成"十四五"规划提出的"提升中华文化影响力"的文化传承目标。

第一节　数字出版模式下作品发行方式的变革

一、发行权概念的形成与演进

科技的发展会影响法律概念的变化，这在发行权概念的演进中亦有所体现，对发行权概念的解读会影响作品发行模式的构建。

(一) 从公开发行到出版发行

有学者回溯到 1898 年的判决发现,早期对发行的界定并不要求大规模出版,而是只要使公众知悉就可以了。据考证,在 1976 年《美国版权法》出台之前的法律条文中,发行权对应的词汇是"publication"(出版)。publish 的词根来源于拉丁文,意为向所有人公开,其最原始的含义应当是"使公众知悉"。❶ 这种公开既包括通过书写而告知,也包括口头宣告,如果按照这个定义来解释,发行是不需要实际的版本流通的,只要行为造成的结果是使公众知悉就可以了,即公开发行。概因在大规模复制技术没有出现之前,出版行为更类似于结社活动,对某一领域有兴趣的人聚集在一起谈论最新发表的论文或者作品。随着印刷技术的发展,大规模的发行作品成为可能,对发行权的概念就有了新的阐释,更强调发行需有"版本"为前提。

1976 年《美国版权法》将发行所对应的单词变更为"distribution",虽然也指发行,但其包括了版本的含义,即出版发行。这被认为是对发行最全面的定义。为什么要在立法中对发行权的用词进行改变呢?官方的解释为 Distribution 可以包含 Publication,这实际上是对发行权作的一次扩大解释。这一变动体现了科技对立法的影响。"复制技术的发展使大规模出版发行成为可能,法律要对技术未来的发展走向作一个预判。版权法要确保给权利人提供足够的激励去创作、发表、出版发行自己的作品。尼莫认为,发行权行使的前提是存在有形的'版本',界定侵犯发行权的行为要判断行为人是否实施了传播作品有形的原件或复制件的行为。他认为在行使发行权过程中一定是发生了作为有形物的复制件的抓手。"❷ 尼莫对发行权的解读受到司法实践的认可,故《美国版权法》中的发行更确切的定义是"出版发行"。我国《著作权法》对出版的定义为作品的复制和发行,可见我国《著作权法》也承认,作品的发行是对作品有形载体的复制和发售。

---

❶ MENELL P S. In Search of Copyright's Lost Ark: Interpreting the Right to Distribute in the Internet age [J]. Copyright Society of the U. S. A., 2013, 26 (15): 206.
❷ MELVILLE BN & NIMMER D, Nimmer on Copyright § 4.01, 8.11 (2011).

(二) 从出版发行到获取可能性

在数字出版模式下，新技术的发展打破了发行作品对"版本"的依赖。如何界定网络发行行为成为困扰司法实践的难题。在早期判例中，法院倾向于认定未经许可的网络传播侵犯发行权，但之后，法院又认为这种传播行为只是生成文档目录，并没有发生有形介质的转移，所以是否侵犯发行权还有待商榷。因为判决结果的不统一，导致法官开始从理论上对发行权的界定提出质疑。因为对发行权的解释无法突破对"版本"的依赖，显然无法遏制日益发展的未经授权的网络传播行为，为了挽救日益凋敝的传统娱乐行业，例如唱片业，美国唱片业协会提起大规模的侵权诉讼，遏制未经许可将音乐作品上传至网络的行为。在相关判例中，法院越来越强调发行行为的结果，在对发行权进行多次反思和重构后，在摩城唱片公司诉德皮特罗案中首次提出"使公众可能获取"的概念。[1] 这个概念也被认为是接受了《世界知识产权组织表演和录音制品条约》所规定的向公众传播权（Right of Making Available），法院一般认为只要造成了使公众获取作品的可能性就侵犯了作品发行权，实则强调未经授权将作品上传至网络的危害性。"多数观点认为这是扩大对出版发行的定义。这样的立法设想是为了赋予作者一种排他权，使未来科技发展的 20~50 年作者不会因为不可预知的原因丧失权利。可以说，这是面对网络传播所进行的立法回应。"[2]

(三) 获取可能性与信息网络传播权

2008 年开始，一些法院又对"使公众可能获取"的概念提出质疑，法院将对发行权的判断又回到"版本"问题上来，强调发行必须有"版本"，没有版本不构成侵权，而所谓"使公众可能获取"这个概念的范围过大。对网络环境中发行权的讨论形成针锋相对的两种观点：一种观

---

[1] Motown Record Co., LP v. DePietro, No. 04-CV-2246, 2007 WL 576284 (E. D. Pa. Feb. 16, 2007).

[2] MENELL P S. In Search of Copyright's Lost ark: Interpreting the right to distribute in the Internet Age [J]. Copyright Society of the U. S. A., 2013, 20 (15): 211.

点认为只要出现了公众可能获取的情形，就视为发行；另一种观点认为被告实际上将作品"版本"出售或者以其他方式转移给第三方，才构成侵权。因为对发行权理解的不同，造成法院判决的不同，所以美国学者认为当前《美国版权法》对网络环境下发行权概念的界定存在一个"学术真空"，但目前普遍认为《美国版权法》并没有接纳信息网络传播权，发行权是适用于网络环境下的，但在具体适用中要进行个案分析。这就导致在数字出版前期，对发行权的解释充满矛盾，司法判例也并不统一。我国的法律条文中和案例中也对发行权是否适用于网络环境存在争议，甚至错误。

《美国版权法》没有接纳信息网络传播权的一个原因在于，其权利边界很大，有可能导致版权人权利的扩张。无论将网络传播行为界定为发行还是信息网络传播，对于未经授权的私人上传行为如何规制都会陷入僵局。"在 Capitol Records Inc. v. Thomas Rasset 案中，被告从网络下载未获授权的歌曲，并放在自己的共享文件夹中供他人下载欣赏，原告美国唱片业协会（RIAA）向法院提起诉讼。最终法院作出了被告支付原告 22 万美元的'天价赔偿'判决。"❶ 2012 年美国联邦最高法院对该案进行了复审并表示虽然侵权是成立的，但美国唱片业协会所提出的法定赔偿过于严苛且完全难以接受。美国唱片业协会虽然胜诉，但其管理人员表示胜诉并没有解决实际问题，一方面提起这种大规模诉讼的成本很高，即便胜诉消费者的履行能力也有限；另一方面以这种方式维权有失公允，因为公众需要合理获取作品的渠道，唱片公司利用强势地位限制技术的发展和公众对作品的获取本身有违版权法的立法宗旨。最终在 2008 年美国唱片业协会宣布放弃诉讼手段转而寻求与网络服务提供者沟通，找出最佳解决方案。虽然以苹果公司创设的 iTunes 服务为代表的新兴商业模式有效缓解了新技术发展带来的盗版问题，但目前来看，无论采取发行权说还是信息网络传播权说，都没有很好地解决数字环境下作品的发行模式问题。

---

❶ Capitol Records, Inc. v. Thomas 2008 WL 4405282（D. Minn. Sept. 24, 2008）.

二、数字出版改变作品的发行方式

(一) 许可使用模式

如果不考虑版本的限制,网络环境下发行作品的效果和传统出版发行模式是一致的,都是向公众提供作品。但采取发行权说无法规避的问题是首次销售原则的适用。首次销售原则是指,虽然著作权人享有以所有权转移方式向公众提供作品原件或者复制件的发行权,但作品原件和经授权合法制作的作品复制件经著作权人许可,首次销售或赠予后,著作权人就无权控制该特定原件或复制件的再次流转了。❶ 首次销售原则意在防止权利人过度垄断作品,培育次级市场以利于公众对作品的获取。但鉴于市场发展还不成熟,盗版问题仍缺乏有效遏制,如果允许公众能够对数字化作品进行转售无疑会影响产业的发展和作者收益。为了规避首次销售原则,出版商往往采取许可使用模式"出售"产品。目前所采取的许可使用合同主要有两种:拆封合同和网络点击许可合同。这两种许可使用合同的共同点在于,通过合同条款提示消费者并非"购买"作品而仅仅是取得作品的许可使用权,未经授权的转售或者网上传播都构成侵权。目前数字音乐、电子书等商业模式都采取了许可使用模式。

许可使用模式仍然存在问题,第一,技术的发展使许可使用模式的合理性受到质疑。技术的发展已经可以使销售者对售出的产品进行"售后修改"。例如,软件售出后,权利人根据许可协议中的自动升级条款对软件作品进行修改。这种修改一般是为了提高软件的安全性,弥补软件系统漏洞,但也可以对软件的角色内容进行修改。例如,一款风靡全球的游戏软件"植物大战僵尸"中有一款"舞王僵尸"的角色,根据游戏公司介绍,其原型来自迈克尔·杰克逊,2010 年游戏公司收到杰克逊遗产管理机构的抗议,要求禁用"舞王僵尸"的角色。收到律师函后,游戏公司决定弃用这一经典角色,设计一个新形象取代它。如果用户在对"植物大战僵

---

❶ 王迁. 著作权法 [M]. 北京:中国人民大学出版社,2015:181.

尸"游戏进行升级后就不会再看到"舞王僵尸"这个角色了。❶ 谷歌公司的电子书服务条款中就规定，版权人可以随时更新图书中的内容，包括纠正图书中的内容或者增加删减情节。消费者在购买了电子书后，对内容是不可控的。这种技术事实上改变了作者修改权的行使方式，在传统模式下，作品出售后原则上作者享有修改权，但因存在物权对知识产权的限制，故作者欲行使修改权须经物权人同意，或者再出版修订版本另外发行。这种直接修改的方式一方面侵犯了消费者的选择权；另一方面也不利于文化的发展，因为公众需要对不同的版本进行对比来研究评判。

第二，许可使用模式违背了交易规则。如果采取许可使用模式，需要双方对许可使用的期限进行约定，而电子产品的销售许可合同通常不会对使用期限作出约定，也不会定期对许可使用条款进行更新，实则与出售并无区别。随着电子作品的销量猛增，大有代替有形版本的趋势，消费者对转售的需求也日益增加。从交易习惯分析，消费者可能无法对冗长的许可条款作出准确判断，而是认为支付对价后获得的就是财产权。况且在虚拟财产价值日益重要的情况下，限制消费者对电子作品的再利用也是不合理的。归根结底，网络作品发行的许可使用模式是以"伪装"销售的形式，意在从根本上规避首次销售原则的适用，许可使用模式使知识产权仍然掌握在权利人手中，这无疑会造成对知识产权的过度垄断。通过制度安排彻底阻断网络环境下次级市场的发展，是否合理有待商榷。

（二）信息网络传播模式

采用信息网络传播模式发行作品避免了理论上的争议，但这种模式也并不完美。首先从信息网络传播权的侵权方式看，根据我国《信息网络传播权保护条例》规定，通过信息网络擅自向公众提供他人的作品、表演、录音录像制品的构成侵权。也就是说，未经授权的私人上传行为构成侵权无疑。我国《最高人民法院关于审理侵害信息网络传播权民事纠纷案件适用法律若干问题的规定》（法释〔2012〕20号），确认了通过上传到网络

---

❶ CHAN G. Downstream Alteration of Copyrighted Works in a World of Licensed, Digital Distribution [J]. Columbia Journal of law & the arts, 2013, 80 (36): 262.

服务器、设置共享文件或者利用文件分享软件等方式,将作品、表演、录音录像制品置于信息网络中,使公众能够在个人选定的时间和地点以下载、浏览或者其他方式获得的,为"提供行为",未经授权提供作品的行为是侵权行为。所以利用共享软件上传未经许可作品的行为是侵权行为,而现实中大部分人在实施这种侵权行为。也就是说,采取信息网络传播权说也无法有效遏制未经授权的私人用户分享行为,同样无法解决作品网络发行的被盗版风险。对于出版商来说,不受到首次销售原则的制约,消费者自然不得对电子作品进行转售。通过信息网络传播模式发行作品的弊端在于导致权利人对知识产权的过度垄断,这实际上和授权许可模式的负面效应是一致的,所以立法者同样要思考"数字作品转售行为的合理性"。

(三) 如何进行制度选择

域外判例法虽然对网络环境下适用于"首次销售原则"作出了具有开创性的判决,但这些判决是审慎的,原因在于法律无法对科技发展带来的商业模式变革作出预判,所以在进行利益平衡时更应慎重,应当考虑技术因素、行业发展,消费者利益等因素。学者指出,"在我国现行民事、刑事和行政立法中均存在将网络传播行为定义为发行行为的规定,从而使得传统发行权与信息网络传播权在适用范围上出现了冲突。建议或者删除信息网络传播权的规定或者对发行权的定义做出修改"。[1] 第三次《著作权法》修正后,重新定义了复制权,将数字化行为明确定义为"复制",并将出版行为定义为复制并发行,这为发行权向网络环境中适用提供了依据。当然作出修改可以避免权利冲突,也使立法更加严密。但从我国网络作品发行现状分析,应当赋予著作权人发行模式的选择权。

首先,从技术角度分析,专利技术掌握在跨国公司手中,我国企业还没有取得技术优势,实现数字作品的权利穷竭缺乏技术支持。"2013 年亚马逊确认获得一项'数字对象二级市场'的专利,该专利是一个允许用户出售、交易和租借数字内容的系统技术方案,对象包括音频文件、电子书、电影、应用程序等。同年苹果公司也申请了类似的专利,同时列出了

---

[1] 焦和平,马治国.信息网络传播权与发行权的冲突与协调 [J]. 法学杂志,2010,35(9):61.

内容发布者通过再售这些产品获取利润的方式。"❶ 这些技术还没有投入商业模式中,如何发展有待观望。其次,从市场角度分析,虽然电子书、软件等相关产品已经实现了网络交易,但电子产品的使用仍然没有代替有形产品消费成为主流。以电子书为例,国内的电子书市场发展不尽如人意,甚至陷入了卖书还是卖设备的困惑。如果按照美国电子书市场的逻辑,显然应该是设备不赚钱,通过售卖图书赚钱,但到了国内却行不通了。盗版问题使出版商并不积极推广电子书,电子书的定价也明显低于纸本书,甚至随纸质图书搭售。市场发育不成熟,消费者的消费习惯还没有形成,导致目前数字化作品的赢利举步维艰,在我国,将发行权理论从传统出版渠道完全移入数字出版中是不现实的。

我国目前的立法模式可以给权利人提供选择,对作品发行可以考虑采取线上或者线下双重模式。线下发行适用发行权模式,线上采取信息网络传播权模式,这样可以规避首次销售原则。如果直接采取线上发行模式,是否适用权利穷竭规则,目前来看应当缓行,至少待技术成熟,市场发育完善后再具体分析。

三、数字出版模式下的版权利益重构

网络环境下,由于作品的发行模式发生了变化,而显然版权理论的发展并没能及时对数字出版的发行方式的权利类型进行清晰的界定,当然这种理论界定由于种种限制,在未来还会在争议中不断被修补。但是发行方式的改变却现实地打破了现有的版权利益分配格局,例如,数字出版模式下期刊出版者对版权的依赖更强,但是在作品出版后,由于网络服务提供商的强势介入,期刊出版者对版权的控制力被大大削弱,所以数字出版时代的来临,固有的角色和利益被打破,需要法律重新发挥利益平衡的作用。有学者指出,分析网络环境下的出版模式可以发现,出版者实际上推动了出版模式的创新,立法也应强调出版者的投资利益需要获得保护。❷

---

❶ 何炼红,邓欣欣. 数字作品转售行为的著作权法规制 [J]. 法商研究,2014 (8):22.
❷ MOSSOFF A. How Copyright Drives Innovation in Scholarlypublishing. George Mason University Law and Economics Research Paper Series13-25,[EB/OL].[2019-05-06]. http://ssrn.com/abstract=2243264.

网络环境下如何平衡作者、出版者及网络服务提供者之间的利益成为立法新问题。

(一) 网络环境下的出版者

"出版"是一个动态过程，包括出版物的出版、印刷或者复制、进口、发行，作为出版活动的主要参加者和承担者，出版者在版权及出版相关法律中都具有重要地位。我国《著作权法》并没有对出版者作出界定，而是通过对出版活动的规范，间接承认了出版者的相关权利，例如，《著作权法》第33条就明确规定图书出版者按合同约定享有专有出版权。《出版管理条例》将出版者界定为出版单位，包括报社、期刊社、图书出版社、音像出版社和电子出版物出版社等。法人出版报纸、期刊，不设立报社、期刊社的，其设立的报纸编辑部、期刊编辑部视为出版单位。所以，在传统出版行业内，期刊出版者主要为图书出版社、期刊社或者期刊编辑部。

网络技术的出现颠覆了原有出版活动的方式，网络环境下期刊出版者的类型更加多元化。2016年开始实施的《网络出版服务管理规定》中对网络出版进行了新的界定，规定网络出版服务是指通过信息网络向公众提供网络出版物。从规定中可推知，网络出版者即网络出版物的提供者，具体有以下主体：原创数字化作品提供者、出版单位以及网络文献数据库提供者。网络出版者主体的扩大并不意味着出版者资质发生改变，而是反映出网络环境下出版行业的竞争更加多元化，占有版权资源越多的主体越容易在竞争中脱颖而出。从资质角度而言，进行网络出版服务，必须依法经过出版行政主管部门批准，除了具备法律规定的物质条件，还要建立相应的内容审校制度、编辑责任制度、出版物内容审核责任制度、责任校对制度等管理制度，保障网络出版物的出版质量。所以，网络环境下，作为出版者，一方面要具备专业的出版资质，另一方面也要确保对版权资源的开发利用。

(二) 网络环境下的出版者权

出版者权本质上是出版者基于作者授权而享有的对作品的复制权、发行权以及信息网络传播权。我国《著作权法》虽然承认了出版者通过授权可以获得相关权利，但分析具体规定，不难发现出版者所享有的权利受限，在网络环境下，出版者的利益保护很难有效实现。首先，专有出版权仅适用于图书出版者。《著作权法》第 33 条规定的专有出版权仅限于图书出版者，而期刊社并不享有法定的专有出版权。究其原因，有学者指出，因为"图书的价值凝结在整部作品之中，而期刊的价值则凝结在每篇文章之中。故赋予图书出版者对整部作品的专有出版权更有利于保护出版者的利益，而期刊出版者需要对所选用文章的价值做出判断后再分析是否需要取得专有出版权，法律不宜做出具体规定"。❶ 其次，期刊出版者对作品转载没有干涉的权利，亦无法通过转载获得收入。根据我国《著作权法》的规定，作品刊登后，除著作权人声明不得转载、摘编的之外，其他报刊可以转载或者作为文摘、资料刊登，但应当按照规定向著作权人支付报酬。可以看出，决定作品是否可以被转载且通过转载行为获益的主体是著作权人。期刊出版者作为作品的传播者，作品出版发行完成之后其使命就已经完成，更谈不上通过出版期刊再收益。再次，期刊出版者有权阻止"一稿多投"行为。因为期刊有一定的审稿和制作周期，为了避免因为周期问题产生一稿多投现象，《著作权法》第 35 条规定了投稿期间，对一稿多投进行制约，即"著作权人向报社、期刊社投稿的，自稿件发出之日起十五日内未收到报社通知决定刊登的，或者自稿件发出之日起三十日内未收到期刊社通知决定刊登的，可以将同一作品向其他报社、期刊社投稿"。最后，法律明确赋予了期刊社出版者享有对作品进行文字性修改、删节的权利以及版式设计的专有使用权。

可以看出，现行《著作权法》并没有明确赋予期刊出版者对作品版权的绝对控制权，甚至某种程度上削弱了期刊出版者对作品版权的控制。专有出版权的设定意在维护出版者的利益，确保在出版周期内出版者绝对控制作品的出版发行，实现收益最大化。归根结底，专有出版权应是一项意定权利，需要出版者与作者协商获取。但期刊出版者即使获取了专有出版权，因为无法对作品转载作出干预，专有出版权很容易落空，不得不说，这是现行立法的漏洞之一。"一稿多投"的限制条款是《著作权法》为保

---

❶ 耿卓，徐辉猛. 我国期刊出版权规定的不足与修改建议［J］. 出版科学，2014（6）：18.

护期刊出版者利益而创设的专门保护条款，但实则本末倒置。期刊持续盈利的关键在于确保拥有作品的首发权吸引读者，而并不需要控制作者的投稿行为。概言之，保护期刊出版者的利益应该防止"一稿多用"而绝非禁止"一稿多投"。对"一稿多投"的禁止也导致作者发表作品的周期延长，机会减少，并不利于作品的传播。

从立法角度分析，网络环境下出版者依然承担着把控作品质量、拣选优秀作品出版的任务，所以现行出版立法特别对出版者资质作了详细规定。"2010年底，我国大部分出版单位完成转制，成为全民所有制企业或有限公司。"❶ 这意味着出版者作为商业主体，赢利成为其主要目的，而现行《著作权法》并没有体现转制后出版企业的现实需求，存在立法滞后。在网络出版领域内，出版模式转变带来的直接影响在于出版者在发现优秀作品的同时，还要确保对作品版权的控制以维持竞争力。可以说，网络出版的发展进一步从侧面反映出现行著作权立法的疏漏。

（三）数字出版模式下出版者的利益重构

网络环境下出版期刊的主体增加，竞争更加激励，导致网络出版模式亦发生重大变革，实则需要重新界定作者、出版者及网络服务提供商之间的利益平衡问题。"开放存取（Open Access）原指图书馆领域的'开架借阅'，在网络时代逐渐被赋予在开放、漫游的网络环境中，以免费、及时、公开的方式实现对网络学术信息的共知、共享、共用的新型出版模式内涵。"❷ 网络出版使学术资源的交流和传递更丰富和快速，作者更关心目标刊物的质量和声誉，相对于一般作品来说，他们比较不关心作品所能带来的经济收益。因为经济激励缺乏吸引力，作者对版权问题提出诟病，认为学术出版者基于所拥有的作品版权而限制对作品的自由获取，这是有违版权法促进作品传播精神的垄断，特别是在网络时代，这种限制显得愈加不合理。于是作者提出一种方式，绕开出版者，推出自己的"开放存取"出版模式。但作者实现全面开放存取的愿望并没有实现，成本问题是难题之一。事实上，网络出版的发行成本是很高的。人们所期待的数字革命并

---

❶ 柳建尧. 从国企改革历程看出版企业深化改革的走向［J］. 中国编辑，2011（2）：9.
❷ 何培育. 开放存取：走进学术期刊数字出版新时代［J］. 出版广角，2015（2）：79.

没有消除从研究者到读者之间的发行成本。"以里德·埃尔塞维尔集团（Reed Elsevier）为例，其在同行评审中的支出费用已经达到一年近一亿美元。除去同行评审的巨额费用，还要支付工资、发行费以及编辑排版等费用，这使得出版一篇文章的费用可能达到 170~400 美元。"❶ 所以目前的开放存取只是通过成本转移实现了读者的免费获取，如果作者选择开放存取出版模式，则需要承担 300~1500 美元不等的版面费弥补出版成本。另一种方式是获得来自政府或者研究机构的资助。"2013 年 2 月 14 日，美国国会讨论公平获取科学和技术研究法案，该议案号召研究机构实现期刊的开放获取，政府将提供资助。"❷ 开源运动实则反映出作者与出版者的不同利益诉求，网络环境下作者追求对作品的快速传播、自身声誉提升及尽快掌握最新研究资料，而出版者必须在保证具有持续赢利能力的前提下才能更好地发挥传播作品的作用，且出版者所具有的出版专业技能也是作者无法担负的，所以网络出版要求作者、出版者通过约定，对自身利益获取进行取舍，最终实现共赢。

学术出版更强调知识的传播和获取的公平，其公益性特点要大于商业性。商业出版仍然采取传统的出版模式，获取作品要支付相应的对价。但在网络环境下，无论是开放存取模式还是商业出版模式，都受到了来自大型商业因特网服务机构的威胁。"谷歌、亚马逊等网络服务提供商已经开始强势进入网络出版领域，传统出版者对版权内容的控制被严重削弱，面对互联网企业，有时出版者不得不接受那些他们并不满意的条款，因为他们并不想被永远排挤出网络世界。"❸ 目前商业出版中最突出的问题是搜索引擎技术和新闻聚合器的出现给期刊出版者带来强大压力。网络服务提供商提供的搜索引擎服务极大地便利读者获取文献资源，却影响了期刊出版者的收益。因为网络期刊的收入来源依赖于订阅量或者点击率带来的广

---

❶ How Copyright Drives Innovation In Scholarly Publishing [EB/OL]. [2019-07-25]. https://ssrn.com/abstract=2243264.

❷ Fair Access to Science and Technology Research Act, H. R. 708, 113th Cong. (2013) [EB/OL]. [2019-02-05]. https://en.wikipedia.org/wiki/Fair Access to Science and Technology Research Act.

❸ 中国科学技术协会学会学术部. 数字环境下的学术出版 [M]. 北京：中国科学技术出版社，2007：19.

告收入，搜索引擎服务大大分流了网络期刊网站的访问量。

网络环境下出版者的生存可谓举步维艰，一些国家开始从法律渠道探索重新进行利益分配的可行性。"2013年8月1日，修改后的《德国著作权法》生效，本法新增设了一项专属于报纸期刊的新邻接权即新闻出版者权。新修订的版权法规定：'报刊出版者在报刊产品出版后一年内对其享有以商业目的进行网络传播的专有权。这项权利仅针对搜索引擎的商业提供者和内容整合服务的商业提供者'。"❶ 诚如前文所述，电子期刊的制作需要很大的成本，除了常规的编辑、采集方面的成本，电子文本的制作也需要成本，网站和数据库的维护还需要技术成本的支出，其总体成本并不比纸质版本的支出少。新闻出版者权的立法目标定位于保护出版者的投资，基于出版者在作品传播中的重要地位，法律给予其特殊保护并非不合理。但这种探索受到了业界诟病，这种法律规定实则创设了法定的专有出版权，将一种意定权利设定为法定权利是不符合立法逻辑的，且这种强制规定剥夺了出版者、网络服务提供者及作者的议价权利，并不是最优方案。

（四）期刊出版者对促进作品的网络传播仍具有重要作用

数字出版模式下之所以存在种种冲突，本质在于数字出版模式下出版者的强势地位受到冲击，要确保数字出版顺利发展，需要正确认识新形势下出版者的地位和作用，使网络出版参与方对利益分配作出合理安排。

网络技术的发展并不会使出版者的地位被过度削弱，反而是出版者推动了出版模式的创新。21世纪初威利公司（Wiley）与美国物理研究所等出版商在法兰克福书展上就达成了交叉投资意向，创建了Cross Ref模式。该模式被认为是利用知识产权交叉许可所进行的商业模式的创新。出版商拥有丰富的版权资源而互联网公司拥有完善的网络平台，两者的合作可以实现优势互补。近年来，国外很多出版商开始讨论加入Deep Dyve.com，这是一个类似于iTunes的付费阅读模式的搜索引擎，专门搜索被称作"深度网络"的信息，如数据库、学术期刊、非结构化信息和其他数据来源，

---

❶ 颜晶晶．报刊出版者权作为邻接权的正当性分析［J］．比较法学研究，2015（1）：64．

这些领域传统搜索引擎都没有涉足。这也代表互联网已经开始向小而精的方向发展。"出版商为了实现数字化出版做了大量投入但却不被理解,包括作者和读者群体对他们所做的工作都不清楚。无怪乎有法官在判决中指出:作者、读者都支持开放存取,因为他们并不在意传播带来的风险而排斥出版者从中获利,但恰恰是出版者的努力和投资,才会实现全球范围内知识的自由获取和传播。"❶

法律应当如何实现网络环境下的利益平衡?"有学者指出 DMCA 的出台对各国的版权立法都产生了影响,但该法案更强调作品的商业化,即便是维护公众获取作品的合理使用制度也在维护着作品的商业化属性。"❷判断合理使用是否成立,其中一个关键要素为对作品的使用是否会对作品的潜在市场价值产生影响,削弱作品的市场价值即构成侵权。网络环境下的出版规则本质上也要遵守商业化的运作规律,作为网络出版规则的建立者和推动者,在网络环境下出版者的地位并没有被弱化,相反,法律在解决新技术带来的新问题时要充分考虑保护出版者的利益。"在 A&M 唱片公司诉纳普斯特案中,法院就强调了版权法不仅激励创作,同时也要保护出版者的利益,作为一种中介的媒介,他们创造并维护着作品出版发行的市场秩序。"❸ 版权政策就是劳动果实的捍卫者,但要注意这里的劳动不仅包括作者的创造性劳动,也包括出版者的劳动。网络环境下作品的出版发行同样需要秩序,版权法在进行利益平衡中需要考虑作者、出版者以及网络服务提供商之间的关系。但这并不意味着法律可以在具体制度中进行利益的强制性分配,而是需要在充分尊重意思自治的前提下提供一个宽松的法律环境,仅对关键问题进行补充性规定即可。

(五) 网络环境下出版者权利保护的缺陷与完善

(1) 网络环境下出版者权利保护的缺陷。本质上,知识产权的财产权属性决定了作品可以成为商品,可以带来盈利。实现盈利的最有效手段则

---

❶ Princeton University Press v. Michigan Document Services, Inc., 99F. 3d 1381, 1391 (6th Cir. 1996).

❷ How Copyright Drives Innovation In Scholarly Publishing [EB/OL]. [2019 - 07 - 05] https://ssrn.com/abstract=2243264.

❸ A & M Records, Inc. v. Napster, Inc., 239 F. 3d 1004 (2001).

在于控制作品版权，如何维护出版者对作品版权的适度控制，成为立法关注的焦点。但从目前的立法来看，根据我国法律规定，出版者对作品版权的控制力度有限。第一，《著作权法》第33条仅规定图书出版者按合同约定享有专有出版权，缺乏对期刊出版者专有出版权的原则性规定，削弱了期刊出版者对作品版权的控制。第二，法定转载权的规定与出版市场的需求脱节导致期刊同质化，既不利于期刊社保持竞争优势，最终也会损害社会公共利益。第三，间接禁止"一稿多投"的规定不仅未能确保作品即时发表，也不利于出版社获取作品的首发权，取得竞争优势。诚然，从地位优势角度分析，出版商之于作者是强势的，所以在立法中对出版者权利作出适当限制有利于保护作者的收益。但在网络环境下，作者的收入渠道更加多元化，作者更需要依靠优势的传播平台积累知名度和影响力，使作品的利用方式更多样，从而实现收益的最大化。出版者的角色就是传播作品，在网络环境下，作者和出版者的利益联系更加紧密。目前我国立法过度限制了出版者对版权的控制，实际上最终也会影响作者的利益。面对具有技术优势的网络服务提供商，出版商往往选择与其合作，实现版权和技术的完美结合，共同获利。

（2）网络环境下出版者权利保护的完善。我国《著作权法》第三次修正完成后，如果对出版者传播作品的重要作用予以承认，那么立法保护出版者的投资亦具有合理性。但是第三次《著作权法》修正的最终版本并没有对出版者权作出大的变动。相反，在第三次《著作权法（修改草案）》（以下简称《草案》）中，著作权许可使用和转让合同一章中，曾对出版者权的设计作出规定。根据该《草案》第54条第3~4款规定："合同中约定许可使用的方式是专有使用权，但对专有使用权的内容没有约定或者约定不明的，视为被许可人有权排除包括著作权人在内的任何人以同样的方式使用作品。报刊社与著作权人签订专有出版权合同，但对专有出版权的期限没有约定或者约定不明的，专有出版权的期限推定为一年。"《草案》取消了专有出版权的强制性规定，是否授予专有出版权由当事人协商确定，法律仅对授权不明时的权利期间作出一般性规定，这一改动充分尊重了出版行业的现实需求。对于转载问题，草案事实上允许期刊出版者可以通过签订专有出版权合同予以排除。根据该《草案》第48条第2款规定，"报刊社对其刊登的作品根据作者的授权享有专有出版权,并在其出版的报刊显著位置作出不得转载或者刊登的声明的,其他报刊不得进行转载或者刊登"。也就是说,通过签订专有出版权合同可以排除他人转载,鉴于合同的相对性,第三方无法准确获知双方是否签订的是专有出版合同,所以出版者仍负有一个告知义务。但《草案》有关期刊之间的转载规定并未明确是否同样适用于网络空间,从文义分析,《草案》仅规定期刊社之间的转载行为,并不能包容网络出版服务单位,故期刊出版者与其他网络服务提供者之间的利益分配仍然需要通过签订许可使用合同解决。总之,网络环境下期刊出版者权利的保护需要出版服务主体之间磋商,法律应当充分保护这种协商机制的顺利运行。第三次《著作权法》修正最终并未将上述条款吸纳,这表明,对于网络出版中的版权利益重构问题仍待实践检验。

四、少数民族文化产品数字化传播中的版权利益构建

(一) 少数民族文化数字化传播的路径

在利益格局重构的情况下,少数民族文化数字化传播可以依靠的主体包括出版商、网络服务提供商,以及图书馆等文化机构。但是基于文化产业发展的分析,首先,少数民族题材的作品除非特别有影响力,其并不受大型商业出版机构的青睐,而目前大型的互联网站,能够系统化地提供少数民族文化产品的也并不多,所以,少数民族文化产品基于其小众性来看,承担传播功能的重要使命应该属于出版者、图书馆等文化机构。从各省市有关少数民族文化资源数字化的立法政策来看,对少数民族文化资源的数字化平台建设多从少数民族古籍数字化、非物质文化遗产数字化入手,而这些文化资源的最大保存者是博物馆、图书馆、档案馆等文化机构,所以,在推进少数民族文化资源数字化建设的过程中,各地政府也都同时关注对少数民族博物馆、图书馆的建设,可以说,文化机构为少数民族文化资源的数字化传播提供了坚实的资源支持。❶ 例如,对于少数民族文化资源的保存可以选择创建全文搜索数据库,目前这些数据库多对接到

---

❶ 丁宏. 中国少数民族事业发展报告 (2017) [M]. 北京: 知识产权出版社, 2018: 104.

当地的文化馆或者网上图书馆中,但是这种使用方式实际上会面临法律问题,即由谁来实施数字化?数字化后的文化资源可以通过网络传播吗?图书馆参与数字化的目的则恰恰是要实现文献传播的功能。美国判例法中影响较大的海西图书资料集团(Hathi Trust)案就集中反映了这一问题。最终,该案被审理裁定图书馆对馆藏资源的数字化是一种转换性使用,并且符合合理使用的构成要件,因而是合法的。"因为它的目的是确保使用者特别是科研工作者寻找与个人研究相关的材料,而不是用作书本本身的替代品。"❶

读者搜寻文献的前提是需要,而仅提供关键词或者是片段的检索不足以支持研究的进行。但是这种对作品片段的展示也会构成对复制权、发行权和信息网络传播权的侵犯。在谷歌案中,法院指出,谷歌提供作品的片段给读者,读者以此判断作品是否属于自己的研究兴趣范围,虽然法院没有评估这个过程是否会威胁作品的市场价值,但从利益平衡角度分析,这种使用应该是可以被容忍的,即这种使用是构成转换性使用的。法庭甚至进一步指出,虽然片段可能含有足够的词语来侵犯受保护的表达,但片段的简洁和不连贯的性质不能代替整个工作。谷歌案中法院的结论是:"复制的目的是高度转换性的,公开显示的文字是有限的,而且这些片段并没有潜在的侵害原件的市场价值。"❷ 谷歌图书馆案以及海西图书资料集团案的判决依据实际上对图书馆更有利,图书馆成为保存文化资源的适合主体,而且在少数民族地区,文化资源最集中的地区也是图书馆,图书馆承担少数民族文化资源的传承工作恰如其分。

我国于2017年3月1日正式实施的《中华人民共和国公共文化服务保障法》第40条明确指出,国家加强民族语言文字文化产品的供给,加强优秀公共文化产品的民族语言文字译制及其在民族地区的传播,鼓励和扶助民族文化产品的创作生产,支持开展具有民族特色的群众性文化体育活动。从国家对少数民族地区公共文化事业的投资和落实情况来看,构建

---

❶ Authors Guild v. Hathitrust. No 11 CV-4351(HB)2012 WL4808939(S.D.N.Y. Oct. 10, 2012). 2014.

❷ Authors Guild v. Google. No. 05-cv-08136-DC Document 1088(S.D.N.Y. Nov. 14, 2013). 2014.

少数民族地区公共文化服务体系是通过支持民族出版、文化场馆建设和提高广播节目覆盖率实现的。在传统出版模式下的文化产品传播秩序就是作品出版发行后作品流通向市场和图书馆，公众可以通过购买或借阅实现文化获取。但是在数字出版模式下，文化的传播形态包括电子书、电子期刊、网络游戏、社交媒体出版。少数民族文化传播实现数字化转型可以依托现有的文化产品路径展开，例如，大型出版集团依托现有的文化产品资源进行数字平台建设，积极开展数字化产品市场运营。图书馆可以利用馆藏资源开展数字图书馆建设，同时也与出版机构合作开展数字借阅或共同开发数字图书馆。随着社交媒体的传播影响力日益增强，一方面公众可以借助自媒体上传作品，提升影响力也增加收入；另一方面传统媒体或图书馆等文化机构也可以创建自媒体，实现文化资源通过社交网络传播。综上，在数字出版模式下，少数民族文化传播的主体仍然以传统出版模式下的传播机构为主，在此基础上实现文化传播的数字化转型。从版权利益配置的角度分析，如何在数字出版模式下重构这些主体的版权利益，也是需要研究的问题。除了思考在商业竞争环境下如何维系少数民族文化产品的传播，也要关注在国家不断对少数民族文化产业发展进行全力扶植的大前提下，产出的优秀少数民族文化产品如何借助数字环境对外传播、提升影响力，同时不断满足公众对少数民族文化产品的需求。

（二）图书馆确保少数民族文化资源传播的方式

数字出版作为不可逆转的潮流，少数民族文化传播自然也要加入数字出版的进程中，但是数字化并非一个一蹴而就的过程，需要循序渐进。这里面存在法律问题，诸如传播模式的重构问题等。如何实现文化资源的数字化畅通运转仍然在曲折地探索，我们需要通过梳理数字化的进程来对少数民族文化的数字化传播政策提出对策。目前图书馆是否可以利用馆藏数字化资源进行文献传播，在法律层面争议很大。对文化资源的数字化传播目前可供选择的模式有三种：第一，图书馆仅有权对馆藏作品进行数字化保存，但不能提供借阅；第二，图书馆等文化机构只有权对作品的标题进行数字化处理，但不能提供借阅；第三，图书馆可以将馆藏资源数字化并提供数字化借阅。第三种模式公众呼声一直很高，也是多方努力促成的模式，但其中各方利益难以协调，争议颇多。全文本的数字化流通却是被最集中研究的，通过总结近年来的研究文献，可以发现图书馆接受数字化服务并认为未来数字图书馆服务会成为图书馆的核心服务，因为数字化对图书馆的益处在于节约成本、获取更多文献，为更多人提供文献服务。法律层面的障碍则在于，全文本数字化的数量是否设置上限？允许流通的数字文本是否要受到限制？从数字版权立法来看，目前《美国版权法》明确规定，图书馆可以拥有三份数字化文本。但是如何流通取决于图书馆与版权方的合同设定。通常版权法允许最多数字化三个版本，可供流通的方式包括流通一个版本，或者两个版本，也有流通三个版本的模式。❶ 但无论是通过集成的图书馆系统还是通过电子阅读器获取的数字版本，只有一个用户可以在给定的时间使用给定的副本。

文化资源数字化传播与传统的文本传播区别在于，数字化更有利于馆际互借，馆际互借服务是图书馆的一大亮点，但是数字化才能最大化地发挥馆际互借的优势：数字化不需要运输和包装，节约了时间和人力成本；数字化可以最大化地实现图书馆之间的资源共享，这样就不会造成馆藏的过度重复，从而更能促成图书馆的专业化，也会使文化资源更集中；数字化也会降低图书馆的管理成本，图书馆管理员不需要花费更多的时间查询超期书目的去向并追偿和索赔，不会担心拖延的读者延期还书，这些工作都可以由系统自动完成。但是对于少数民族地区的图书馆来说，数字化馆藏品的成本恰恰是最高的，前述的优点就很难凸显出来。对公共图书馆来说，数字化解决了收藏同质化的问题，因为公共图书馆更希望采购独特的内容以吸引社区的消费者，其实也是变相地降低运营成本。如果可以充分利用数字化带来的便利，可以很好地促进少数民族文化资源传承，但是其中的版权障碍也不能忽视，如果不能有效抑制数字传播带来的负面影响，如盗版、对少数民族文化资源的不正确使用，那么科技的便利反而会带来新的问题。

对于国内的图书馆来说，平衡图书馆的收藏功能与借阅功能是值得继续思考的问题，如果过度关注数字化带来的节约成本效益，而提高公众的

---

❶ 美国著作权法［M］．杜颖，张启晨，译．北京：知识产权出版社，2013：207．

获取成本,那么数字化的优势就得不到认可,反而会招致公众对图书馆文化资源垄断的抱怨,而追求公众获取的便利性则有可能导致版权方的侵权诉讼。但是当数字化的法律障碍与成本问题得到解决,接下来当然要解决获取问题。在新技术条件下,大规模数字化少数民族文化资源已非难题,但图书馆数字化的建设要突出读者便利性,数字化访问的优势就应该是简单可用,特别是数字化资源的馆藏需要收藏最新的格式,使读者可以通过常用设备轻松访问各种格式的文本。"皮尤研究中心进行过一项公共图书馆使用情况研究,其研究数据显示居住在偏远地区的人士以及残障人士获取图书馆的资源比一般人难度更大,数字化的优势则在于可以让这些弱势群体突破访问的障碍,这些用户不需要进行长途奔波就可以通过网络搜索到所需要的文献。"[1] 少数民族文化资源的数字化传承难题在于对数字化资源的利用,基于诸多优势,图书馆等文化机构已经把数字化工程项目进行推进,一方面用来增加馆藏,另一方面用来提供有效的文本服务。目前版权法中的规定事实上已经不能满足少数民族文化资源传承的需求,如果不能对面向数字出版的版权规则作出变革性规定,那么少数民族文化数字化资源也只能成为以另一种形式存在的藏品而已,而无法利用数字化技术得到更便利的传承。

"2003年,美国一些议会议员建议制定平衡法案,重新审视消费者与版权人之间的关系,调整合法的消费者的权利和预期并重构版权人与社会之间的利益平衡。"[2] 这个法案明确要求允许数字作品的所有者出售或者以其他方式处置作品,前提在于所有者不能以任何形式再保有作品的副本。同时法案认为不应该承认那些不允许协商的许可合同条款的合法性。平衡法案同时也要求改变数字版权法中的反规避条款,认为应当允许在必要的时候规避技术措施,非侵权性地使用作品在符合条件的情况下应当被允许。但是这个法案突破性太大,最终因为发起人不足而作罢。这一趋势表明,未来立法的发展方向在于探索利用数字化资源的法律路径,但是基

---

[1] FINDLEY J. Liberating the Library: Fair Use Mostly Upheld for University E-Reserves in Cambridge University Press v. Becker [J]. Mercer L. Rev, 2013, 611 (64): 622.

[2] CHRISTEN K. Opening Archives: Respectful Repatriation [J]. The American Archivist, 2010, 56 (74): 200.

于其中的利益冲突和权利设定过于复杂，很多路径的预设并不成功。

目前大部分的研究结论实际上最终都走入了无法实现的死胡同，因为这些尝试都是从消费者的角度展开的，对于文化机构来说没有意义。因为这些方案往往会考验文化机构对数字作品使用的管理，首先，图书馆需要确保在出借作品后自己没有留存数字版本。其次，如果顾客将数字版本丢失，包括无意删除或者硬件故障等，这就需要图书馆提供可以替换的版本，但这时图书馆已经没有备份的版本了。最后，图书馆如何监控读者，如何确保读者在归还作品的数字版本后没有复制呢？另外，在数字作品销售市场中，有数据显示，图书馆如果采购更多的电子书，那也会影响图书对图书馆的销量，因为电子书不存在毁损的问题，势必电子书的定价要高，这样图书馆的采购量就会降低。所以，如果首次销售原则被变通地适用在数字作品交易领域内，反而对图书馆的作用更糟糕，因为图书馆的管理秩序要被打破重建了。所以，实践中图书馆对数字资源的利用往往受限于版权方的权利设定，甚至完全依赖于自身的购买能力，在可以负担数字库支付成本的前提下，才能实现对数字资源的传播。

总之，在旧规则不断受到质疑，新规则的构建也不能一蹴而就的前提下，目前最优的解决方案莫过于为版权利益相关方，如出版者、邻接权人、作者、图书馆等文化机构提供一个在现有法律框架内解决问题的多方共赢协商机制。

第二节　数字出版模式下首次销售原则的存废之争

一、数字出版模式下首次销售原则适用受限

首次销售原则为公众免费获取作品树起了一道屏障，也是文化产业运行的基本规则。在数字出版领域内，数字出版物一般并不适用首次销售原则，失去了首次销售原则的庇护，作品传播的二级市场就无法建立起来，数字作品的次级传播渠道也无法建立起来。在数字出版环境下，公众是否可以通过免费渠道获取作品、数字作品传播是否需要考虑次级市场的构建，成为下一步的研究目标。数字出版环境下，需要重新整合利益相关方

的关系,包括作者、出版者、经销商、消费者和政府。

首次销售原则确立于美国鲍勃斯美林诉施特劳斯案,该案中原告出版公司要求零售商统一以 1 美元的定价出售其出版的一本小说,并且以版权声明的形式作出表态,但是被告以 89 美分的价格出售这部作品,原告以著作权侵权为由提起诉讼。法院判定出版商败诉,认为:"版权法并没有赋予版权方控制作品转售的权利,版权与物权等权利不同,在作品售出后,版权人的权利不能被过度利用。"❶ 之后,1976 年《美国版权法》正式确立了首次销售原则。但是数字内容在网络发售后,获取作品的行为被重新界定,出现法律纠纷后,各国法院的判罚也不一。以美国为例,在维纳诉欧特克案中,法院认为对于计算机软件的销售可以适用首次销售原则。❷ 但内华达州法院则认为,电子版本亦发生盗版问题,而且影响十分严重,因为一旦一本书被复制,那么就会造成大范围的传播,这种电子海盗行为的影响就难以控制,权利人的损失也很难界定。所以,内华达州法院认为,对于电子版本的作品不应该适用首次销售原则。但加利福尼亚法院的判决则含混不明,法院原则上承认对于电子版本的作品也应当适用首次销售原则,但是应该仅限于个人非商业用途的使用行为。电子作品的获取方式在司法实践中变得很难界定,通常法院会认为电子版本作品的消费者是被许可人而不是所有权人,尽管是通过网络"购买"的产品,但是这种"购买"是被授权的,而不是被出售的,所以其使用权利应受到限制。

对于电子版本的作品不适用首次销售原则的讨论也导致其中的利益纷争非常激烈,出版商和网络内容提供商坚定地主张在网络环境下应该废除首次销售原则,而这个观点明显是不利于公众以及图书馆等文化机构的,所以以美国图书馆联盟为代表的组织表示支持将首次销售原则引入电子书领域内,因为首次销售原则可以确保"促进知识获取、保存文化",甚至认为首次销售原则是网络环境下确保图书馆可以继续履行其使命的有效工具。公众对数字化资源的获取渠道则很难被限制,因为存在很多灰色地带,例如,通过深层链接技术或者其他技术措施的破解技术来获取作品的手段屡屡翻新,所以公众或许更倾向于通过较低的或者更便捷的成本和手

---

❶ Bobbs-Merrill Co. v. Straus. 210 U. S. 339. 1908.

❷ Vemor v. Autodesk. 621 F. 3d 1102. 2010.

段获取作品。作品数字版本的出售或许可是作者、出版商以及文化机构普遍关心的问题，也是困扰业内及司法审查的难题，图书馆对当前的版权转让规则并不满意，它们认为每年付出大量成本购进数字资源，但似乎又什么也没有买到，如果取消订阅或者期限已过，作品就会在网络中消失。这些文化机构更深层的忧虑在于，如果某些图书只推出电子版本，那么馆藏资源的权利就会彻底丧失。其实这个问题已经出现了，挪威最高法院的图书馆中，几乎最新的馆藏资源都是数字版的，而文本资源多是印刷出版时代的，已经非常古老，图书馆是否享有对这些数字资源的永久使用权就需要从法律层面给予厘清。

但首次销售原则是否适用到作品的数字版本，从法律规则构建角度分析，各国的立法都采取了相当谨慎的态度。"美国众议院对于首次销售原则扩展到数字领域持否定的态度，原因在于数字财产的转让与有形财产不同，如果毫无保留对接首次销售原则很难保护版权人的利益。"❶ 因为数字版本的作品不存在折旧的问题，也很难损毁版本以及控制流通，所以目前适用首次销售原则的条件并不成熟。另外，美国立法会成员也对目前数字作品的授权模式持反对态度，因为这种以合同自由为依据实际上销售模式完全是版权人依照市场状况作出调整的机制并不利于消费者利益的保护。"但美国版权办公室在慎重权衡两方意见之后，认为作品的实体版本与数字版本是没有可比性的，然而如何建立一个全新的规则仰赖出版机构以及内容提供方的合作，目前建立电子作品的首次销售原则条件还不成熟。"❷ 虽然美国立法界曾经探索订立一种调整作者与消费者之间利益的新的平衡法案，建议将首次销售原则延伸至数字出版领域，然而最终失败，但其中的一些规则对未来亦有可借鉴之处。例如，法案提出在数字作品领域内适用首次销售原则是有条件的，即使用者要确保没有保留多余的副本。针对目前数字版本作品许可方式版权人占主导地位，且很多条款不具有协商余地，平衡法案针对这种现象提出应当修改《美国数字千禧年版

---

❶ BLAIER A. Fair Use and First Amendment: Without Fair Use, What Would You Freely Speak about [J]. Intell. Prop. Sprots&Ent. L. F, 2017, 97 (81): 112.

❷ POLICY C. Creativity, Andinnovation in Thedigital Economy, the Department of Commerce Internet Policy Task Force [EB/OL]. [2019-08-07]. https://www.copyright.gov.

权法》中的反规避条款，必要的时候赋予使用者规避技术措施的豁免，以规避侵权。虽然平衡法案的提议对现有版权理论和规则进行了大幅度的改革，但响应者寥寥。"有学者分析原因在于从使用者角度修改立法的途径实际上已经行不通。因为这些规则修改附加了消费者的新义务，例如删除副本，不得保留副本等义务，但是这种设定因为缺乏监管主体而无法实现，而且其中涉及消费者的隐私问题和私有财产保护问题，导致首次销售原则在数字作品中的适用将会十分复杂。"❶ 另外，由于电子书不存在折旧，其定价一般也不低，这也影响了电子书的市场需求。由于缺乏有效数据的支持及相关的实证研究，导致首次销售原则的存废问题争议很大。

网络环境下作品的获取和传播发生了巨大变化。技术进步促使商业模式改变，进而导致作品发行模式的变化。但从知识产权法角度分析，网络环境下作品的发行模式存在争议。所以网络发行是发行权在网络环境下的延伸还是应当赋予权利人信息网络传播权来进行作品网上发行，这个问题的解决又形成了目前的两个发行模式，即以发行权为基础构造的许可使用模式和以信息网络传播权为基础构造的信息网络传播模式。这两种模式虽各有利弊，但都没有解答是否在网络环境下使用"发行权一次用尽"规则，即"首次销售原则"。事实上，对我国著作权法进行解读，在网络环境下是否适用发行权一度存在争议，2004年发布的《最高人民法院、最高人民检察院关于办理侵犯知识产权刑事案件具体应用法律若干问题的解释》（法释〔2004〕第19号）第11条第3款规定，通过信息网络向公众传播他人作品……的行为，应当视为《刑法》第217条规定的"复制发行"。这种观点受到了学者的批评，认为司法解释在法理上存在问题，对《刑法》第217条进行了扩大解释。❷ 在我国法理语境下，作品如果是通过网络进行的交互式传播，那么就使用信息网络传播权的调整，但是否需要构建网络环境下的"发行权一次用尽"规则，需要待技术完善、市场发育更加成熟时再加以考虑。

---

❶ STOUT K D. Copyrights without Limits: The Undefeatable Right of Access Control under Sec. 1201（A）of the Digital Millennium Copyright Act［J］. Marq. Intell. Prop. L. Rev. 2015, 220 (19): 196.

❷ 王迁. 知识产权法教程［M］. 北京：中国人民大学出版社，2016：137.

由于首次销售原则适用与否争议很大，司法实践中对这个问题采取了个案分析的方式，通常法官会根据具体合同条款来推断作品的使用方式。例如，美国很多判例在讨论首次销售原则问题时，法院会判断版权内容提供商与消费者之间签订的合同是许可使用合同还是销售合同。2010 年的判例弗诺诉欧特克（Vernor v. Autodesk），美国第九巡回法院确立了"三步检测法"来判断对数字产品的许可或者销售，包括："（1）首先看合同是表明许可还是出售。（2）如果不能通过合同主要条款判断合同性质，则要对相关的条款进行解读，包括卖方是否对转让作出了限制等。（3）对作品的使用数量是否有限制。"❶ "三步检测法"提出后，也对之后的判例产生了影响。例如在 MDY 诉暴雪公司案中，法院就根据"三步检测法"的思路进行判决，认为该案中对游戏软件的出售是许可而不是销售行为，因为版权人在合同条款中作出了权利限制，包括对权利人再许可使用的限制以及转售的限制。❷ 在苹果公司诉精神星（Psystar）案中，法院也确定版权人是通过许可使用方式销售产品的，但同时重申应当将首次销售原则适用到网络环境中，否则会导致版权人对作品的过度控制，产生权利滥用。❸ 在 UMG 唱片公司诉奥古斯托案中，法院则判决原告对 CD 的出售是销售行为，被告在易趣网站上转售 CD 的行为是合法的，虽然原告在 CD 的包装上注明了权利限制声明，但法院认为这并不能阻碍买卖合同的成立。❹ 因为电子出版物的介质不同，所以实践中更倾向于认为电子书的出售方式是许可使用而不是买卖。虽然我国《著作权法》并不存在网络发行与信息网络传播的区分，但是通过分析域外判例，可以发现，无论是采取网络发行的概念还是信息网络传播的概念，都要解决首次销售原则是否适用于网络作品传播的问题。在判例法国家中，法院在个案判断中出现了摇摆，所以一般根据作品传播时签订的合同条款来判断使用者对作品的使用权限，本质上还是寻求适用首次销售原则的条件，但并没有形成统一标准。在我

---

❶ Vernor v. Autodesk. 621 F. 3d 1102. 2010.
❷ Mdy Industries, Llc v. Blizzard Entertainment. 629 F. 3d 928. 2010.
❸ Apple v. Psystar Corp. 658 F. 3d 1150. 2011.
❹ STEIMER M. Restoring the Balance：Bringing Back Consumer Rights in UMG Recordings v dings v. Augusto by Reaffirming the First Sale Doctrine in y Reaffirming the First Sale Doctrine in Copyright Law"[EB/OL]. [2016-07-07]. https：//digitalcommons. law. villanova. edu/mslj.

国,这个问题更多被理论界所探讨,争议也围绕着是否有必要在网络作品传播的环境下构建作品首次销售原则。

二、数字出版模式下首次销售原则的存废

在网络发行模式中,无论是采取授权许可使用合同模式还是信息网络传播模式,著作权仍然掌握在权利人手中,限制作品在二级市场的流通。从目前的交易状况来看,消费者处于不利地位,呼吁在网络空间中适用首次销售原则的呼声日益高涨。

(一) 域外判例的发展

2012年7月,欧盟法院(ECJ)对 Used Soft 诉甲骨文公司案作出判决,判决认定一旦软件开发商的软件出售,其发行权一次用尽,而且这种发行权用尽是强制的,不受许可使用条款的约束。❶ 欧盟法院强调,在网络发行模式下,尽管著作权人的权利用尽,但转售后要确保出售人将无法继续使用作品。如果出售人继续使用就侵犯了著作权人的复制权,因为复制权不会穷竭。在判决中,欧盟法院也指出著作权人应在产品中积极使用技术措施,防止作品被复制,或者确保作品被复制后无法使用。这个判决带来的影响在于数字作品的转售这一商业模式在欧盟获得认可。该判决被认为是重新对著作权人与公众的利益进行了平衡。"但2015年欧盟法院对 Allposters v. Pictoright 案作出先行裁决又表明欧盟法院对数字环境下的发行权穷竭实际上是持一种区别对待的态度——'穷竭'只适用于软件作品,而不能适用于其他类型的作品,所以未经许可在线转售合法购买的数字音乐、电影和电子书很可能被视为版权侵权。"❷

美国判例法中对网络作品发行后是否适用权利穷竭原则仍然采取了否定的态度,在 Capitol Records v. ReDigi 案中,法院认为,在转售过程中,用户仍然需要将所选定的作品进行复制而不论原有复制件是否被删除这种行为都构成复制行为,而复制权是不会用尽的,也就是说,只要这种转售

---

❶ 刘晓海,陈铭. 计算机程序无体复制件与发行权权利 [J]. 中国出版,2014 (4):22.
❷ 陈欣. 首次销售后改变作品载体发行权不穷竭 [J]. 电子知识产权,2015 (3):50.

行为没有获得权利人的许可，就会构成侵权。❶ 2013 年美国联邦最高法院对柯特森诉约翰威利公司案（Kirtsaeng v. John Wiley & Sons, Inc.）作出判决，承认在国外经合法生产的作品复制件进口至本国并销售的行为，并不构成对版权人发行权的损害，即确立了"国际权利用尽"的标准。❷ 多数学者认为，该判决可以用来解决数字化作品的权利穷竭问题。虽然通过判例法，法院可以从个案认定角度解决"首次销售原则"的适用问题，但美国联邦最高法院并没有对网络环境下是否适用首次销售原则作出最终表态，所以这个问题的回答仍不明朗。目前来看，基于软件与电子出版物的不同，无论是学界还是司法实践领域仍然倾向于认为不应在电子出版物的发行中适用首次销售原则，法院通常也不会基于合同来作出推断。

近几年，理论界对于数字环境下适用权利穷竭的呼声很高，"学者们认为如今对无形财产的需求已经超过了有形财产，但消费者却无法利用法律转让无形财产，权利人利用法律掩盖了消费者的需求"。❸ 总之，在网络环境下的交易模式中，消费者是处于不利地位的，以图书交易为例，有形图书在交易中有三种不同权利的保护问题：（1）从物权角度，法律保护权利人对载体的所有权；（2）作品的著作权受到保护；（3）首次销售原则对图书交易二级市场的保护。但是电子书是不能受到物权法保护的，所以在数字领域内作者的权利被空前加大，没有了首次销售原则的束缚，作者可以无限制地许可作品使用且可以阻止消费者的转售。也就是说，针对数字作品的二手市场不可能形成，除非将电子书阅读设备一并售出。随着数字化作品的普及和技术的发展，承认数字化作品的所有权适用首次销售原则是可行的，但是如何行使，并没有统一方案。

（二）首次销售原则的网络适用难题

首次销售原则的缺失虽然造成了公众获取作品的成本提高，但是受到

---

❶ Capitol Records v. ReDigi Inc. No. 12 Civ. 95（RJS）. 2013 WL 1286134（S. D. N. Y. Mar. 30 2013）.

❷ Kirtsaeng v. JohnWiley & Sons, Inc. 579U. S. 2016.

❸ MICHAEL S. Richardson. The Monopoly on Digital Distribution [J]. GlobalBusiness & Development Law Journa, 2014, 54 (27)：166.

影响较大的还有图书馆等文化机构。即便图书馆等文化机构适用首次销售原则作为抗辩，也不能完全摆脱侵权诉讼的出现，原因在于图书馆在购得图书的电子版后要推行借阅需要对作品进行复制或者图书馆购买了一份作品的电子版，那么是否仅能就这一份电子版进行借阅，如果仅允许一本借阅则无法实现电子借阅面向众多读者的要求。所以，首次销售原则以作品存在有形载体为条件，如果向数字环境下推广需要构建相关配套规则以平衡各方利益。如何构建相关的配套机制呢？业内的设想包括，构建专门的图书馆电子书借阅系统，图书馆通过该系统可以进行借阅和删除的控制。使用者需要承担合法使用作品电子版本的义务，确保未经许可不会复制作品，而且要在借阅期满后删除作品的副本。图书馆则认为，已经购买了一份电子版本就无须再购买多份电子版本以支持数字借阅，完全可以允许图书馆以馆藏为目的复制作品。而且，目前技术措施的标准不统一，也会导致不同的借阅设备所支持的借阅功能是不一样的，这样没有办法有效地监控用户对作品数字版本使用的合法性。

与首次销售原则不同，欧盟则探索建立了公共借阅制度以保护版权人的利益。根据公共借阅权的规定，版权人可以根据图书馆收藏作品的数量和借阅量来收取费用，以补偿借阅带来的损失，这被认为是对版权人和邻接权人的重要补偿制度。"1992 年，欧盟发布指令，要求成员国要么允许作者阻止对作品提供借阅，要么构建公共借阅权制度以弥补作者损失。"❶但一般确认首次销售原则的国家并不愿意纳入公共借阅权，因为这被认为会破坏首次销售原则的稳定性。所以首次销售原则的存废问题实则是一国的版权政策选择，而欧盟很多国家由于并不承认首次销售原则，所以建立了公共借阅制度，但公共借阅制度意在补偿作者因图书馆对图书的利用而产生的损失，实际上这也是面向作品依托载体传播形式而设计的制度。如此，无论是采取首次销售原则限制发行权的立法模式，还是设立版权补偿金制度，都没有很好地解决数字出版模式下作品的传播问题。

---

❶ 江向东. 欧盟 92/100 指令对图书馆公共借阅活动的影响 [J]. 图书馆杂志, 2003 (9): 68.

(三) 数字出版中增设新型权利的争论

虽然版权法保护个人基于创作的知识产权，但是出版者与作者之间的利益配置在数字出版时代仍然是难解难分的，从立法思路来看，针对出版者的保护条款都是为了更多地保护出版者的投资利益，这里的投资不仅指技术上的，也包括组织上的投资。我国《著作权法》第 33 条规定，"图书出版者对著作权人交付出版的作品，按照合同约定享有的专有出版权受法律保护，他人不得出版该作品"。为图书出版者设立专有出版权，确保出版者可以在出版周期内收回成本，保有赢利。从法律角度分析，一方面，出版者确保作者的作品可以被公众欣赏，另一方面，出版者更了解市场需求，从而更容易使文化产品受到市场认可。但是从出版者的角度来看，在数字出版模式下，出版收益被分解得支离破碎，因为新型网络平台的加入，使出版商的版权收益被分割，出版者为了争取更多的附加利益以确保带来更多的收入，这种收入方式一般是通过版权许可实现的。例如，欧洲出版者希望对谷歌这样的互联网巨头征税，因为他们对作品进行了聚合链接接入服务。另外，在数字出版环境下，出版者最担心的还是出版物的全文本未经许可被传播，这样就会极大程度地侵害出版商的许可利益。德国出版商首先尝试提出向互联网公司进行有关文本使用和存储的授权使用许可，虽然最终迫于压力放弃，但这也体现了数字出版环境下，依靠传统出版力量存在的传播窘境。德国出版商自 2009 年起就寻求构建网络出版环境下的新权利，他们要求对报纸、期刊要提供辅助版权制度保护。附加版权最先是由德国最大的出版集团阿克塞尔·施普林格公司（Axel Springer AG）主席提出。❶ 之后搜索引擎业务的代表谷歌公司加入了讨论，有关网络环境下新型权利的讨论议题包括期刊的融资、网络盗版、开放存取、爬虫协议等。总之，以出版商为代表的版权相关权人目的在于保护自身投资，在网络环境下争取更多的筹码以应对来自互联网企业的威胁。德国新闻版权附加法案的出台意味着立法者已经开始考虑保护出版商的利

---

❶ MURRAY M D. Reconstructing the Contours of the Copyright Originality and Idea-Expression Doctrines regarding the Right to Deny Access to Deny Access to Works [J]. Tex. A & ML. Rev, 2014, 921, 940 (1): 921.

益,然而,法律上如何对附加版权作出制度安排还不确定,但该法案的出台更像是预示了未来新闻出版业的走向。"有关增设新闻出版附加权的意见提出后一度受到业内的坚定支持,但到了 2011 年,反对的声音变得十分坚决,特别是德国工业协会、互联网企业和一些私人组织反对对出版商提供的特殊保护。他们认为赋予出版商过多的权利无异于助长文化垄断。"❶ 德国新闻出版者权的提出最终也影响了立法,德国议会在进行第七次著作权法修改时,对新闻出版者权进行了讨论,实际上这次修改法律的目的就是提供对在线新闻出版者的保护。但是这次修法受到了来自律师团体的反对,他们认为这个权利的设置无论从法律还是经济发展角度都不合理。新闻出版者权设立的依据在于出版商认为目前以谷歌为代表的大型互联网公司不经过其许可就允许用户通过搜索引擎检索新闻片段或者出版的文章,这无疑影响了出版方的收入,增加新闻出版者权就是让谷歌等互联网公司在使用作品时向出版方付费。出版商提出这个要求时,谷歌公司就已经开始根据出版商的提议对一些内容进行了屏蔽,从技术上讲这是完全可以做到的,但是效果并不好,因为出版商并没有得到想象中的利益回报,反而因为内容点击率的下降,影响了广告收入。于是出现了一个非常讽刺的局面,谷歌公司根据出版商的权利主张屏蔽了一些内容,而出版商如果要求谷歌取消屏蔽,还需要向谷歌公司另行缴纳服务费,但是根据《德国反垄断法》,如果谷歌收费则前提是要取得出版商的许可,这个问题陷入僵局。那么出版商提出的向谷歌等互联网公司征收强制许可费用即谷歌税,是否合理呢?是否构成权利滥用呢?谷歌拥有优势地位吗?判断这个问题在于要清楚谷歌和出版商之间有没有明确的竞争关系。但在市场中还有与谷歌同类型的竞争者存在,谷歌也没有抑制创新,所以谷歌不构成滥用优势地位。谷歌最直接的优势地位在于消费者的使用量,但这并不是判断构成市场优势地位的主要指标。德国的新闻出版者权被认为过于激进,并不可取,加之遭到了业内各方主体包括版权内容提供方和文化机构的一致批评,如果法律强行干预数字出版中的作品传播方式,并不能达成共识,这样试图构建网络环境下的首次销售原则就会成为数字出版发展的

---

❶ HUGHES J, ROBERT P. Mergers. Copyright and Distributive Justice [J]. Notre Dame L. Rev, 2016, 513 (92): 553.

"拦路虎",并不符合著作权法"推动科学与实用艺术的进步"的目标,过于强调利益重构的平衡并不一定会带来好的效果。但是,事情的转折出现在《欧盟数字化单一市场版权指令》的出台,其中争议最大的第 15 条赋予了新闻出版商新的邻接权,要求新闻聚合等在线平台为使用新闻出版物(包括其中的片段)的行为而向新闻出版商付费,但排除了对私人或非商业使用、超链接、非常简短摘录(包括个别字词)等情形的适用。对该条的争议非常大,有欧盟学者甚至认为这是版权立法的倒退,而无论该条的实施状况如何,可以预见该条的设立在作为新闻生产者的新闻出版商和作为新闻传播者的互联网平台之间造成零和局面。

三、数字出版模式下版权人利益与公众利益的平衡

从数字化作品产生起,消费者如何使用数字化产品的争议就一直存在,本质上看,无论是首次销售原则的适用还是公共借阅制度,都是这个问题的体现,区别在于网络环境下的旧有平衡机制被打破,新的平衡还没有建立。第一波探讨保护使用作品方式的是软件作品的反向工程问题。例如,在世嘉公司案中,美国第九巡回法院支持了被告使用世嘉公司源代码的行为。❶ 因为被告使用世嘉公司的源代码意在开发新游戏并可以在世嘉公司的游戏机中运行。虽然这种使用行为并不是对世嘉公司作品的评论,但是法院认为这种使用方式是具有社会利益的,防止世嘉公司对市场的垄断。第二波探讨是保护作品的二次使用,这里的二次使用是指对作品的轻微改动。在格雷厄姆档案馆诉多林金德斯案中,美国第二巡回法院将合理使用原则引入该案以讨论一个著名乐队海报的著作权问题。❷ 该案中,被告创作了一本 480 页的书籍,为了说明这个乐队的发展历史,作者在书中使用了该乐队在不同时期的海报缩印版以及演唱会门票的复印件和其他的一些相关图片。法院认为海报的作用在于告知观众演唱会的信息,而这本书中所使用的海报和图片是作为乐队发展的存档资料。与以往的判例不同,法院需要分析被告的使用行为是否会与原告作品在相同的市场中具有竞争关系,在该案中开创了一个新的观点,即看作品使用的目的以及是否

---

❶ Sega Enterprises, Ltd. v. Accolade, Inc., 1993 U. S. App. LEXIS 78 (9th Cir. Jan. 6, 1993).
❷ Bill Graham Archives v. Dorling Kindersley Limited. 448F3d605. 2006.

会在不同的市场中存在竞争关系。虽然该案中，被告使用了乐队的海报，但是其目的在于说明乐队的发展，更重要的是并没有对乐队的市场利益产生影响，故并不构成侵权，这种使用是合理的。

最近，《美国版权法》中有关合理使用制度所判断的最新标准采取了"转换性标准"，即如果使用作品的目的最终是服务于公共利益的，那么这种使用方式也可能构成合理使用。从凯丽诉阿里软件公司案❶到亚马逊案❷，这种以使用目的为判断标准的规则就得到了体现。美国第九巡回法院认为至少这两个判例中的使用方式是合理的，第一个是使用者将作品的标题制作成索引，供其他人参考；第二个是将图片进行处理便于网络搜索。虽然这两种使用方式都具有营利性，并不符合合理使用的标准，但是其最终目的是为公众提供服务，所以不应构成侵权。版权法的立法目的之一在于促进作品的传播，从利益平衡的角度分析，技术的发展使公众对作品获取的需求增加，当然获取手段也更便利，公众可以通过很多渠道获取"稀缺材料"来创作新作品，只要这种创作方式不会对公共利益产生影响，那么即便是营利性的，也不能一概认定为侵权。

上述判例的说理都表明，如果首次销售原则不能在数字出版模式下使用，那么就应该为公众获取作品提供一个相对便利的条件，改造合理使用制度就是一个间接的方案。例如，《美国数字千禧年版权法》就将在数字环境下判断公众使用行为是否合理的权利赋予了美国国家图书馆，美国国家图书馆有权利和义务每三年制定一次有关规避技术措施的豁免建议，为作品使用者提供便利。自 1998 年以来，美国国会图书馆已经使用了五次上述权利，设置了以下利用作品数字版本的例外情形，包括：(1) 使用读屏技术或者其他辅助技术帮助盲人或者其他残障人士阅读电子文献；(2) 解锁或"越狱"的智能手机；(3) 非商业性的使用或者以批评评论、教育为目的对 DVD 中的技术措施进行规避；(4) 如果为残障用户提供 DVD 的播放，可以规避技术措施。❸ 美国法律赋予了图书馆极其重要的权利。首先，图书馆可以实时掌握公众的市场需求，适时提出灵活的作品利

---

❶ Kelly v. Arriba Soft Corp. 77F. Supp. 2d1116, 1118—1919（C. D. Cal. 1999）.

❷ Perfect10, Inc. v. Amazon. com, Inc. 487F. 3d701. 2007.

❸ 美国著作权法 [M]. 杜颖，张启晨，译. 北京：知识产权出版社，2013：207.

用方式。其次，确保公众的获取权利不被过度干涉。最后，图书馆根据情况可以对豁免内容进行调整。但是图书馆的技术措施豁免并不是说图书馆有权完全去除作品中的技术措施，而是将这种技术措施重新编辑，以防止用户滥用权利。图书馆的技术措施豁免虽然没有解决电子出版物的销售问题，但是显然是一个次有效的方案，就是符合技术措施豁免的情况下，对作品数字版本的控制权就从出版者转到图书馆，这就间接地将对有形出版物的借阅制度移植到电子出版物的借阅制度中。但这个方法也不是一劳永逸的，因为每三年还要重新界定豁免的具体情形，这又使对数字版权的控制陷入了摇摆。

将作品版权控制权有限地转让给图书馆，看似是一个间接保护公众获取权的方案，但是因为立法程序的烦琐以及利益纠纷等问题，并不能有效地推广，甚至图书馆一度会因为争议过大而搁置修改豁免制度。"美国版权局对技术措施豁免的问题则提出了一些原则性的建议，包括：版权作品的可获取性、使用作品的目的是非营利性的，或者以文化保存或教育为目的；以批评、评论为目的；以评论或者新闻报道为目的，规避技术措施的行为是否会对作品的市场价值产生影响、图书馆认为需要纳入规避情形中的其他因素。此外，图书馆在利用豁免权时必须提供强有力的证据说明豁免的必要性，以说服利益相关方和版权局。"❶ 一方面，出版者担心现有的图书馆电子书借阅系统可能会导致图书馆无法有效监控读者的使用方式，以确保不会发生侵权；另一方面，出版者完全可以通过改变授权许可模式的形式来规避豁免条款。一旦图书馆监管不力或者规避不当，则出版者可以随时撤销许可，所以作为备选方案，对技术措施的规避制度设置豁免条款也并不一定可以有效地解决数字出版模式下的作品利用问题。当然，探索在数字出版领域内作品的获取方式并没有停止。在理论基础尚未成熟的情况下，只能寄希望于在司法实践中探索出一条适合数字出版作品利用的新模式，即对数字出版物的利用方式是否正确合法可以交给法院判断。

---

❶ BLAIER A. Fair Use and First Amendment: Without Fair Use, What Would You Freely Speak about [J]. pace Intell. Prop. Sprots & Ent. L. F, 2018, 97 (8): 101.

第三节　数字出版模式下的合理使用制度

一、数字出版模式下合理使用制度判断标准的适用

（一）数字图书馆带来的挑战

2004年，谷歌公司提出了雄心勃勃的谷歌图书馆计划，意在通过数字化的方式构建一个全球性的数字图书馆，这个计划的最终目标在于可以使用户在数字图书馆中自行搜寻数字资料，不受语言和地域的限制。但是期间经历了各种版权纠纷，导致数字图书馆并不允许用户进行全文检索和利用，而只能通过检索了解到所需要的文献资源被保存在哪些地方，起到指引性使用的目的。最终，法院裁定虽然数字图书馆可以数字化馆藏作品，但是并不能任意使用，如何使用还需要获得版权人的授权。谷歌公司联合一些大学成立了海西图书资料集团数字图书馆，该数字图书馆致力于倡导数字化的集体行动，但是否加入则需要由版权人自己决定。该数字图书馆的运营也不是一帆风顺的，在运营过程中遭到了来自版权人的起诉，版权人认为数字图书馆未经许可的复制侵犯了著作权，而数字图书馆以合理使用作为抗辩，这一诉求经历了8年时间才尘埃落定。最终，法院认为数字图书馆对作品数字化的行为属于转换性使用，这种利用技术从事教育和科研的行为是应当被鼓励和允许的。数字图书馆可以数字化馆藏作品，但是并不能对已经数字化的作品再进行复制。这个案子的重要影响在于，使人们在数字化时代重新考虑利益平衡问题，对于少数民族文化资源的数字化传播，也具有指导意义。

谷歌图书馆的目标意在扫描图书全本，使任何人都可以通过互联网搜索到这些作品的数字版本。当然谷歌也会提供有关这些图书的链接，即购买地址。谷歌图书馆中包罗了各种类型的作品，从小说、参考书到食谱，可谓应有尽有。这些作品的获取是免费的，但是谷歌在搜索结果中加入了广告，是一种营利性使用。谷歌图书馆也为使用者提供了一项更便利的服务，当使用者进行检索时，程序会提供一份书单目录。谷歌图书馆也会为

使用者提供作品片段的检索,当使用者通过关键词检索,得到的结果就可以是关键词在书中出现的段落。当然谷歌也加入了一些技术措施,例如,使用者只能浏览而不能复制内容,因为搜索结果生成为图像,所以不能被复制和粘贴。但是处于公有领域内的作品是可以被全文阅览的。已经有一些出版商接受了这种谷歌图书馆的商业模式,因为这个市场可以带来收益。

谷歌图书馆案中的使用是一种"高度的转换性使用",而谷歌图书馆的商业性使用却导致在司法层面对其商业模式合理使用的定位难以把握。但是总体来看,谷歌图书馆的这种商业模式是符合公众利益的。第一,谷歌图书馆并没有展示版权作品的内容,而是满足使用者搜索作品信息的要求。有学者指出,谷歌图书馆代表了数字时代目录化整理作品的需要。但是不同于传统图书馆所制作的作品目录,谷歌图书馆的检索功能在于允许用户实现关键词检索,用户只需键入关键词就可以在成千上万的各门类图书中实现跨类检索。也就是说,谷歌图书馆不仅可以实现传统的目录检索,同时也可以实现检索词的精确定位。对这些片段的获取并不会导致使用者对整个文本的获取或者复制。第二,谷歌图书馆也对不同的版权作品实施了不同层次的版权保护措施。例如,对于小说的版权保护更为严格,一般是不允许通过关键词检索显示作品片段的,而对学术作品、字典等工具书的保护程度则相对较低。因为这些作品一方面考虑市场因素,不会带来重大影响;另一方面其公益性的价值要大于市场价值。所以,这种使用是完全符合转换性使用的要求的。第三,如果作品被全文扫描存储在网络服务器中,通过检索功能也只能提供有限的检索结果。然而,如果不考虑使用目的,还要考虑使用的数量和内容,特别是二次使用的商业性。谷歌要完成搜寻目录的结果必须使用完整的版权作品。这种使用不是表达性的,因为设计的初衷不是展示作品。但是搜索结果中包含了作品片段。使用作品的数量也是需要被考虑的因素,为了确保作品不被复制而使作者的版权免受侵害,谷歌对搜索结果进行了控制,确保显示作品的数量和质量是符合版权法要求的。第四,谷歌数字图书馆的出现实际上增加了图书市场中读者和市场的联系。通过给读者提供可以获取作品的渠道链接,谷歌图书增加了公众对作品的更多获取可能,使本来默默无闻的作品受到关注。相反，数字图书馆并没有对市场造成伤害，因为这些作品只能从特定数字图书馆中获取，实际上可以促进作品的潜在市场扩张。谷歌图书馆所提供的服务结合了现代搜索技术并将在实体书店中的浏览功能在网络中实现了。也就是说，谷歌数字图书馆计划没有进行直接的以版权作品内容为利用对象的商业性使用。如果对作品的使用并不会产生实质意义上的对潜在市场的影响即影响作品版权的价值，就没有必要禁止。许可市场中作者潜在利益的损失并不能成为阻止谷歌图书馆计划推广的理由，因为这种使用方式并不存在投机行为，反而从公共利益角度确保了公众对作品最大限度地获取和保存。虽然，合理使用制度的终极判断标准在于使用的方式是否会对作品的潜在市场产生影响，法院强调潜在的市场许可利益受到侵害是不允许的，因为第二使用者没有基于使用行为付费，显然合理使用判断标准的第四个因素即对潜在市场的影响因素成为版权人维权的有力手段。但是，数字图书馆是否对许可市场存在伤害，还应当从公众的利益平衡角度分析，要看过度强调许可市场的影响是否会对作者的创作热情产生影响，而不能过度看重市场影响。

综合分析合理使用的四个因素，数字图书馆所提供的服务已经超出了搜索与保存的目的，更确切地说，是为作者获取作品提供了公众平台，确保对作品的大规模存储和获取，而这种功能是传统图书馆所无法比拟的。从平衡公众利益和作者潜在的收入角度来看，保护数字图书馆的商业模式就是保护作品的利用和传播。从全球立法趋势来看，立法者都在思考如何进行有意义的版权法改革，用技术手段实现高度的转换性使用目标，而合理使用是最好的保护技术的方式，最大限度地保护技术的发展，最小限度地减少对创新能力的削弱。

（二）合理使用规则的判断标准

数字出版事实上就是一种以新技术为手段的复制行为，所以数字化的合理性首先要解决复制的合法性。根据版权法的规定，未经许可的数字化是构成侵权的，首先侵犯了复制权。但是，数字环境下，要对数字作品进行使用，其前提就是允许复制，基于此，1991年欧共体《计算机程序保护指令》中提出了"临时复制"的概念，并承认对作品使用的"临时复制"是合法的。美国判例法中也存在对"临时复制"的争议,近年来法院一般不会对复制行为的合理性作出分析,因为如果对复制问题的合理性进行解读,很多案例都是构成侵权的。事实上,在数字出版模式下,复制权如何解释变得十分复杂,但这个问题缺乏一个实质性的焦点。如果纯粹从法条分析,数字化是不侵犯复制权的,因为侵犯复制权需要产生一个实质性的载体,但是数字化确实会产生复制的结果,危害性更大。所以在备受瞩目的谷歌案和海西图书资料集团案的审判中,法官对数字化是否构成侵犯复制权的问题根本就没有讨论,而数字化后作品的使用问题才是核心。谷歌图书馆项目旨在与哈佛大学、密歇根大学、纽约公共图书馆、牛津大学和斯坦福大学的图书馆展开数字化合作,并提供世界范围内的对这些图书馆馆藏文学作品的获取服务。海西图书资料集团图书馆项目也是使用谷歌数字化的作品作为共享数字存储库,与谷歌图书馆的使用方式不同,通过海西图书资料集团数据库使用作品更自由,可以提供作品的借阅,对视觉障碍者可以提供全文本服务。在审视这两个案例时,显而易见,数字化本身是技术进步带来的文化发展福音,而问题的关键是我们应该更慎重地审视数字化作品的后续使用模式是否合理。数字化与复制权会存在冲突的情况在于使用者要对数字化作品进行存储和检索,未经许可的数字化会构成复制权侵权。但是如果以复制权否定对作品数字化利用是不合理的,因为从存储角度分析,对作品数字化的重要意义在于确保文献的安全性。数字文本可以被放置到不同的地点,一旦某一处发生意外或者战争等突发情况,至少可以确保放置在他处的文本是安全的。但是如果存储机构将数字文本提供给读者,就会产生侵权纠纷。这个问题已经从谷歌图书馆及海西图书资料集团案中得到体现,法院其实很大程度上回避了数字化的复制侵权问题,因为这是技术带来的红利,法律不能构成技术发展的障碍,所以也可以说,对数字化作品利用产生的临时复制都是合理的,但是数字图书馆是否可以为读者提供借阅服务,法院很慎重,没有作出评价。

对已经出版发行的作品如何数字化使用,如何确保使用是合理使用而不是权利滥用?这就需要在数字出版模式下,对合理使用的标准进行调整,一方面发挥合理使用制度的指引作用,告诉版权人,使用者的哪些行为是必须要容忍的；另一方面也给使用者的使用行为圈定一个框架。目前合理使用规则的立法模式有两种：一种是以美国为代表的比较灵活的模式，确定合理使用制度的判定标准，由法官在个案中平衡适用；另一种是以我国和欧盟以及英国为代表的合理使用列举式立法，将合理使用的方式具体化。这种列举式的方法因为过于僵化已经受到了批评，在我国司法实践中，已经有意识地借鉴美国的合理使用判定规则来处理一些疑难问题。下面结合《美国版权法》中有关合理使用规则的适用以及在数字化环境中的新问题展开论述。

《美国版权法》中有关合理使用的判断标准包括：（1）使用的目的和性质，包括这种使用是否属于商业性质或用于非赢利目的；（2）版权作品的性质；（3）使用作品的数量和质量；（4）最后考虑使用对作品的潜在市场或价值的影响。从实践来看，大多数合理使用的抗辩一般是基于批评和评论为目的的使用，或者是戏仿型的使用，从使用目的来看，这些一般都是被法律所允许的。❶ 在数字环境下，以批评评论为目的的使用出现了扩大的趋势，例如，如果 AR 创作者制作一个带有配乐的动漫作品，作品用来嘲讽音乐家的创作，这被认为是合理的，因为这是典型的表达言论的行为。自从 1976 年《美国版权法》提出了合理使用标准，这个标准的适用就不断通过判例法被完善，因为美国联邦最高法院认为，其利用的目的在于确保版权法不变得十分僵化，所以对合理使用的规则运用越来越具体化，总体来看，为了支持教育和对作品的获取，法院认为合理使用范围限于"批评、评论、新闻报道、教学、学术研究"。这些合理使用的规则成为法院的判决指南，但是这些规则不是穷尽的或者说是决定性的，法院还要根据具体情况来判断是否某些使用行为构成合理使用。这些因素是综合起来考虑的用以评估使用行为是否违背版权法的目标。

（三）数字出版环境下合理使用规则的构造反思

就作品使用的目的和方式来看，在数字出版环境下，法院在作出判断时，

---

❶ 《美国版权法》第 107 条要求法院在评估合理使用作为抗辩时考虑四个方面的因素：(1) 使用的目的和数量，以及是否属于营利性使用；(2) 被使用作品的属性；(3) 使用作品的部分；(4) 使用行为对作品市场价值的潜在影响。

通常会考虑使用行为是否为转换性使用以及是否为商业性的或者具有营利性。很多法庭都采取了弹性标准来评估这个因素：如果对作品的转换性使用越多，那么商业性使用的因素就变得不重要。即在数字出版环境下，转换性使用程度越高，使用越构成合理使用，并不考虑是否是营利性使用。

转换性使用强调使用的目的不同于作品的创作目的。美国法院的争议焦点大多集中于判断转换性使用，看是否使用方式对原作品来说是全新的表达方式，通过对原作品的解释或者使用对社会利益有益或者是在这个过程中创造了新的价值。之后的判决又更多地集中在判断何为转换性使用，包括在一种全新的背景下使用作品——使用如果可以替代原表达，如对原作品的评注。例如，法院曾经判决通过搜索引擎生成的版权作品目录索引是转换性使用。法院同样也根据第一个因素考虑使用是否是商业性的或者是非营利性的。"根据合理使用的判断标准，法院需要考虑被使用作品的性质，一般来说更具创意的作品将会受到更全面的保护。例如，小说和绘画作品的保护范围就要优于一些功能性作品。如何判断作品是创造性的还是功能性的，法院对这个因素的考虑还要结合作品是否已经绝版。在1976年的一份有关版权的报告中，法院指出作品绝版意味着不可能通过正常渠道购买，则可以适用合理使用。"❶ 但是如果是未出版的作品则一般不允许未经许可的使用。

根据合理使用的第三个因素，法院会考虑利用作品的数量和质量。在判断利用作品的数量时，要结合作品的整体进行判断。该分析并不仅指两个作品间的实质性相似，还要考虑潜在市场是否相似。如果使用了原作品的核心内容就是不合理的，因为这可以看作对原作品的缩写，但是完整复制照片就是合理的，只要二次使用的目的在于制作一个缩略版本使有兴趣的观众可以通过网络来欣赏作品。合理使用的最后一个判断因素是使用对作品潜在市场的影响。根据美国联邦最高法院的判决，第四个因素毫无疑问是最重要的。法院会综合一些因素来判断市场影响问题，通常法官考虑的因素包括"传统、合理性或者评估二次使用和市场的发展"。阿森媒体

---

❶ NIVA ELKIN - KOREN, ORIT FISCHMAN - AFORI. Rulifying Fair Use [J]. Ariz. L. Rev, 2017, 161 (59): 177.

公司诉加州大学案中❶，法院认为被告违反许可使用的行为并不构成侵权。该案中，原告与哥伦比亚大学、加州大学签订许可使用协议，使用这些大学保存的 DVD。加州大学为了确保通过校园网络方便学生获取这些内容，改变了 DVD 的格式。原告认为加州大学的行为是不合理的，但是法院没有支持原告的诉讼请求。根据该案的许可协议，所谓"公众平台"，是指不允许加州大学将 DVD 的格式通过在线的形式使公众获取。法院也不认为加州大学在 DVD 中设置的技术措施违反版权法，加州大学通过第三方设置的技术措施不具有损害性，因为可以确定的是，这种使用的目的是教学。因此，加州大学改变格式的行为属于合理使用。剑桥大学出版社诉贝克尔案（Cambridge University Press v. Becker）中，❷ 法院认为被告留存作品的电子版本也是合法的。三个从事学术出版的出版商（美国出版商联盟和版权服务中心）起诉佐治亚州的电子版本留存政策，认为这种未经许可的复制其版权作品给学生的行为是侵犯著作权的。法院认为佐治亚州的政策所鼓励的行为不构成转换性使用，而是为了教学目的，所以符合合理使用的标准。从作品性质来看，这种使用在教育中的作品所提供的保护也要低于原创性强的作品。从作品使用的方式和实质来看，法院并不赞同大学所采用的严格的复制政策，而是强调对作品的少量复制是允许的。使用作品的内容少于 10% 被认为是少量，是合理使用。另外，从市场角度看，出版者可以建立有关电子版本的授权许可制度。法院总结了支持佐治亚州政策的理由，因为许可使用市场的缺位，原告不能证明学生除了购买版权作品，是否有可以从网络获取作品的其他渠道。综上所述，无论是立法者还是司法者，都倾向于保护公众对作品的获取，以及对作品被用于教育、科研事业的保护应该更宽松。

"距离勒瓦尔法官提出合理使用制度的标准已经有 20 多年，其中强调

---

❶ APPLEBAUM B. Moore v Moore v. Regen. Regents of the Universi S of the University of Californi Y of California：Now that the Californi T the california supreme cour a Supreme Court has Spoken，WH as Spoken，What has it really said？ [EB/OL]．[2019-08-07]．https：//digitalcommons. nyls. edu/journal_of_human_rights/vol9/iss2/7.

❷ STRAIN J L. The Georgia State University Copyright Case (Cambridge University Press v. Becker) and WhatIt Means for Librarians [EB/OL]．[2019-08-07]．https：//digitalcommons. olivet. edu.

使用作品的性质和目的成为判断是否成立合理使用标准的灵魂。而根据勒瓦尔法官的观点，转换性使用的规则需要受到肯定，因为这个规则可以促进新作品的创作以及促进作品之间的交流，这种使用方式会增加原作的价值。"❶ 转换性使用行为有利于科学和艺术作品的传播，而原作品正是新作品产生的原材料。转换性使用正是通过在使用作品中加入新的信息、新的审美、新的洞见，以及新的理解，创作出的新的表达方式。合理使用制度就是要保护这些对社会文化的丰富的创作形式。"美国学者认为，美国司法实践越来越对转换性使用作扩张解释，这都体现了保护新技术使用的想法，运用新技术获取作品具有公共利益。"❷

版权法体系向来是充满变动的，但即使变动如此频繁，版权法的变动也不能很好地适应科技的发展，特别是在数字时代。以公认的网络版权法保护的先进国家美国为例，美国版权法为了调整数字时代公众与权利人的利益平衡，不断地扩大图书馆和学术机构对作品使用的权限，为了使这些机构更好地获取和保存作品，同时也为了公众可以更便利地获取作品。数字时代所带来的最大扩张在于科技发展对复制和发行的颠覆。因为作品的数字发行成本大大降低，图书的数字化和数字图书馆就是这种挑战所带来的现象。法律如何应对这种现代化的实践呢？这种变革不能依靠个案认定来解决，需要对立法作出根本改变。美国的立法机关曾经要求版权办公室出具报告，分析图书馆、教育机构、技术公司所能获取作品的范围和方式，并结合版权人的诉求，讨论版权法中合理使用条款的保护范围的发展趋势，但至今对这个问题还没有一个彻底的解决方案，未来数字时代的合理使用规则仍将处于不断变动和调整中。

从现代著作权法的变革方向来看，对合理使用制度的灵活解释成为趋势，特别是对图书馆和档案馆的扩大保护，也延伸到教育机构。上述机构使用作品的电子版本，无论是表达性使用还是非表达性使用，只要其目的是研究、获取、教育和保存，都享有"特权"。合理使用条款的设置应当

---

❶ 孟奇勋，李晓钰，苑大超. 转换性使用规则的判定标准及其完善路径［J］. 武汉理工大学学报（社会科学版），2019（4）：117.

❷ SAG M. Internet Safe Harbors and the Transformation of copyright Law［J］. Notre Dame L. Rev，2017，499（93）：502.

关注技术进步所带来的影响，对一些作品的使用进行排除，但同时这些使用方式为了获得法律的承认，需要建立严格的适用前提。法律要求图书馆和以教育为目的的版本复制限制在一定的数量内。法律规定正确的使用量可以使图书馆和教育工作者不再根据合理使用条款的模糊规定而做出投机行为。权衡对使用的限制，合理使用规则也对转换性使用提出了豁免，即使用完整作品，如果构成转换性使用也可能不构成侵权。这种保护规则就确保了类似海西图书资料集团研究的社会公益团体根据合理使用的相关条款对作品进行合理使用。一方面可以使团体和个人继续从事符合立法目标的活动，保存和获取作品以促进科学研究；另一方面对于公众来说，确保公众对作品获取的合理渠道也符合版权立法目的。

（四）合理使用规则向弱势群体的扩张

完美公司诉亚马逊公司案是有关技术与转换性使用的判断判例。该案的焦点在于谷歌的搜索引擎，可以通过用户的搜寻找出极小的图片。搜寻结果以链接的形式出现，当用户点击链接进入相关网址就会看到大图并可以再版或者保存。完美公司的商业模式则在于，通过订阅这些受到版权保护的图片获利。完美公司的网站不能被谷歌搜索引擎抓取或者索引，但是可以通过第三方网站被识别并反馈结果。所以该案中完美公司诉谷歌侵权不成立。一年之后的完美公司诉 iparadigms 案，该案中，两名中学生涉嫌剽窃了 iparadigms 中的论文。[1] 某公司提供了反剽窃软件给一些教育机构。iparadigms 是一款监控软件，主要在高中和大学使用，确保学生论文的原创性。[2] 相关机构将学生的论文提交到数据库中，一旦作品提交，通过对比数据库中的论文，判断是否存在剽窃。美国第四巡回法院指出，用于检测剽窃的方式是典型的转换性使用。因为 iparadigms 要进行学术表达与剽窃的鉴定，所以需要复制作品的整个文本，但是法院认为其使用目的是合

---

[1] ANGEL S D. Fair Use & Mass Digitization: The Future of Copy-Dependent Technologies After Authors Guild V. Hathitrust [J]. Berkeley Tech. L. J, 2018, 683 (28): 696.

[2] iparadigms.com 是一家论文打假和反剽窃公司，借助 IT 技术的发展，为客户提供反剽窃服务。始创于 1996 年的 iparadigms.com，其前身是美国高校的一群志在研发学生论文抄袭检测系统的研究人员所创建的网站。iparadigms 工作者齐心协力，试图阻止互联网抄袭的蔓延，并且促进新技术在教育事业中的运用。

理的，另外，该软件程序也仅仅是让用户看到不适当的引用部分，并没有使用过量。综上，法院认为这种使用不会造成市场损害，符合合理使用的标准。完美案和iparadigms案都证明了，法院使用合理使用规则保护使用者，确保公众对作品的获取以及传播。这无疑是符合版权法保护目标的。这也表明，在数字出版模式下，相关判决开始出现保护公众利益的倾向。

海西图书资料集团案中还有一个细节需要引起关注，就是电子图书馆对作品的分类为：(1)有明确作者的作品；(2)孤儿作品；(3)进入公有领域的作品。对不同类型的作品，允许的使用方式是不同的。特别之处在于，电子图书馆允许视觉障碍者获取作品。对其他公众，尽管该数据库允许使用者进行全文搜索，但是搜索引擎所反馈的内容仅限于使用者搜索内容出现的页码，并不提供全文检索。对于孤儿作品，使用者可以全文检索和下载。美国作家协会诉海西图书资料集团侵权，理由如下：(1)大规模的数字化违背了《美国版权法》第108条和第106条；(2)该案不适用有关《美国版权法》第108条图书馆的抗辩；(3)要求法院颁发关于海西图书资料集团的禁止令；(4)孤儿作品的利用方式会导致大规模侵权行为的产生，应当被禁止；(5)海西图书资料集团需要返还所有未经许可而获取的作品电子版本。原审法院并没有就孤儿作品的问题进行判决，因为法院觉得这个商业模式还不成熟。然而，法院认为该案适用合理使用作为抗辩是成立的。无论是通过搜索引擎生成索引，还是残障人士对作品的获取，都可以适用合理使用规则。从使用的目的和特征来看，生成作品索引和残障人士对作品的获取是高度转换性使用作品。搜索引擎的功能在于提供更优质的搜寻服务，这和提供版权作品是完全不同的。视觉障碍者对作品的获取其目的也是转换性的，因为目前视觉障碍者获取作品的市场还存在缺位，所以这种使用方式应当被认定为合理使用。

《美国版权法》第121条规定，应当允许残障人士使用近十年来其所无法接触到的作品。但是该条进一步规定，只有那些经过合法授权的团体才有资格为残障人士提供数字阅读服务。这些有资格的团体通常是那些非营利性组织或者承担特定任务的政府机构，其职责在于为残障人士提供有关培训、教育或者获取信息的特殊服务。从法律角度分析，版权法的目的在于确保公众接触和获取作品，在市场竞争不充分，或者说从根本上还没有形成市场的情况下，版权法的保护应当延伸到对残障人士获取作品的保护。因为市场的缺失证明这些服务所提供的利益不能通过著作权人损失的衡量来判断。即使这种利用方式会产生影响，从利益平衡角度分析，作者也应当容忍这些损失。

数字图书馆的出现意味着可以给读者提供更高层次的服务，使读者有效地获取和搜寻在全球范围内他们所需要的资源。这种技术的突破，克服了之前资源分布的分散化，使所有使用者都可以获取这些资源。事实上，无论是谷歌图书馆还是海西图书资料集团都没有实现公共数字图书馆的功能，它们都是通过不同的途径进行了大规模的数字化，深层的目的在于实现大规模的保存，确保公众可以最大限度地获取作品。获取和保存作品是版权法的立法目标，而这种变革最终是为公共利益服务的。教育和研究为作者提供了创作新作品的灵感和素材；技术进步的目的在于促进这些目标的实现，但是从这个层面来看，版权法反而成为技术红利推行的障碍，不断出现的新技术将会不断地挑战版权法。所以，可以预见的是，版权法为了应对技术的发展会不断变化。合理使用规则的灵活性用以评估技术与作者对版权垄断之间的利益平衡。有关海西图书资料集团的判决支持了有关教育和科研机构利用科技优势复制作品的行为以促进知识的获取。然而，对于目前所出现的技术，法律需要在制度框架内让这些利益共存。谷歌图书馆工程的设计者已经意识到可能存在的诉讼风险，所以这个设计一方面对使用者进行了限制，防止形成替代性作品；另一方面也注意对版权人利益的保护。这个设计关注了利益平衡。这一设计理念是需要被鼓励的，例如转换性使用的范围界定必须一方面鼓励作者创作，通过赋予作者对作品排他的权利；另一方面也要兼顾公众的利益。只有这样才能确保版权法鼓励创作和传播作品的功能实现。

在法院裁判中，也开始关注对相对"弱势"群体利益的保护，被使用作品的性质也是法院在判断合理使用的考虑因素之一，一般来说，使用客观事实当然构成合理使用，但是如果使用的是畅销作品，是否构成合理使用就需要谨慎考虑，通常法院认为如果使用的是娱乐性的作品，不宜过度适用合理使用规则。但是许多文学作品和音像作品既具有信息的性质，也兼具娱乐性，这又会导致未来创作的困境。2017年美国立法者开始提出在转换性使用判断中淡化作品性质的要求，认为转换性使用的判断还是需要放到使用是否具有转换性之上。使用作品的数量和质量也是认定合理使用的判断因素，如果作者在创作中加入了视频剪辑片段用来评论、戏仿或者是设计情节、塑造角色，这些剪辑可以用来表达引用者的观点，这种使用是否构成合理使用呢？以列侬诉前沿媒体公司案为例❶，法院认为，对未经许可使用他人的摄影作品进行评论，因为作者的使用目的是评论、说明等特定的用途或者作为视觉背景，法院在总结此类案例时，提出这些应用行为是将所引用的材料作为素材进行的扩展性使用，而不是从作者的原始表达中获益，最重要的是这种使用并不会损害原作的市场利益，所以这种使用是合理的，应该构成表达性使用。对于短视频的合理使用问题，在美国判例坎贝尔案中已经作出了解释，如果引用的是剪短的视频片段制作动图（表情包），只要剪辑是短小的，尽管使用了作品的核心部分，仍然构成合理使用。❷ 美国联邦最高法院在评判此案时，认为网络中的动图制作实际上不可避免地要对在先作品进行引用，对于这种新型的创作方式，法律应当予以鼓励。无论是传统的合理使用理论还是转换性合理使用，最重要的判断因素是使用行为是否会对作品产生市场影响。对合理使用是否成立的判断越来越倾向于个案分析，在美国判例法中，法院往往根据个案来判断使用行为是否对作品的市场产生潜在影响，对市场的影响具体要看使用行为是否会导致取代版权人的市场，还要判断使用的行为是否会对版权人的衍生品市场产生损害。一般认为，虚构的多媒体电子书和提供电影分析类的作品不会对原作的市场利益产生影响，前提在于这些创作中使用的作品片段都很短。当作者的使用是对视听作品的剪辑进行批评、评论、模仿或者背景介绍时，并不会产生市场替代。合理使用制度与言论自由密切相关，如果取消合理使用制度或者严格限制合理使用制度的适用，会导致公众对作品的获取变得极为困难，也会导致对言论自由的干预。合理使用制度是版权法鼓励创作和创新的重要保障，未来创作过程中，很多新型作品会融合文字与视听材料，这对合理使用制度的适用提出了挑战。特别是在数字出版时代，有关规避技术措施的规定，始终是未来互动性创作的

---

❶ Lennon v Premise Media Corp., 556 E Supp. 2d 310 (SDNY 2008).
❷ Campbell v. Acuff-Rose Music, Inc. 510U. S. 569. 1994.

障碍，甚至有业内人士指出，法律规定已经使未来数字化创作陷入了发展的困境。特别是随着出版方式的多样化，统一的授权使用模式并不适合所有的创作者。例如，选择自助出版的创作者，如果想使用新技术手段进行创作，一些高昂的创作费用是独立的作者无法负担的。面向未来的创作方式变化，使创作群体与版权内容提供方越来越主张变革现行版权制度，这些群体认为应当允许创作者使用受到技术措施保护的视听资料以及通过各种加密措施保护的数字传输视频。原因在于，采取其他的替代方案既昂贵又烦琐，长此以往，势必会影响创作。

二、转换性使用规则的推行

转换性使用规则是美国法官在审理合理使用案件过程中总结出来的裁判规则，该规则在美国的司法领域得到广泛应用，这项裁判规则也因适用的灵活性在理论界引起广泛的争议。当前我国著作权领域的合理使用问题和美国版权业的情况有诸多相同或类似之处，对源于美国的转换性使用规则进行分析研究，能为我国司法领域借鉴美国的经验提供有益帮助。我国著作权领域合理使用面临的问题是，法律规定采取的是著作权例外的封闭式法律规定，即在《著作权法》第24条以列举的方式规定了合理使用的具体情形，已不能满足对作品利用的合理使用需要。为了缓解这些突出矛盾，最高人民法院明确指出，在特殊情况下可以借鉴美国司法领域认定合理使用四要素判定规则进行司法审查，❶我国法院也在审理此类案件过程中进行了一些初步尝试，由此在学术界引起了争议，争议焦点集中于转换性使用规则作为我国司法审判法源的正当性以及如何规范适用等方面。

"合理使用包含着平衡，没有任何单一性要素能确立一种推定性的合理或不合理的使用。"❷ 转换性使用是构成合理使用的一个重要因素，转换性使用并不等于构成合理使用，还需要结合其他要素进行判定；对于不构成转换性使用的行为，并不意味着不构成合理使用，不构成转换性使用

---

❶ 最高人民法院. 最高人民法院关于充分发挥知识产权审判职能作用推动社会主义文化大发展大繁荣和促进经济自主协调发展若干问题的意见（法发〔2011〕18号）[EB/OL].(2011-12-16)[2020-02-05]. http://www.szlawyers.com/info/8010b3aa9ab352514c51b36cc5d78f26.

❷ 谢尔登·W. 哈尔彭，克雷格·艾伦·哈德，肯尼斯·L. 波特. 美国知识产权法原理[M]. 宋慧献，译. 北京：商务印书馆，2013：134.

的行为，法院也可能最终认定构成合理使用。莱瓦尔认为转换性使用是属于"使用的目的和性质"的一个构成要素，使用行为构成转换性使用并不意味着一定构成合理使用，❶ 第一个要素服从第四个要素是认定构成合理使用的原则，❷ 转换性使用只是合理使用的一种特殊类型，❸ 既不是构成合理使用的必要条件，也不是充分条件。

通过对合理使用案例进行分析，法院在进行司法审查时，都会对四个要素分析评价，最终作出裁判。在审查过程中，合理使用四要素中第二个和第三个要素所起的作用通常不会最终实质影响裁判结果，第一个要素和第四个要素会对认定合理使用具有关键性作用，法院在认定使用行为具有转换性后，会影响到对最后一个要素"对作品潜在的市场或价值的影响"的评价，是由于使用目的与原作品使用目的有明显的不同，从而与原作品潜在市场通常不会产生实质性替代作用，坎贝尔案关注的不是使用行为对原作品或衍生作品的市场是否存在损害或打击，而是使用行为是不是替代或者攫取了原作品的市场。❹ 转换性使用可以分为两种类型：内容转换性使用和目的转换性使用。在转换性使用规则发展的初期，对转换性使用认定多集中在被使用作品内容是否具有转换性，在谷歌数字图书馆案之后开始转向使用行为是否具有转换性使用的目的。如何评价使用行为是否构成转换性使用，学界有三种不同的观点：使用者目的角度、相关领域专家的角度、"普通理性公众"的角度，笔者认为从"普通理性公众"的角度更具有客观性和可操作性。由于转换性使用概念抽象，不是明线规则，缺乏可量化的认定标准，版权领域权利人、传播者、使用者和社会公众利益冲突激烈，转换性使用规则首次用于司法审查就引起广泛的争议和质疑，转换性使用规则需要进一步地完善和发展。

《最高人民法院关于充分发挥知识产权审判职能作用推动社会主义文化大发展大繁荣和促进经济自主协调发展若干问题的意见》指出，"在促

---

❶ LEVAL P N. Toward a fair use standard［J］. Harvard law review，1990，1150（6）：1110-1111.

❷ LEVAL P N. Campbell Fair Use Blueprint［J］. Washington Law Review，2015，457（9）：605.

❸ 袁博. 转换性思维看"转换性使用［J］. 中国新闻出版广电报，2019（1）：10.

❹ Campbell v. Acuff-Rose Music，510 U. S. 593.

进技术创新和商业发展确有必要的特殊情形下，考虑作品使用行为的性质和目的、被使用作品的性质、被使用部分的数量和质量、使用对作品潜在市场或价值的影响等要素，如果该使用行为既不与作品的正常使用相冲突，也不至于不合理地损害作者的正当利益，可以认定为合理使用"，这表明我国最高审判机关对源自《美国版权法》的合理使用规则进行了借鉴。王某诉谷某、谷歌公司案中，一审、二审法院都在司法审查中参考了合理使用四要素和转换性使用规则，一审法院北京市第一中级人民法院认为被告信息网络传播行为构成转换性使用行为，二审法院北京市高级人民法院在终审判决书中明确指出，"人民法院已经在司法实践中认定原《著作权法》第二十二条规定之外的特殊情形也可以构成合理使用"，被告行为属于合理使用的特殊情形时，也可以被认定构成合理使用，需要严格掌握认定标准，综合考虑合理使用四要素作出判断。❶《80后宣言》电影海报著作权侵权纠纷案中，二审法院上海市知识产权法院认为被告对诉争作品在电影海报中使用具有了"新的价值、意义和功能"，原作品的"艺术价值功能发生了转换"，属于转换性使用且转换性程度较高，法院认定被告使用行为构成合理使用。这两个案件表明，我国法院在司法实践中已经开始探索解决著作权例外规定类型不足的问题，也说明我国著作权例外体系不能很好满足合理使用的需求。

  在我国司法审查中，直接适用转换性使用存在法源正当性的问题，《著作权法》中没有关于合理使用的相关规定，现存规定也仅仅是最高人民法院的司法文件对合理使用的指导性规定，并不具备法律效力，这引起理论界的广泛争论。同时，我国法院审判方式与美国不同，著作权发展保护情况也与美国不一样，在我国著作权纠纷领域引入转换性使用规则需要进行本土化。我国著作权合理使用体系是由《著作权法》第 24 条法定例外和《著作权法实施条例》第 21 条构成，而实施条例借鉴了"三步检验法"对《著作权法》合理使用进行了解释和限定，❷《著作权法》第 24 条明确列举了 12 种合理使用方式，随着信息传播技术的快速发展，出现了

---

❶ 北京市第一中级人民法院（2011）一中民初字第 1321 号民事判决书；北京市高级人民法院（2013）高民终字第 1221 号民事判决书。
❷ 熊琦. 著作权转换性使用的本土法释义 [J]. 法学家，2019（2）：126.

多种新型传播方式和复制依赖型技术❶行业,现行的合理使用规定已经不能满足社会发展的需要。修正后的《著作权法》有关合理使用的规定依然采取列举式立法方式,虽然加入了第13项法律、行政法规规定的其他情形,但其适用的灵活性并未有所改进。当前信息传播领域自媒体占据了显著位置,各类用户创作内容随处可见,这些内容基本上都是基于其他在先作品的二次创作,有商业性使用目的,也有非商业性使用目的,更多的是二者都有,在一定程度上繁荣了文艺创作,但对处于权利保护期内作品的二次使用没有法律依据,不利于这个领域的健康有序发展。对复制依赖型技术行业,海量作品的使用是这个新兴行业的必备条件,在现有著作权许可体系下进行许可其效率过低,而这类新兴行业又是国家重点扶持的行业,对国家发展有着战略层面的意义。

现行《著作权法》并没有关于转换性使用的规定,在著作权实务中,转换性使用已经被使用,主要原因是著作权诉讼中被告的行为不包含在著作权例外的规定中,只能强调自己的使用行为符合"三步检验法",构成"转换性使用"❷。从社会发展需要看,有必要在我国司法领域引入转换性使用规则,可以把转换性使用归入"评论作品和说明问题"条款下,进一步明确转换性使用的概念、具体适用范围以及限制性条件,对合理使用纠纷以市场因素作为重要的判定要素。

三、新技术适用带来的影响

(一) 数字作品的使用新问题

数字出版时代,人们掌握了海量的数字文献资源,其实并不一定有精力全部阅读,况且时间也不允许,所以重要的是使用者可以通过技术手段对所收集的文本进行数据挖掘,以提取所需要的数据或者信息。《欧盟单一数字市场版权指令》就赋予了图书馆提供数据挖掘的功能。图书馆能够创建基于自身收藏的电子数据库,那么事实上就可以实现数据采集和分

---

❶ SAG M S. Copyright and Copy-Reliant Technology [J]. Northwestern University Law Review, 2009,(20): 1608.

❷ 袁博. 转换性思维看"转换性使用"[J]. 中国新闻出版广电报, 2019 (1): 10.

析，任何大量的信息都可以被用来进行识别，有时读者并不需要使用全文本，特别是在进行文献检索时需要作数据分析，无论是通过创建诸如谷歌的 N-Gram 之类的工具，还是通过流通/搜索分析，具有此类数据库的图书馆都能获得不可见的信息。❶ 即使在保护用户隐私的同时，图书馆或者其他平台可以通过技术手段在任何特定时间查看最受欢迎的作品、最流行的元素或者销量最好的货物，并根据用户在这些问题上花费的时间以及社交媒体的使用情况评估未来的走向和发展情况。这些功能的实现是不需要获得全部文本来实现的，只需要通过设置关键词进行对比搜索即可。数据分析可以用来确定作品之间的关系，也可以通过语言模式鉴别作品的真伪以及作者，或者通过对作品的分析识别作品中的错误印记，所以从某种程度上说，数据分析也可以构成转换性使用，因为是为了更好地得到分析结果。但是作品的完全复制有时对数据分析而言是必要的，所以，只要不会对作品的潜在市场产生影响，就构成合理使用。

（二）互动性创作时代的来临

在未来的创作模式中，作品中会添加多媒体元素而变得更加动态。凭借现代技术，作者可以将视听内容直接嵌入他们的电子书中，以完成创作。此外，作者可以通过使用技术手段进行教学、表达观点、讨论、教育、分享研究结果，这些都是单纯的文本技术所达不到的。如果说文本的阅读体验是来自二维空间的文字阅读带来的依靠读者想象而与作者产生的意念层面的互动，那么在未来科技发展的态势下，阅读已经向实景互动等更新奇的方向发展。这种新的体验也会带来一个结果，就是不知名的作者也可以与大型的传统出版机构展开竞争，虽不至于分庭抗礼，但至少一定程度上可以摆脱对出版机构的依赖。作者可以通过自媒体自行发布作品，甚至可以在作品中嵌入可移动的数字图像，并且可以实时更新内容而不需要依靠传统的出版系统。互动技术的开发以及在出版市场的应用催生出一个创作方式，即利用新的技术创作和出版作品，互动小说的出现就证明技

---

❶ N-Gram（有时也被称为 N 元模型）是自然语言处理中一个非常重要的概念，通常在 NLP 中，人们基于一定的语料库，可以利用 N-Gram 来预计或者评估一个句子是否合理。N-Gram 的另一个作用是用来评估两个字符串之间的差异程度。

术与出版的融合已经产生了质的飞跃，甚至开始改变行业的发展方向，互动小说的创作是使用新的创作平台诸如 Ren'Py❶ 来创建电子书，与传统的电子书和纸质图书不同，Ren'Py 可以制作出允许用户完全沉浸在多媒体图书中并与之产生互动。Ren'Py 创作的书籍不是像大多数电子书一样包含线性故事，而是经常允许读者作出影响角色发展和故事发展的选择。"Ren'Py 也曾被卡内基梅隆大学等高等教育机构用于教育目的。技术的发展鼓励创作的多样性，随之而来的法律诉求是，作者要求明确从法律层面豁免为了创作互动型电子书而制作批评、评论类读物的行为。"❷

（三）技术措施的使用与规避

新的创作都要建立在对在先创作的借鉴之上，所以互动式的创作也不会完全脱离这个创作定理，学界已经开始研究如何确保在互动性读物的创作过程中可以引用视频片段。但要达成这个创作目的，前提在于作者如何合理地规避视听作品中的技术措施，因为并不是所有的视听作品都可以通过网络免费获取，一些经典的作品通常是通过发行 DVD 向大众传播，或者作者为了追求视觉效果会选择使用蓝光 DVD 进行片段剪辑，但是无论是 DVD 还是在线读取内容，为了防止作品被盗版，这些视听作品中大多会嵌入技术措施，也就是说，未来互动读物的创作中，如果创作者要引用他人创作的视频片段，大部分情况下需要规避其中的技术措施。美国立法的动向表明，立法者认为这种使用是合法的，应该被允许，但是关键在于如何解释规避技术措施的行为，因为根据立法来解释，未经许可规避技术措施的行为会构成版权侵权。为此，美国立法机构曾经面向作者、自媒体从业者以及互动型读物的创作者进行调研和座谈，大部分受访者都表示对互动性创作方式充满兴趣，已经或者准备尝试这种新型的创作方式，但是也有一部分从业者因为对其中存在的法律风险比较担忧，所以表示在法律

---

❶ Ren'py 是一款用于制作 AVG、Galgame 的游戏制作工具。除了具备制作一般可视化电子小说的基础功能之外，还可使用 Python 语言进行更复杂的制作。Ren'Py 几乎支持所有视觉小说所应该具有的功能，包括分支故事、存储和加载游戏、回退到之前故事的存储点、多样性的场景转换等。

❷ United States Copyright Office：Long Comment Regarding a Proposed Exemption Under 17U. S. C § 1201 ［EB/OL］．［2019-08-07］. https：//www. copyright. gov.

没有明确的情况下慎重创作。这次调研也使立法者意识到，是时候对视听媒体创作中如何规避技术措施作出说明。

从法律层面探讨对视频片段的合理使用已经有所推进了，转换性使用观点的提出，已经可以解决数字出版模式下部分作品的使用问题，但是通过研究现行商业模式与诉讼现状可以看出，实际上目前使用数字作品作为创作素材的现象十分多见且争议很多，由于使用过于常见和频繁，加之版权人的权利意识以及从应诉方面的考虑，一方面版权人存在信息不对称的问题，疏于维权；另一方面鉴于诉讼成本的问题，也会有权利人选择观望或者等待最佳的起诉时机。但是从理论研究以及立法分析的角度来看，对利用数字资源作为创作素材的合理性探讨一直没有停止，这涉及合理使用制度在数字时代的变革。从目前的立法来看，至少在法律层面有如下问题是不清晰的。首先，短视频作品如何定性？如果按照类电作品归类，这种引用的合理性和适度性就会非常严格。其次，在现行的著作权许可使用模式下，授权复杂，使用受限导致对短视频及数字资源的使用会十分繁复。但是少数民族文化资源的利用却具有特殊性，第一，对少数民族文化资源的创作使用需求不大。作为小众文化，本来市场使用的需求不大，如果设置过于严苛的法律保护条件，并不利于少数民族文化资源的传播和影响力的扩大。第二，对少数民族文化资源的使用还要注意保护作者以及族群团体的精神权利。这又涉及一些民族习惯和禁忌，所以这一点反而比其他的数字资源在使用中要更需注意。第三，对少数民族文化资源的合理使用也要注意特殊情形的设计。第四，对于少数民族文化资源，有些作品要获得授权是很难找到权利人的，客观上又产生了授权的困难。

在美国判例法中，对于数字文献的引用，法院支持通过抓屏技术对数字作品的引用，例如通过抓屏技术引用静态的图片或者动态小图。但是这种形式的豁免已经不再适用于课堂教学或者文艺评论的使用目的。一些影评人和艺术学院的教师提出，随着课堂教学技术手段的应用，在课堂上放映电影或者视频短片，甚至在未来的多媒体课件或者教材的编写中，他们需要制作短片素材用以表达观点。也就是说，未来对作品的引用会脱离二维文字的限制，转而更互动化、更直观。但是如果引用过量，就会构成侵权，使用者不能受到合理使用抗辩的庇护。如果数字作品中嵌入了技术措施，合理使用的抗辩就会不确定，对于技术措施条款的修改，支持者认为，在未来多媒体文本的创作中，作者需要访问 DVD 中的内容，或者是追求更高清晰的画质而要使用蓝光光盘中的内容，又或者需要使用视频网站中的一些内容。当然，使用的目的多限于批评和评论，但是目前 DVD 光盘中一般都会嵌入内容加扰系统 CSS 作为技术措施保护作品，使用者就需要绕开技术措施才能引用材料。目前美国立法正在寻求有条件的允许规避技术措施的行为。类似 CSS 的技术措施已经很常见，如今的技术措施可谓五花八门，特别是为数字下载和流媒体提供数字传输电影的大量平台已经开始使用多种技术措施保护数字内容，包括：控制访问的技术措施以及控制获取的技术措施，具体方式有进行客户端验证、通过另外的加密技术将内容传递给被授权的客户，通过加密措施确保客户无法将获取的数字内容再进行传播。未来沉浸式互动式的创作会使多媒体文献的应用范围更广，创作更具创造性，更易于使用，也具有更广阔的市场。在法律层面，作者的创作也将更多地依赖合理使用制度。面向数字出版，现行的合理使用制度所设置的例外情形显然已经与创作脱节，创作者要求给未来的互动式作品的创作提供更多的豁免空间，即使引用的是热门小说或者视听作品，即使使用的目的并不是批评、评论，也应当被认为是非侵权性使用。但是根据法律实践中的反馈，即使是更为灵活的转换性使用标准，法官在使用合理使用原则时也会从四要素角度出发，要求对作品的使用数量是少量的，使用的目的仅限于批评和评论或者课堂教学，其他创作形式都被排除在合理使用规则之外，这种判断标准显然是狭窄的。

  目前流行的同人作品等虚构的小说从使用目的上来看都符合转换性合理使用标准。同人作品的创作以粉丝群体为主，在数字出版模式下，作品的发行可以实现全球同步，那么一部畅销作品的粉丝群体可以来自世界各地，这些粉丝从自己国家的文化视角出发进行创作，为封闭性的创作提供了更多元化的解读。在坎贝尔案中，美国联邦最高法院明确指出，如果使用的方式加入了新的内涵或者其他重要内容，这种使用都应该被视为公平的。城堡摇滚乐团诉卡罗尔·普尔格集团案❶中第二巡回法庭指出，转换

---

❶ Castle Rock Entm't, Inc. v. Carol Publ'g Group, Inc., 150 F. 3d 132.

性使用作品是合理使用原则，旨在保护社会文化的多样性。GIF动图作为网络上常见的制作表情包或者表达诉求的文件，多为从热门影视作品或者人物形象中剪辑出来的镜头或者片段，这种使用就是转换性使用，因为使用的目的已经变成了戏仿或者批评、评论。视频书的作者也可以使用高质量的GIF图片进行批评和评论性的使用。数字出版模式下对数字内容的引用有进一步豁免的趋势吗？创作类型的翻新和创作者的争取，导致立法者和司法者开始检讨并不能完全以非营利性的使用作为合理使用的判断标准，即商业性并不是合理使用的唯一考虑因素。立法者人为非虚构的数字作品即使在商业上使用也可以具有转换性目的。尽管一些视频书也具有商业性，但是由于使用的目的是批评和评论，而且是简短的摘录，这种使用方式已经脱离了原作品的创作意图，不会与原作品产生竞争，所以应该属于合理使用的范畴。例如，讲授文学课程的老师可以剪辑小说片段或者剧本中的人物、情节和叙事的方式进行课堂教学。研究历史的学者可以在讲授课程的时候加入一些历史剧的片段剪辑。如何判断使用的目的和性质是转换性的呢？概括来说，如果使用的方式是利用之前的作品内容作为素材表达了另一个故事就可以构成转换性使用。即使用者并没有利用原始材料中的表达来谋取利益，这种利益主要指经济利益。例如，作者通过剪辑将来自不同作品的角色拼接到一个作品中，创建新的情节，构建新的场景。这种使用的方式要比通过纯粹的屏幕捕捉技术生动得多，也进步得多。这种使用方式是值得肯定的。

　　转换性使用规则的适用促进了数字出版的发展，美国2012—2015年出现了大量富有创意的新型多媒体电子书。但是未来互动式创作并不会一帆风顺。美国知名教育家柯比·弗格森（Kirby Ferguson）描述了自己在创作中遇到的尴尬，他说："我是电影制片人、作家、播客和演说家。我的作品分析了大众文化及其与法律的关系。在我的视频系列作品中，一切都是通过混音手段创作的，我认为创意始终是以复制、转换和组合为基础的。"[1] 他认为，目前的法律规定已经造成他日后创作的障碍，他提出未来混音作品具有高度的变革性，具有很强的创作意义，所以作者需要获得

---

[1] United States Copyright Office. Long Comment Regarding a Proposed Exemption Under 17U. S. C § 1201 [EB/OL]. [2019-08-07]. https：//www.copyright.gov.

更宽松的创作环境。一位作家也对自己未来的创作表示担忧,他说他计划创作一本多媒体电子书,创作计划是从一些经典作品中选取一些人物并将它们重新设置在一个全新的影像世界里,讲述一个新的故事,但前提在于他要从之前的作品中提取这些经典人物的形象,所以他认为需要规避这些视听作品中嵌入的技术措施。例如,他会从漫威宇宙中选择经典角色,并让这些已经成为不朽经典的角色在不同的科幻世界中继续冒险。使用的剪辑很短,通常少于 30 秒。他认为这种创作的好处在于,比文字的表述更直观,读者从情景和画面中可以更深刻地理解故事的梗概、发展和走向,而不需要通过阅读上百页的内容才知道大概。从法律层面,他认为这种使用其他视听作品进行剪辑的创作手段是具有高度转换性的,并不会损害原作品的市场。

通过让粉丝以新的和不同的方式与作者通过作品互动,这会增加读者对原创作品的兴趣,而且也会增加作品的销量。一位新锐作家提出,他是最早开始尝试通过 Ren'Py 制作多媒体电子书的,他认为使用低质量的图像会使作品变得难以理解,也会使读者丧失兴趣,他认为创作互动小说的作者应该受到合理使用条款的豁免。他进一步指出,他更感兴趣的是创作互动类的多媒体电子书,因为这类图书可以更直观地表达作者的观点,但是由于立法的限制,这个愿望极有可能落空。❶ 然而,经过对法律条文的分析,他表示如果没有《美国数字千禧年版权法》的豁免条款,就无法完成多媒体电子书的创作工作,因为他不能未经许可破解技术措施。目前版权法中的规定妨碍了电子书作者合理使用数字传输视频的能力。随着 5G 时代的来临,互联网流媒体服务的使用已经爆炸,越来越多的人通过这种媒介使用数字内容。随着数字化创作的发展和普及,创作者无疑不可避免地要进行数字化作品之间的借鉴和剪辑使用,版权法必须要对这种使用行为进行完全的回应。目前版权法所允许作者的做法是通过手机拍摄或者利用截图软件截取视频短片是合理的,因为作者在无法获取全部作品的情况下,自然不会对权利人产生影响。但为什么法律不允许使用人规避技术措施获取创作素材呢?因为一旦权利人规避了技术措施,就意味着整个作品

---

❶ United States Copyright Office. Long Comment Regarding a Proposed Exemption Under 17U. S. C § 1201 [EB/OL]. [2019-08-07]. https://www.copyright.gov.

都可以被使用者所控制，侵权的风险自然就增加了，技术措施的作用也就形同虚设了。当然，作者也可以通过授权来获取合法的使用资格，但是目前的授权制度存在诸多问题，由于作者没有财务资源或议价能力，许可仍然是不可行的选择。因为剪辑的内容是否合理无法作出统一的判断，而且一些作品的权利人不易查找，况且鉴于数字作品盗版易发，作者并不会轻易授权。

（四）数字出版的未来发展及问题

数字出版始于技术，随着新技术的出现，数字出版必将随之发生变化，AR技术的出现给出版行业带来了质变，随之而来的法律问题将会更加复杂。使用AR平台创作的作品版权属于作者还是程序员？程序员开发了AR平台，但是AR作品最终是用户创作出来的，那么AR作品的版权归属就成了一个问题。AR技术已经应用到诸多领域，对AR技术的投资也越来越多，其未来发展也会越来越受到关注，阿里巴巴公司和苹果公司都通过投资或者收购进入这个领域。截至目前，AR已经有10亿用户，2025年AR用户预计可达到25亿。AR技术的突破在于将平面的事物立体化，可以让读者更全方位多角度地了解和分析客体的结构、构造、组织等，虽然是技术上的进步，但是这也许并不符合版权法中的原创性规则。梅什沃克斯公司诉丰田汽车美国销售公司案反映了新技术带来的版权问题。[1] 该案源于丰田汽车要在2004年的推介活动中希望可以使用丰田汽车的数字模型，这个工作交给了营销商。该次推介会的营销商利用线框技术创建了丰田汽车数字模型，这个数字模型比传统的模型更进步，参观者通过点击鼠标就可以改变模型的颜色、尺寸或者其他涉及元素，更直观、更便捷。这个模型的精致之处在于，为了更逼真地呈现视觉效果，设计者加入了独特的阴影和照明。最终法院认为，这款数字模型属于对丰田汽车的复制，设计者并不享有版权。所有AR技术同样会遇到这样的问题，单纯地再现型作品是不享有版权的。相反，在利用新技术时有可能会侵犯版权。为了避免侵犯版权并满足寻求版权保护的原创性要素，使用AR的人

---

[1] Meshwerks, Inc. v. Toyota Motor Sales U. S. A. Inc. 528 F. 3d 1258. 2008.

必须找到促进创造性表达的途径，而不是简单地复制现实世界的结构。随着某些增强型数字元素变得越来越普遍，我们可能会将它们视为功能性工具而不是表现性作品，如果被界定为功能性作品则不受版权保护，因为功能性是不能被垄断的，如果被界定为表现性作品则可以受到版权保护。AR 作品的主要问题在于作者的身份问题，AR 的创作需要技术平台，用户必须接受平台设定的权利和服务条款或者最终用户协议才可以使用 AR 进行创作。因为平台预设了权利并进行了分配，所以平台实质上拥有其创建的任何内容的权利，这样对创作者就很不利。VR 游戏《第二人生》的创造者林登实验室采取了另一种方法，选择允许用户保留所有创作的权利。虽然《第二人生》游戏仍然要求用户"将他们的创作许可几乎所有类型的使用许可给林登实验室，但他们控制了其作品的所有其他权利"。❶ 通过这个创造性的解决方案，林登实验室已经授权其用户拥有他们的作品，而这些作品又可以作为其他用途出售。《第二人生》对权利的设计是因为平台看到了用户的创造性，认为游戏的成功并不完全取决于平台提供的技术支持，而更依赖于创作者，如果忽视创作者的创造，游戏不会取得如此成功。用户就像是画家而应用程序是画笔，所以从这个模式来看，用户成为 AR 作品的创作者无可厚非。平台的创建者或者说技术的提供方都不应该在作品的创作中享有过多的权利。也有人提出，AR 的创作总要受到程序员编码内容的限制，也就是说，作者的创造性发挥是有余地的，作者的创作是受到程序运行的限制的。

用 AR 创建作品的方式主要有两种。第一种是通过用户的创作，例如，动画师直接使用 AR 创建 3D 动画角色，如果是从无到有的创造，动画师主张版权的余地是很大的。第二种是使用其他作品创作的衍生品，而这很可能面临侵权。回到梅什沃克斯案，梅什沃克斯的线框架为丰田公司原创，未经丰田公司许可复制使用线框架构成侵权。在 AR 的世界中，一些用户希望将数字媒体中的二维作品带入生活，他们必须小心确保他们的数字作品不是侵权复制品。

海量的视频资源的引用使侵权特别易发，消费者很可能成为潜在的侵

---

❶ 现实太无奈？VR 版《第二人生》游戏 Sansar 让你在新世界里为所欲为［EB/OL］.［2016-07-22］. http：//www.7tin.cn/news/64668.html.

权者,而数字传输的快速性和即时性也使寻找侵权者变得非常困难和不切实际。未来5G技术的应用与人工智能的发展,都会使寻找侵权者变成大海捞针。例如,有人佩戴谷歌眼镜可能会对音乐或电影的"受版权保护的材料"进行"偶然捕获",并将其用于电影或在线发布,因为网络实名制还没有完全实现,所以这种侵权行为很难被规制。2014年,一名顾客因为在电影院里戴着谷歌眼镜而被联邦特工从电影院中拉出。在证明他未在电影中激活谷歌眼镜的录制功能后最终被释放。随着更多可穿戴AR技术的上市,人们越来越担心受版权保护的材料被复制,每个人都可能成为潜在的侵权共犯。那么版权人会如何维权呢?他们最可能会向平台发难,而在未来AR等人工智能普及的时代,平台如何防止用户进行侵权作品的传播还没有一个技术上和制度上的有效机制,因为从制度层面来看,平台必须确保有适当的机制来查找潜在的侵权者。首先,由于AR有能力将真实世界和物理世界混合在一起创作新作品,这将迫使AR平台自行进行检查,以确保所使用的素材都是合法的,但这样又会给AR平台带来太多的负担。在未来人工智能时代,当用户使用人工智能设备创作时会借助版权内容创建衍生作品,例如DC漫画诉Towle的案例说明了当某人根据他人的版权作品进行衍生作品创作时可能发生的事情。Towle基于电视节目和蝙蝠侠车辆的电影演绎创作了DC漫画的"蝙蝠车"的物理副本。❶ Towle并没有否认他的副本是基于蝙蝠车创作的,法院裁定DC漫画确实拥有版权蝙蝠车,接下来转向衍生作品的问题,法院得出结论,认为Towle的确通过创建物理蝙蝠车行为侵犯了DC漫画的基础版权。AR的本质使用户增强现实工作、创造衍生作品的可能性非常高。AR为人们提供了创建叠加在物理世界上的数字层的能力,以便通过改变或添加外观来增强现实。也就是说,AR创作往往是在基于现有作品的基础之上通过增强现实技术产生的,如果被认为是对现有作品的改编,就会产生侵权问题。例如,一个人可以使用AR来创建一个艺术品模型,如果这个艺术品模型是以现实艺术品为基础进行的再创作,那么艺术品作者可能会主张版权侵权。为了使AR用户能够成功地使用该技术,就需要解决AR作品创作是属于原创

---

❶ 鲁甜. 美国虚拟角色的版权保护——兼评DC漫画诉Towle案[J]. 中国版权,2016(4):66.

还是演绎行为？

自谷歌眼镜出现以来，许多其他形式的 AR 已成为现实。未来 AR 技术的潜在市场价值将会不断被开发出来，随着技术的创新成为新的知识产权问题。为了解决这种创作僵局，美国法律实践中采取了比较变通的作为，即赋予图书馆管理员使用作品的建议权，允许作者在图书馆中使用去除技术措施的作品进行创作，再由图书馆管理员根据使用素材的情况评估是否符合法律规定，给出合理使用的建议。基于保障弱势群体的利益，美国法律制度选择将文化传播的利益调整功能交给图书馆。未来数字出版的发展对合理使用制度提出新的挑战，鉴于图书馆等文化机构的独特公共目的，所以应该赋予其更多的权利。

四、少数民族文化数字化传播的路径选择

（一）发挥版权法利益平衡的功能

在数字出版迅速普及的当下，网络文化资源的获取便利度空前增加，少数民族文化如何借助数字技术平台实现文化繁荣，创造文化产业发展的新机遇和拓展新空间十分重要。从版权法角度分析，作为一种需要保护的相对"小众"的文化，一方面，要确保版权制度激励创作功能的发挥，为少数民族文化创作提供良好的法治空间；另一方面，如何确保少数民族文化能够被公众合理获取，因为作品需要建立一个良好的传播渠道，为公众所知、所用，才能激发市场需求，维护作品创作的持续性。从版权制度的工具价值出发，立法者也在不断探讨通过立法保护弱势群体的版权利益，例如，对残障人士版权利益的关注就体现了在数字环境下的版权利益平衡问题。美国判例法就确保残障人士对作品的获取，认为残障人士在特定条件下获取作品属于合理使用，而且残障人士对作品的使用不限于获得数字化资源的索引目录，而是可以获取完整的作品数字化版本。在相关判决的说理中，贝尔法官认为："残障人士对作品获取的法律保护存在严重不足。据统计，残障人士可以有效获取的作品不超过 5%，而且对这些作品的授权许可使用市场还没有形成。这种情况一方面是因为市场需求不旺，据密歇根大学的统计，只有 32% 的学生要求获取残障人士版本，也就是说，相关市场并没有形成，只要不存在市场威胁以及不影响版权法的立法目标及促进作品的学习和传播，保护残障人士对作品的使用是合理的。"❶

从利益平衡角度分析，版权法是可以根据实际情况适当重新划分版权利益配置的。少数民族文化产品市场的需求度相对不高，少数民族文化传播相对处于弱势地位的情况下，应当在版权法中适当扩大少数民族文化的获取渠道，确保公众对文化资源的获取，进而在文化传播过程中促进作品的创作与文化产品的开发。我国《著作权法》第 24 条规定，"将中国公民、法人或者非法人组织已经发表的以国家通用语言文字创作的作品翻译成少数民族语言文字作品在国内出版发行"属于合理使用。该条被认为是照顾少数民族利益、基于特殊的民族政策所作出的版权限制制度，但也有学者指出，"虽然该条在我国已经通行了多年，但这种人为强化民族身份，过分不利于作者的政策，是否还有继续存在之必要，值得认真反思"❷。但是"国家通用语言译为民文"条款的规定，就显示了从版权法中保护相对弱势文化发展的立法思想，但该条款缺乏适用的可操作指引，导致其效力没有得到最大限度的发挥。从少数民族文化数字化发展传承路径来看，少数民族文化的数字化可以划分为对少数民族文化遗产的数字化，以及对现代少数民族文化产品的数字化。其中，文化遗产中的传统知识、民间文学基于其无形财产属性可以纳入知识产权法律保护体系内，例如通过专利制度及版权保护制度进行调整；而对于那些现代、当代创作的优秀少数民族文化产品也需要借助数字化手段保护与传承，这些作品作者可考，版权清晰，但是商业价值相对不高，竞争力不强，这就需要考虑如何利用版权机制来对这些作品进行保护和传承。可以通过投入专项资金鼓励少数民族文化产品创作，扶植少数民族文化产品发展，并建立专门的少数民族文化产品发行平台，推动作品的市场化运营。另外，对"国家通用语言译为民文"合理使用条款在数字出版模式下的运用也要进行可操作性的说明。"国家通用语言译为民文"条款在数字出版模式下仍然重要，因为该条款可以保证少数民族群体获取文化产品，促进民族文化交流与民族团结。但

---

❶ SUZOR N. Free‑Riding, Cooperation, And Peaceful Revolution in Copyright [J]. Harv. J. L. &Tech, 2014-2015, 137 (28): 140-141.
❷ 李扬. 著作权法基本原理 [M]. 北京：知识产权出版社，2019：239-240.

是要对该条款所适用的作品范围进行界定，要明确并不是所有类型的作品都无条件地适用该条款作为抗辩，那些投资额度高、市场前景大的作品是不宜适用该条款的。因为会打破版权人与公众之间的利益平衡。对于那些少数民族地区急需的文化产品，如科普图书、介绍最新科技发展的影片，或者一些公益性的作品才可以考虑适用"国家通用语言译为民文"条款。

同时，为了避免在作品中嵌入"技术措施"以阻断合理使用适用的问题，可以在立法中明确，只要使用的方式和结果符合合理使用的判断标准，就应当允许这种使用。例如，将嵌入技术措施的国家通用语言文字作品通过破解技术措施翻译成少数民族文字，但这种使用如果最终不会对作品的潜在市场产生影响，就应当构成合理使用行为。"转换性使用标准"也可以作为抗辩原则，例如，不以营利为目的，将国家通用语言文字作品翻译成少数民族文字作品使用，就符合转换性使用标准。鉴于个人使用行为的复杂性和差异性，有必要对版权法中的技术措施规避条款作出修改，如赋予图书馆一定条件的技术措施规避权利，缓解目前数字出版环境中的权利冲突问题。从少数民族地区的经济发展布局来看，少数民族地区普遍关注了新技术的发展和运用，以内蒙古自治区为例，发展5G技术、人工智能产业、区块链技术已经被明确写入了政府经济发展规划，同时政府还划拨专项资金建立高新技术产业园区，鼓励新技术发展并实现科技成果转化。未来，在少数民族地区同样会出现人工智能作品，如互动性电子书作品等，所以，有必要在著作权法立法中尽快明确新技术的运用规则，为产业发展提供法律支持。

（二）利用数字技术繁荣少数民族文化

对于少数民族文化的保存，既要强调历史性，也要强调现代化，数字出版模式下少数民族文化资源不可避免地要被卷入这场技术的变革中，研究少数民族文化也需要通过网络渠道获取文献。整理少数民族文献要通过文献的记载或者知情人的口述，而在互联网时代，网络逐渐会覆盖每一个人，每个人都会成为历史的记录者，也都潜在地会成为历史的采集者。媒体的变革使开放的网络成为人们生活方式的一部分，例如，自媒体的出现，新浪微博、快手、抖音这些媒体平台都吸引了大量用户。这里面的内容不乏有关少数民族文化，也有少数民族群众自发通过网络直播分享自己的生活，传播自己的风俗、习惯。很多具有代表性的反映少数民族文化的自媒体运营得非常成功。例如，新疆石榴籽影视工作室通过自媒体平台推出的系列剧《石榴红了》，就是近年来非常有代表性的少数民族文化数字化传播的典范，其早期视听作品运用维吾尔语对白，以国家通用语言文字为字幕，幽默诙谐，大受欢迎。而"石榴红了"公众号也成为十分有影响力的平台。其创作的作品内容增进了民族之间的交流和理解，促进了民族团结。

　　数字化技术使保存成本大大降低，而且可以通过网络有针对性地收集任何材料，但是网络带来的不仅是便利，还有相应的知识产权问题。例如，没有互联网，欧洲学者想要研究古埃及的海盗活动，就需要到亚历山大图书馆通过复制将这部分文化遗产保存下来，作为民族文化资源的重要保护途径，图书馆的功能无论是否在互联网时代都应该受到保护，其重要性都无法抹杀；没有互联网，图书馆基于保存版本的需求可以复制馆藏的文献资源，但是在互联网时代，图书馆的复制权就要受到法律的限制。对于文化机构来说，利用数字技术复制馆藏文献并不是难事，但是由于版权提供方对数字化的忌惮，一般并不愿意赋予文化机构任意的复制权，网络时代，权利是受到限制的。所以，现在文化机构面临的尴尬处境在于，技术上并没有很多障碍，但是法理上没有依据。为了保护文化机构在网络时代的文化传播功能，立法层面通过将版本呈缴制度延伸到数字化版本，暂时缓解了这种对立的局面。但是在一些国家，这个问题仍然没有定论，例如，欧洲很多博物馆和图书馆都面临着馆藏文献资源老化，需要数字化保存的问题。学界认为，保存人类文化遗产的博物馆和图书馆要从战火、宗教以及政治斗争的危险中挣脱出来，数字化未尝不是一个有效路径。但是有关隐私权、财产权的争议在法律层面仍存在争议。少数民族文化资源的保存从口耳相传迈入云存储时代，按照通常的构想，文化机构完全可以随意通过互联网获取相关的图片、视频以及学术研究资料，似乎互联网时代实现了无国界的资源共享，但是事实并非如此。版本呈缴制度作为一项古老的制度，其本意是促进文化的保存和传承，具有重要意义，一些国家将之纳入版权保护体系内。虽然我国版权保护制度奉行国际通行的著作权自动取得原则,但是研究建立数字出版模式下的版本呈缴制度对少数民族文化的传承具有重要意义。可以考虑赋予少数民族地区省级图书馆接受少数民族作品数字版本呈缴的权利,一方面降低采购成本,另一方面也可以确保最大限度对少数民族文化产品的收集。

本章小结

本章对数字出版模式下版权保护规则的变化和疑难问题进行论证梳理,很多问题在学术研究中已经被提出,但是鲜有结合少数民族文化传承的问题进行分析。少数民族文化不应被认为是原始的、古老的甚至是固定不变的文化形式,在数字出版模式下,通过数字化传承少数民族文化资源也应当重视。但是在目前数字出版模式下,作品传播的版权规制实际上并不利于少数民族文化的保护和传承。

首先,数字出版模式下,发行权已经无法调整数字化作品的传播,通过网络传播作品属于信息网络传播权的调控范围。虽然失去了有形载体的依托,但数字化作品本身是具有财产价值的,这就产生了利益分配的失衡问题。最突出的利益冲突表现为网络平台与出版者之间的利益之争,网络平台可以通过聚合手段重新整合作品,这样本应该属于出版者的收益就被平台分割。实践中,少数民族文化产品的传播仍然是依靠传统的出版机构来实现的,如期刊杂志社和出版公司进行出版发行,而数字化作品的制作和传播通常也由这些机构承担。所以,需要从法律层面确保出版者对数字化作品享有的权利,以激励出版者进行作品数字化传播的热情。

其次,在信息网络传播模式下,首次销售原则是无法适用的,这就导致对数字化作品的网络销售实际上不是一种所有权的销售,而仅仅是使用权的销售,也就是说,公众通过付费购买的仅仅是作品一段时间的使用权,当时间截止,作品的权利又回归作者或者权利人手中。诚然,这有利于保护创作者及版权权利人的利益,但也不利于公众获取作品。那么对于少数民族文化产品来说,是强有力的版权保护更有利于民族文化传承还是相对宽松的版权制度更有利?这个问题应该结合少数民族文化传播的现实状况分析,在创作激励和市场需求明显不足的情况下,需要让公众有更广泛的渠道知悉少数民族文化进而产生兴趣，才能慢慢培育出相应的文化市场。同时基于本民族的群体对获取本民族文化产品的热情和渴望的现状来看，也需要为少数民族文化产品的传播开辟一个创作和传播都比较便利的渠道。所以，过于严格的版权保护机制是不适合少数民族文化产品的传播实际要求的。

再次，基于首次销售原则对作品传播的重要性，很多国家都考虑从版权立法角度在网络环境下重新构建面向数字化作品的首次销售原则。但这些提案或者建议都被否决或者搁置了。这表明，从法律层面看，面向数字出版的版权立法还不具备构建首次销售原则的条件。毕竟站在大众流行文化保护的角度以及互联网平台和大型出版机构的角度来看，数字作品的自由流通极易产生网络盗版，从而诱发大规模侵权行为的发生，这是不利于促进数字出版产业发展的。但是作为比大众流行文化相对弱势的少数民族文化来说，就不能过于恪守这种严格的版权保护规则，而需要为少数民族文化产品的传播设置更便利和更易获取的渠道。这需要传播平台与内容提供商通过版权使用许可合同来达成，从法律层面构建强制性规则目前来看还不现实。少数民族文化产品的传播主要依靠传统的出版机构，在少数民族地区还缺乏具有影响力的网络传播平台推动民族文化传播，而目前大型的网络传播平台对少数民族文化产品的传播力度也不强，所以一方面需要构建少数民族文化资源传播网络平台，另一方面也要和现有的网络平台合作，积极推广少数民族文化产品。

最后，由于网络环境下传统版权保护的既定规则被打破，对数字化作品的保护力度增强，一定程度上引起了公众的不满，各种技术破解的行为也相继出现，当然，随着技术的进步，公众获取作品的渠道和便利性也得到提升，加之创作手段的升级，导致对作品的使用方式也逐渐增多，很多对作品的使用方式陷入争议。这导致在司法实践中，对合理使用规则的援引逐渐增多，同时转换性使用规则受到重视并不断被应用到司法实践中。我国的合理使用制度是采取严格的列举模式规定的，其中规定将中国公民、法人或者非法人组织已经发表的以国家通用语言文字创作的作品翻译成少数民族语言文字作品在国内出版发行属于合理使用。这是版权法中仅有的明确规定与少数民族文化传承有关的条款。目前来看，该条款发挥作用的余地有限，因为这一规定是调整有形版本的复制，并不适用于数字出版。所以，目前在数字出版模式下还没有针对少数民族文化产品传播的合理使用规则，那么是否需要构建网络空间的合理使用规则？目前还没有国家出台相应的规定，即便从保护少数民族文化传统的角度来看，也没有通过制定合理使用规则的方式进行保护，而是通过文化机构进行传播，可以说是建立了面向少数民族文化传播的专门渠道。实际上，从我国文化政策的推行来看，对少数民族文化的传承，博物馆、图书馆等文化机构起到了重要作用，他们具有天然的资源优势，也具有文化保护和传承的职能。合理使用规则对图书馆的职能运行起到了重要作用，因为图书馆是可以运用数字技术将馆藏民族文化资源数字化的，但从文化传承角度来看，如何将这些数字化资源利用起来才是重点。如果只允许数字化，而不是真正让这些数字化资源利用起来，那么民族文化的传承利用数字化技术的优势就无从体现。通过分析论证，可以发现目前立法中采取的对合理使用规则封闭式列举的规定已经不适合数字出版条件下对作品的利用需求，需要从法律层面承认转换性使用规则，进而肯定图书馆对数字化资源的利用是合理的。当然，图书馆对数字化资源的合理使用也要遵循一定的条件，所以构建适合我国国情的图书馆版权例外规则也是十分必要的。

第三章
少数民族传统文化传承：数字出版与图书馆

我国文化事业已取得令人瞩目的成就：公共文化事业不断进步，文化投资规模持续扩大；文化产业规模不断扩大，新型文化业态迅猛崛起；文化需求快速增长，文化"走出去"亮点纷呈。展望新时代，我国文化产业必将呈现高质量、跨越式发展的崭新局面。各级政府切实履行在文化领域的公共服务职能，不断加强现代公共文化服务体系建设，关注文化民生，强弱项补短板，努力保障人民群众基本文化权益，初步建立了覆盖城乡的公共文化服务体系。"三馆一站"公共文化服务设施全部免费开放，基本实现了"县有公共图书馆、文化馆，乡有综合文化站"的建设目标。截至2021年末，全国共有博物馆3671个，公共图书馆3217个，文化馆3317个。出版各类报纸276亿份，各类期刊20亿册，图书110亿册（张），人均图书拥有量7.76册（张）。2021年末全国共有档案馆4233个，已开放各类档案18931万卷（件）。[1] 随着公共文化政策的不断推进，各地方政府都纷纷大力建设地方博物馆、图书馆以保护和传承地方文化，少数民族地区的文化场馆也得到长足发展，图书馆等文化机构与少数民族文化资源传承具有紧密联系，在数字出版时代，少数民族文化资源的数字化传承也离不开文化机构功能的发挥。以内蒙古大学图书馆为例，依托资源优势，内蒙古大学图书馆创建了"蒙古文数字图书馆"，数字图书馆解决了蒙古

---

[1] 国家统计局.中华人民共和国2021年国民经济和社会发展统计公报［EB/OL］.[2022-06-11]. http://www.stats.gov.cn/tjsj/zxfb/202202/t20220227_1827960.html.

文字的输入问题，支持利用蒙古文进行文献搜索，这里汇集了使用蒙古文出版发行的图书、期刊、古籍、学位论文等形式的文献。但是由于版权的限制，一些文献还不能提供全文阅读，也不能下载，由于需要进行版权授权谈判，目前收录的文献资源仍然十分有限。可见，版权问题仍然是制约图书馆数字化转型的难题。

第一节 图书馆与少数民族传统文化资源的数字化保存

一、图书馆对少数民族传统文化资源数字化保存的实践

（一）图书馆成为少数民族数字化文化资源传承的主要机构

数字出版模式下图书馆的运营是一个世界性的问题，有很多版权法中的疑难问题尚待解决，但对于发展中国家来说，图书馆对本国文化资源的保护功能在数字出版环境下将如何发挥更重要的功能呢？首先，大部分发展中国家由于有过被殖民统治的历史，其本国文化资源原就遭受过掠夺，加之长期的经济发展低迷，很长一段时间，国内无法保证本民族的文化资源得到有效完整的保护。其次，随着知识产权保护制度的重要性逐渐加强，很多发展中国家开始注重保护本国民族文化资源。最后，长期的经济文化发展不平衡，导致发展中国家在保护和利用本国文化资源时在国际贸易中难免受到不合理对待。所以，基于所掌握的文化资源优势不同，从制度构建来看，还应该构建符合自身国情的文化知识传播制度。

目前，一些发展中国家以及多民族国家已经开始着手对本国的传统知识、有独特价值的文化财产进行系统的数字化，并讨论如何利用的问题。传统知识是指由少数民族社区流传下来的有关医药、农业和环境的知识，历代在族群中相传。传统知识具有本民族文化的特殊性，因为经济和文化发展的不平衡，发展中国家的传统知识在实践中被跨国公司、大财团所利用，而少数民族群体无法得到相关利益。传统知识的独特价值符合知识产权调整无形财产权的目的，可以从知识产权保护制度中加以规制。"为了改变少数民族地区文化资源数字化传播中面临的不利局面，一些国家的研

究中心或者基金组织都纷纷采取措施，完善少数民族地区的数字文化资源建设。例如，美国 Amistad 研究中心与多家机构开展全面合作，将少数族裔社区的档案以及文化产品进行数字化整合并促成了数字文化遗产国家战略项目的推进。这个项目的目标是解决边缘化族裔社区的数字化文化遗产保存。"❶ 其中，图书馆在民族文化资源数字化的过程中发挥了重要的作用，一方面图书馆分布于各个社区，方便开展文献的搜集和调查工作；另一方面也有利于相关社区的成员利用馆藏资源。"澳大利亚原住民社区与美国华盛顿州立大学展开合作，推动建立少数族裔文化传承的数字化平台穆库图（Mukurtu），这个平台鼓励公众上传资源，也鼓励分享，倡导以符合文化和道德的方式交换数字文化产品。穆库图的运作模式是将访问权限的设定交给社区，由社区拟定文化协议，对用户的访问时间、地点或者用户身份进行设定。访问权限设定的理念更多考虑民族文化资源的安全性以及对原住民社区的文化尊重。"

（二）民族文化资源数字化利用的新实践

印度在 20 世纪 90 年代开始构建保护传统知识的框架，最终建立了印度的传统知识数字图书馆（TKDL）。"这可以追溯到 1995 年，当时密西西比大学医学中心的两位外籍印度人寻求关于姜黄伤口愈合的专利。当获得了专利授权，印度科工研究委员会（CSIR）认为该专利使用了印度传统知识，是一种生物海盗行为，最终该项专利被撤销。认识到传统知识保护的重要性，印度积极倡导构建传统知识数字图书馆以保护印度的传统文化并推动传统文化的利用。"❷ 传统知识具有特殊性，因为群体力量的薄弱，这些知识很可能被大的集团利用进而获利，但是族群本身并不会获利。传统知识具有独特性在于它既是无形财产又属于公有领域。但是知识产权并不是全部适用于传统知识的保护，如果缺乏保护特征，这些不受知识产权保护的客体就成为公有领域的客体，那么就是可以被利用的。印度作为传

---

❶ 张卫东，赵红颖，李洋. 欧美图书档案数字化融合服务实践及启示［J］. 图书情报工作，2013（12）：26.

❷ SHARMA S. Traditional Knowledge Digital Library：A Silver Bullet in the Waragainst Biopiracy［J］. J. Marshall Rev. Intell. Prop.，2017，225（17）：217.

统知识丰富的国家，逐渐开始重视对传统知识的制度化应用，采取数字图书馆的模式保护传统知识。印度的传统知识数字图书馆，是由科技与工业委员会牵头成立的旨在推动传统知识商业化利用的机构，事实上，该机构被视为一个传统知识数据库，数据库中的数字资源多由传统知识研究机构提供，研究者对数字资源整合后，将一些有价值的传统知识以专利保护的内容提交给专利办公室。传统知识数字图书馆得到了印度政府的大力支持，传统知识数字图书馆建设初期的目的仅仅是组建资源平台，在平台成型后，印度政府开始考虑通过引入知识产权保护制度对这些有价值的传统文化知识进行利用。但从知识产权保护角度保护传统知识数字图书馆困难重重。首先，数字图书馆的文献来源是经过授权的，但是数字图书馆不能进行第三方授权，也就是说，图书馆的再利用是受到限制的。其次，对传统知识的后续利用，如何进行利益分配，特别是对传统知识的主体——少数民族群体如何分配比较复杂。最后，传统知识的一部分是公有领域的资源，如何区分公益与私益也是理论难题。作为历史悠久且历代相传的知识，传统知识实际上是不适宜被私人垄断的，其公益性要远远强于私益性。因此，对传统文化资源数字化利用的设计应该将对公众利益的保护放在首位。搭建这种保护框架的主要问题在于如何处理人们的短视行为，人们往往会因为个人利益而牺牲公共利益，例如，为了盲目获利，低价出售生物遗传资源而不是依靠自身的技术进步合理利用传统资源，这对传统知识保护造成威胁。总之，保护是基础，传播是利用，但是向第三方传播要有依据，传统知识的传播路径表明，商业化是传统知识继承和发展的出路，但商业化的路径如何选择是制度问题。传统知识商业化可选择的途径主要是签订许可使用协议，在合同中写明利益分享原则、传统社区如何共享等。还有一种途径是建立传统知识基金，从许可使用费中提取费用作为基金，由专门机构监督使用。在印度，传统知识使用的管理机构为国家生物多样性管理局。该局实施监管的法律依据是《印度生物多样性法案》。无论选择何种传统知识的商业化路径，其核心原则都是要确保传统知识传承人和少数民族群体获益。

印度传统知识数字图书馆的发展并不是一帆风顺的，也受到过多方批评。首先，数字图书馆不能进行第三方授权，这样就无法建立起良好的经济互动。可以对传统知识进行授权的主体是专利办公室,由其提供的授权协议通常会与使用者约定获取利益如何分享、材料转换协议以及传统社区共享许可等,这样数字图书馆就仅享有对传统知识文化资源的保存功能。其次,这种授权模式是否能全面地保护文化权利主体的利益,还需要论证。"有学者指出,目前的保护模式无法确保传统知识的所有者或者传承群体获益的实现。"[1] 最后,保护传统知识的目的在于传播,有批评者认为,专利局并不是合适的授权主体,因为专利局是否得到权利人的授权、基于何种身份向第三方授权都没有十分明确的依据。总之,传统知识的传播路径表明,商业化是既可以提供传统知识保护,又可以使社区获益的途径,但是如何实现二者的兼顾,还需要进行进一步的制度设计。

实现传统知识的商业化通常需要做到以下两点:第一,需要让公众认识到传统知识不仅限于公有领域的知识,对其使用有时是需要付费的;第二,从专利或者版权角度看,第三方需要承诺,对传统知识的使用后续需要进行利益共享。传统知识的商业化发展路径必然要考虑如何让传统知识的传承人及社区获益。传统知识世代相传,但如今的地位却岌岌可危,最直接的原因在于一些商业主体如大公司对传统知识的错误使用。未经授权的对传统知识的使用被称为"生物海盗行为"。典型的对传统知识的商业开发是对传统知识成分的使用,如制药公司垄断了大量的药品,且价格昂贵,但是这些药品的主要成分来源于传统知识。生物海盗行为是与知识产权基本原理相违背的,但是在知识产权框架内并不能被有效规制,所以目前"生物海盗行为"对传统知识的滥用还在继续。另一个原因是对传统知识无法自由地获取。因为一些传统知识是口头相传的,而且存在语言障碍,所以导致了获取障碍。因为无法获取,所以公众无法使用,这样传统知识的传承就越来越少,其消失的危险性也在增加。学者们都认为传统知识是药物研究不可或缺的部分,从传统知识到全球药品,并不是解决了语言障碍就可以实现的。另外,对传统知识的公共占有会导致公地悲剧的产生。传统知识作为一种资源,其所有人的特征及权利类型需要被定义,由于传统知识的主体模糊性,极易导致"公地悲剧"的情形发生。

---

[1] SHARMA S. Traditional Knowledge Digital Library: A Silver Bullet in the Waragainst Biopiracy [J]. J. Marshall Rev. Intell. Prop., 2017, 225 (17): 230.

事实证明，印度传统知识数字图书馆的建立确实可以有效防止民族文化被不正当的侵害，更提高了专利审查的效率。"例如，一家美国公司RiceTec 在印度提出了专利申请，该项专利申请被用在了这家公司的知名大米品牌中，这家公司掌握了大部分与稻米有关的专利。该公司在印度起诉一家农产品公司侵犯其专利，被印度农业研究所申请专利无效抗辩，原因在于印度农业研究所证明这家公司的该项专利使用的是印度传统知识，但并没有在专利申请文件中说明，这种生物剽窃行为是违法的，不仅滥用了印度的传统知识，同时也威胁印度经济的发展。"❶ 为了防止传统知识被盗用，印度不断加快文化遗产数字图书馆的建设，目前印度的阿育吠陀瑜伽和自然疗法都已经被数字化。印度传统文化的数字化已经逐渐成为趋势，从未来的发展来看，印度政府准备将传统知识图书馆打造成一个由专门基金支持的开放性的数据库，以支持未来的进一步研究。学者多倾向于使公众可以免费获取数字化资源，以利于进行专利防御。但目前来看，公众对上述信息的获取还存在困难，导致一些专利防御措施未积极开展。为了将"生物海盗行为"打击在第一道防线之内，必须对传统知识数据库进行开源，一旦发现专利申请没有新颖性就必须驳回。

鉴于大部分传统知识的公有领域属性很强，如果全部采用收费获取的方式并不利于民族文化的传播，同时也有垄断的嫌疑。印度传统知识数字图书馆收费的一个理由在于数据库的构建支出由国家财政负担。政府承担了建立传统知识数字图书馆的成本，因此政府需要获得一定的投资回报。但近年来，印度政府开始改变了收费策略，单纯地谋求快速投资回报被认为缺乏远见。印度科工研究委员会开始通过提供自由获取协议来提高对传统知识的管理和利用，这样传统知识数字图书馆就可以通过自由获取协议来发挥功能。其核心的手段就是免费授权、免费使用。印度政府认为创建更为灵活和低成本的授权使用方式可以有效抵御垃圾专利申请，提高专利申请质量，同时也促进了传统文化的传承。传统知识数字图书馆的开放存取势在必行，虽然放弃了经济收益，但一方面可以防止对生物遗传资源的海盗行为，另一方面也可以提高政府对专利申请的监管，同时也通过传统

---

❶ SHARMA S. Traditional Knowledge Digital Library: A Silver Bullet in the War against Biopiracy [J]. J. Marshall Rev. Intell. Prop., 2017, 225 (17): 222.

知识的开发获取更高的经济收益。那么接下来问题的关键就在于如何维系传统知识数字化保护的系统运营以及如何保护传统社区即少数民族群体对知识的权利及利益分配问题。目前印度的传统知识数字图书馆通过信息交换协议进行信息披露，这意味着并不是馆藏的所有数字资源都能进行开放存取，这种授权模式反而受到批评，因为这造成了公众获取传统知识的阻碍，数字图书馆应该成为传统知识的保护器而不是阻碍。印度的传统知识数字图书馆策略虽然存在争议，但确实在全球范围内树立了对民族文化传承的典范，至少这是一种主动防御并积极利用传统文化的保护模式，一方面使传统文化在现代技术的加持下焕发生机，另一方面也使公众更便利地了解和学习传统文化，印度的传统知识数字图书馆保护模式是值得借鉴的。

二、图书馆数字化少数民族文化资源的合理性

（一）文化多样性的要求

传统知识世代相传，但在数字化时代，传统知识的传承和发扬却岌岌可危，最直接的问题就是通过网络的生物海盗行为，一些大型企业集团对传统知识的掠夺性使用使少数民族群体利益受到损害。对传统知识的商业开发主要是要对传统知识中的有效成分和方法加以利用，一些大型制药公司利用技术优势和传统知识提取了有效成分制成成药，垄断药品市场和定价，且成药往往价格昂贵，发展中国家的消费者无力承担，这是十分不公平的。传统知识是具有社区封闭性的，需要通过有效的传播途径得到继承和发扬，但是目前传统知识的获取并不便利，没有实现网络环境下的自由获取，因为一些传统知识是口头流传的，存在语言等传播障碍，导致失传风险，商业利用的成本也很高，这也不利于公众对传统知识的使用。不能被有效传播，就不能被继承发扬，这会导致本就不占文化优势的传统知识被传承的越来越少，其最终消亡的危险性就越大。传统知识的保护关系医药事业和公共健康的安全，也是发展中国家保护自身文化利益的重要内容。

文化机构对数字化文献资源的保存还有一个问题：要保持文化的多样

性，也就是构建数字层面的多样化社区。数字图书馆可以使一个民族的文化充分得到认识并充分保留某个民族的特定历史和发展。图书馆的文化功能就是需要重视国家文化的多样性并努力反映这种多样性，在数字环境下，这个任务颇为艰巨。但是对文化多样性的保存，目前在数字出版模式下很多国家都重视不足，一些边远的农村地区或者少数民族聚居地区网络文献资源的获取能力依然很差，政府投入巨资在硬件以及软件的维护上就是为了打破因为地域或者经济发展不平衡带来的资源利用不平等，但对文化资源的传播和利用问题仍然重视不足。

不同地区的文化机构收集了不同地区的数字文化资源，为完善一国的文化资源多样性作出了重要贡献。"美国图书馆联盟（ALA）就指出图书馆应该重视我们国家的文化多样性并努力反映这种文化多样性。但美国文化学者认为显然美国国家图书馆还没有达成这一要求。2014 年，美国数字公共图书馆（DPLA）提出：DPLA 应当重视美国少数族群的文化资源保护，而目前在 DPLA 的文化资源数据中代表少数族群族裔的文化资源显著不足。"❶ 基于对这种现状的认知，DPLA 组织计划进一步推进基于文化多样性建设的数字文化资源建设，同时致力于提高数字图书馆的访问效率，满足不同社区、不同族裔的文化需求，进一步完善数字图书馆的文化获取和保护的核心原则。认识到数字图书馆对文化多样性保护的重要性，一些国家开始从国家层面推动数字文化遗产的馆藏资源整合。"例如美国的获取数字文化遗产的国家战略项目（LG-73-16-0003-16），提出要确保少数族裔的文化资源在数字化文化资源的比重增加。国家数字平台应当更具包容性，而文化遗产资源的数字化活动要求得到相关利益主体的参与。"❷ 从保护民族文化多样性的角度来看，未来民族文化资源的传播体系设计需要有数字图书馆的参与和设计，所以对于少数民族文化权利主体来说，提高对数字文化利用的意识至关重要。例如，少数民族文化主体有权界定哪些主体有权利决定访问何种类型的传统知识。通过开发专业工具

---

❶ LATOZA I R. Amber Tears And Copyright Fears: The Inadequate Protection of Culture Heritage in the United States [J]. J. Marshall Rev. Intell. Prop. L, 2016, 543 (15): 556.

❷ JENNINGS B M. Serving Trans Patrons in Public Law Libraries [J]. AALL Spectrum, 2017, 33 (21): 34.

支持以确保少数民族文化资源的获取，"例如华盛顿州立大学开发的Mukurtu❶内容管理系统平台。与澳大利亚土著社区合作，构建面向全国的文化资源信息数字化工程，允许少数民族文化社区对数字化内容进行访问和实施细化的控制规则，以帮助少数民族文化社区管理、共享、保存符合文化习惯和道德的数字遗产交换模式。Mukurtu 与当地的原住民社区签订了相关文化资源利用协议，赋予少数民族社区对本民族文化资源数字化获取的决定权，可指定诸如访问时间、地点、访问主体方面的制度设计"❷。尽管从表面来看，这些规则与平等获取文化资源的规则模式相抵触，但这被认为是满足公众对文化多样化的需求以及尊重少数民族文化群体的文化习俗所必须解决的问题。因此，Mukurtu 的实践被认为是促进了文化资源多样性保护，有利于少数民族文化资源的获取和保存，从而维护了少数民族文化资源的保密性、多样性，也最大限度地发挥了文化机构的社会责任价值。

（二）图书馆基本功能发挥的现实要求

少数民族地区的图书馆具有丰富的少数民族文化馆藏，是传承少数民族文化的最佳机构。数字出版不仅改变了作品的发行方式，也改变了作品的保存和利用方式，作品的数字化丰富了图书馆的馆藏资源，数字出版使图书馆的收藏迈入了混合收藏阶段，除了常规的读书报刊、CD、VCD 之外，图书馆还增加了电子书、数据库以及其他互联网内容。在数字出版模式下，读者对图书馆所提供的打印、文本借阅等需求锐减，随着网络开放存取运动的出现，图书馆的作用被各种消弭，相反读者对数字文本的网络授权需求则在增加。特别是在数字出版的前提下，文献资源以数字化的形式海量存在于网络环境中，读者面对海量资源也会显得无所适从，所以图书馆作为一个知识整合的部门，对馆藏资源的深度挖掘或者说构建优势馆藏资源就变得尤为重要，这其中的知识产权问题会变得十分突出。图书馆的文本挖掘服务、特殊资源的查找服务成为网络时代图书馆服务深入发展

---

❶ Mukurtu，意为储存神圣物品的安全场所。
❷ CHRISTEN K. Mukurtu：an Indigenous Archive Tool［EB/OL］.［2019-12-07］. http：//drupal.org/node/1256956.

的趋势。网络环境下图书馆的分类更加精细化,数字图书馆、学术图书馆、公共图书馆等新的分类层出不穷,各自的资源优势也不尽相同,图书馆不仅要为读者提供资源支持,也要促进知识的使用。

"为了应对数字出版带来的压力,一些国家的图书馆已经开始推出多种附加服务,寻求转型。例如美国罕布什尔大学法学图书馆提供知识产权培训,特别是专利检索服务。而对数字资源的开放存取也成为图书馆的关注对象,方便读者对数字资源的开放存取成为图书馆在数字出版环境下的任务之一。"❶ 虽然数字技术的发展为保存文化资源提供了巨大的便利,但是数字化成本其实是比较高的,对于不同纸质和质量以及类别的数字化文本的数字化存储要求是不同的,实际上很多图书馆无力承担如此大规模的数字化工程,所以一般都是由国家牵头组织或专项资助大型的文化资源数字化工程,或者由实力相对雄厚的大型公司出资进行数字化,例如谷歌图书馆计划。由于数字资源制作也存在高成本以及一定的稀缺性,这也导致图书馆对数字资源的获取成本也很高,而且由于对数字文献的利用存在很多法律争议,国外许多图书馆开始考虑设置知识产权管理员的岗位。设置该岗位目的在于图书馆需要确保读者对数字资源的分享和利用。为了应对资源采购的压力,一些图书馆相继加入了开放存取计划,推进去版权的运营模式。

数字时代,图书馆的研究价值和保存功能依然是其存在的首要价值目标。为了应对数字时代带来的挑战,2014 年以来文化机构之间展开合作的趋势已经出现,依靠单一的力量搭建数字文献资源平台已经很难满足文化机构的职能需求,所以走协同合作、资源共享的道路成为业界共识。"美国开始构建国家数字平台,就是这种合作方式的体现。美国国家数字平台(NDP)的目标在于最大范围的数字化文献资源并实现全国范围内的资源共享。"❷ 建设国家数字平台要明确其基本的价值观,包括自由获取、文化多样性、知识自由、获得教育与终身学习以及社会服务,这是文化机

---

❶ 司莉,辛娟娟.英美高校科学数据管理与共享政策的调查分析[J].图书馆论坛,2014(9):83.

❷ 曲蕴,马春.推进国家数字平台:美国公共图书馆和州立图书馆的数字化现状[J].公共图书馆,2017(1):88.

构的价值目标在数字时代的延伸。谷歌图书馆代表私人资本向文化传播领域的扩张，而从国家层面的投资建设也已经展开，毕竟文化传播机构的公益性决定了如果单靠私人资本支持文化资源的传播，并不能确保公众对文化资源的获取。数字出版带来了信息资源的高度数字化，图书馆也成为支持数字文献传递的包容性机构。所谓的数字包容性是指："能够广泛接入和使用高速互联网所需的基础设施和服务。数字包容性做法可能涉及持续获取硬件、软件、内容和宽带，以及持续的技术支持和数字素养培训。""2015年美国博物馆和图书馆服务协会（IMLS）资助千兆图书馆的建设，这是一项为图书馆宽带网络建设评估工具包以及为农村和部落图书馆的图书管理员提供相关培训计划的倡议。特别是一些大学图书馆和偏远地区的图书馆都积极加入这个计划中。除了致力于获取，该项目还建立在专业化原则基础上，通过开发和培训图书管理员使用该工具包，了解如何最好地实施和运行图书馆网络，并为读者提供专业化的支持。"❶

数字出版时代，图书馆功能面临考验，同时也产生了新的发展，但是对于数字化资源的利用还存在很多限制，例如，目前图书馆的访问是限制在馆内进行的，不能超出访问权限，而数字图书馆能否超越馆场规则在技术上可以实现，在法律上存在争议，但是数字图书馆的支持者认为最终是要超越这种限制，提高访问数量、跨越地域限制以实现对数字资源的开放获取。2016年美国布鲁克林图书馆就开始建设高覆盖率的数字图书馆，使读者可以通过计算机或者手机终端实现无线访问，读者的无线访问接入是免费的，而且图书馆还为有需要的读者提供技术方面的培训。无论是国家数字平台的建设还是社区图书馆转换网络服务模式，都体现出未来图书馆的服务更具有获取的便捷性、包容性以及公平性，为读者提供网络化的终身学习服务。

数字出版带来作品传播模式的改革以及阅读模式的创新，作为保存文化产品的以博物馆、图书馆、文化馆、美术馆等为代表的机构自然要对数字出版带来的变革模式作出回应。但少数民族地区的文化机构在应对这种转型时，还存在诸多问题。所以，学习比较国内外的转型模式，根据地区

---

❶ IMLS资助OCLC WebJunction进行社区数字融合研究［J］. 现代图书情报技术，2012（1）：92.

实际作出选择，应是可行之策。文化机构的数字化转型不仅是硬件设施的更新换代，还必须体现文化机构的核心原则。数字出版模式下，未来文化机构需要解决几个冲突存在的问题：如何确保数字文献的获取和传播、如何实现数据交流与数据隐私的平衡、如何实现数字收藏与电子书借阅。

确保文化机构的职能在数字环境中继续发挥作用，需要构建数字操作平台，其投入的成本很大，而且需要注意消费者数据权利的保护问题。数字时代的图书馆其核心价值已经发生了改变，这体现为在数字图书馆的设计中要考虑如何共享，如何发现知识、搜索知识，如何设计作品获取协议和文件格式。数字图书馆的分析功能和服务功能的实现更为重要，图书馆的运营和服务与数字化工具紧密结合，但是却不能成为这些工具的依附，图书馆要参与数字化系统的设计和建设中。数字技术的发展带来社会生活的全面变革，但技术的实施需要考虑道德、文化、习惯、法律甚至伦理问题，技术是中立的，但是技术不能被滥用，也不能被擅用。技术运用的目的在于使数字时代的制度运行更高效、更流畅。在这种磨合过程中，技术也会陷入失灵，所以需要在制度构建过程中正确运用数字技术，包括系统设计、算法设计和协议文件设计。数字技术的未来发展在于图书馆与用户之间的互动性建设。数字化技术在文化机构的适用过程中，需要考虑文化机构、数字系统设计者以及用户之间的关系。数字化系统的推进成本巨大，各国大都从国家文化政策角度提供资助。"美国 IMLS 数字基础设施建设就是由国家出资的国家信息基础设施建设和国家信息化建设的重点项目。IMLS 已经投入超过 10 亿美元用于开发和改进数字图书馆工具、服务和基础设施，该计划每年向各州图书馆提供资助。"[1] 如果仅是单一的图书馆的数字化建设并不是未来民族文化资源数字化保护的终极目标，实现图书馆间的数字资源共享才是重要目标。相关研究报告指出，现在的图书馆的数字化建设存在碎片化的问题，许多数字化工具只有少数用户可以使用，而数字借阅等工具还不具有持续性。

数字出版时代，图书馆的功能定位发生了变化，既要维持基于版本保存的文化功能发挥，还要重视对数字化文化资源的保存，但是图书馆在数

---

[1] CICHOCKI K M. Unlocking the Future of Public Libraries：Digital Licensing That Preserves Access [J]. U. Balt. Intell. Prop. L. J.，2017-2018，29（16）：36.

字化时代的功能新定位却存在诸多法律障碍。谷歌图书馆案的复杂性和持续性就充分体现了这个问题。为了避免陷入无休止的诉讼中，谷歌图书馆开始寻求主动授权的方式推广数字图书馆。谷歌公司通过与图书馆签订合作协议，获得了制作并保存图书馆馆藏文献数字化的权利，但是这一行为遭到美国作家公会的强烈抗议，认为谷歌的行为构成侵权，在世界范围内，谷歌图书馆计划受到包括来自中国的各国作家及作家协会的抵制，一时疲于应诉，这也带来了司法实践中的一系列连锁反应。可见这种营利性机构主导的数字化数据库很难得到来自作者群体的认同。一方面，从文化保护来看，新技术的发展确实能够很大程度地提高文献保存的数量和质量，理应得到支持；另一方面，在实行文化资源保护的同时，还要保护版权人及其利益相关方的权利。美国作家协会诉谷歌案一定程度上承认了图书馆在数字出版时代的新的功能定位，裁判认为图书馆对馆藏资源可以合法数字化。该案之后，作家协会陆续与谷歌达成和解协议，从披露的细节来看，是否加入谷歌数字图书馆计划由版权方自由选择，如果不同意加入该计划，可以通知谷歌公司将相关的电子版本删除。这被认为是双赢的解决方案，既尊重版权方，又推进了用高科技手段保存文化资源的项目运行。但是该案仅仅是解决了图书馆对文化资源的保存问题，并没有触及保存之后的使用问题，所以数字出版时代，图书馆如何继续发挥其文化资源的传播功能还存在法律争议。对于图书馆等文化机构来说，业内人士认为，即使法律层面只承认了图书馆的文化资源保存功能，也是一种进步，因为至少在数字化存储中，图书馆的功能又被推进了一步。

　　图书馆如何利用数字文献资源关系图书馆的功能发挥，有学者指出，如果消费者不能获取数字文化资源，那么未来图书馆有可能会消失。"以电子书为主要形式的出版产业的转型说明文献资源的数字化很有市场前景，自从亚马逊 kindle 业务推行以来，各国的电子书消费都逐渐增加，2010 年美国的数据显示电子书的交易量已占出版市场的 7%，2011 年，英国消费型数字产品电子书销售额增长了 366%，有效地弥补了纸质书销售额下降的损失。"❶ 读者的消费习惯已经被改变，未来数字化出版市场的

---

❶ MCKENZIE E. A book by Any Other Name：E-Book and the First Sale Doctrine [J]. Chi-KentJ. Intell. Prop, 2013, 57 (12)：16.

发展空间潜力巨大。2019年，亚马逊宣布退出中国市场，但保留了 kindle 业务就可以看出，数字出版市场仍然是朝阳产业。

对于如何进一步促成图书馆功能在数字出版时代的发挥，各国政府都开展了政策性的推动，例如，英国政府在2012年就表态，希望可以促成出台一个全国性的电子借阅政策，一方面降低目前图书馆获取数字文献资源的成本，另一方面也需要控制出版机构基于版权优势任意改变授权政策或者抬高电子书定价的行为。美国图书馆联盟则发表声明，严厉谴责了版权方人为制造数字鸿沟，阻止图书馆对文化保存功能的实现。美国图书馆联盟在电子书商业模式与公共图书馆的报告中指出，图书馆对电子文献的利用方式主要为：第一，所有出版的电子书目在图书馆中应该是可以检索到的；第二，图书馆应该有选择地有效拥有其购买的电子书的持久的权利，包括将它们转移到另一个交付平台的权利，以及永久保存的权利；第三，图书馆有权获取出版商的数据及管理工具以加强利用电子书的能力。虽然图书馆的强硬立场使出版商的态度有所松动，加之数字技术的发展，只要在数字资源中嵌入技术措施可以一定程度上防止侵权行为的发生，例如一些图书馆统一提供 Adobe 数字版，仅允许6名用户同时在线使用，但是电子版本不允许在不同阅读设备上使用，尽管读者已经支付费用，但却只能局限于一种使用方式。基于读者利益考量，图书馆也在寻求打破这种限制，因为图书馆要保护读者自由阅读的权利，而在对数字文献的获取中，读者的阅读权利被大大限制了，稍有不慎还要承担侵权风险。

自谷歌图书馆计划开展以来，数字出版领域内文化机构的功能如何发挥，文化机构与谷歌为代表的互联网技术公司展开了针锋相对的斗争，文化机构认为数字时代文化机构利用数字资源的合理性应该更灵活，而谷歌这样的商业机构显然是不愿意就数字版权利益作出让步的。但是作者的态度在慢慢发生变化，美国作家协会主席在一次会议上表示，一些作家团队对作品的大规模数字化是有兴趣的，而大规模数字化行为不应该都认为是侵权的。至少，图书馆对文献的数字化搜索，保存和便利公众获取的行为是合理的。从法律层面的讨论也存在严重分歧，"例如，美国哥伦比亚大学信息服务和大学图书馆馆长认为，目前修改合理使用条款的规定实际并未成熟，而美国国会图书馆音像视觉保护中心主任格雷戈里·卢科

(Gregory Lukow)呼吁修改合理使用规则,以便于视听作品的保存。出版业律师则认为,下一步修改的方案就是应该明确图书馆是可以数字化资源的"❶。实践中,一直都是法院在推进合理使用规则的新应用,也事实上承认图书馆在数字出版时代的功能定位。对于文化机构来说,如果合理使用规则设计得明确、清晰,就会给文化机构提供一个避风港,如果法律规则跟不上技术的发展,就会损害文化机构的正常运营。文化机构历来反对版权人通过设置不合理的限制来增加收入,垄断利益。归根结底,图书馆对数字资源的使用方式和商业机构不同,数字出版时代图书馆对数字资源的利用是"非消费性研究",图书馆应当为公众捍卫这种研究权利。建立面向数字出版的文化机构的版权例外规则,是维护文化机构功能发挥的底线和保障。

数字出版时代,图书馆不仅要面对出版方的生存挤压,而且来自自媒体的竞争也消解着图书馆功能的发挥。数字出版时代,有关信息、知识的管理以及数据分析越来越重要,图书馆要完成知识中介的任务,还需要考虑知识产权问题、获取权问题以及对如何为读者提供快捷的信息进行分析。数字环境下知识和信息的传播是迅速的,图书馆对知识产品的内容整合就非常重要。数字出版时代,图书馆的转型已经初现端倪,"例如,美国最大的知识产权图书馆富兰克林皮尔斯法律中心就是全美第一个讲授专利的图书馆,如今该图书馆为全美的专利律师提供培训服务,相比于法学院的理论教学优势更大,图书馆转型成为信息管理的有效机构"。❷ 自1993年开始,美国已经开始探索在图书馆设立知识产权专员,并为一些研究机构所接受。数字出版时代,图书馆要确保所收集的资料能保证一定的研究水平,以知识产权图书馆为例,其馆藏内容的选取往往要尽可能覆盖通用语言文字的范围,而且内容要尽可能深入学科的方方面面,如艺术、网络法、技术的发展、娱乐、创新、投资、体育以及一些实务方面的内容,还有知识产权的许可和评估等。数字时代文化机构的媒介功能正在

---

❶ MCKENZIE E. A book by Any Other Name: E-Book and the First Sale Doctrine [J]. Chi-KentJ. Intell. Prop, 2013, 57 (12): 20.

❷ 季任天. 美国休斯顿大学知识产权教育对我国高校的启示 [J]. 教学研究, 2011 (2): 27.

发展空间潜力巨大。2019年，亚马逊宣布退出中国市场，但保留了kindle业务就可以看出，数字出版市场仍然是朝阳产业。

对于如何进一步促成图书馆功能在数字出版时代的发挥，各国政府都开展了政策性的推动，例如，英国政府在2012年就表态，希望可以促成出台一个全国性的电子借阅政策，一方面降低目前图书馆获取数字文献资源的成本，另一方面也需要控制出版机构基于版权优势任意改变授权政策或者抬高电子书定价的行为。美国图书馆联盟则发表声明，严厉谴责了版权方人为制造数字鸿沟，阻止图书馆对文化保存功能的实现。美国图书馆联盟在电子书商业模式与公共图书馆的报告中指出，图书馆对电子文献的利用方式主要为：第一，所有出版的电子书目在图书馆中应该是可以检索到的；第二，图书馆应该有选择地有效拥有其购买的电子书的持久的权利，包括将它们转移到另一个交付平台的权利，以及永久保存的权利；第三，图书馆有权获取出版商的数据及管理工具以加强利用电子书的能力。虽然图书馆的强硬立场使出版商的态度有所松动，加之数字技术的发展，只要在数字资源中嵌入技术措施可以一定程度上防止侵权行为的发生，例如一些图书馆统一提供Adobe数字版，仅允许6名用户同时在线使用，但是电子版本不允许在不同阅读设备上使用，尽管读者已经支付费用，但却只能局限于一种使用方式。基于读者利益考量，图书馆也在寻求打破这种限制，因为图书馆要保护读者自由阅读的权利，而在对数字文献的获取中，读者的阅读权利被大大限制了，稍有不慎还要承担侵权风险。

自谷歌图书馆计划开展以来，数字出版领域内文化机构的功能如何发挥，文化机构与谷歌为代表的互联网技术公司展开了针锋相对的斗争，文化机构认为数字时代文化机构利用数字资源的合理性应该更灵活，而谷歌这样的商业机构显然是不愿意就数字版权利益作出让步的。但是作者的态度在慢慢发生变化，美国作家协会主席在一次会议上表示，一些作家团队对作品的大规模数字化是有兴趣的，而大规模数字化行为不应该都认为是侵权的。至少，图书馆对文献的数字化搜索，保存和便利公众获取的行为是合理的。从法律层面的讨论也存在严重分歧，"例如，美国哥伦比亚大学信息服务和大学图书馆馆长认为，目前修改合理使用条款的规定实际并未成熟，而美国国会图书馆音像视觉保护中心主任格雷戈里·卢科

(Gregory Lukow)呼吁修改合理使用规则,以便于视听作品的保存。出版业律师则认为,下一步修改的方案就是应该明确图书馆是可以数字化资源的"[1]。实践中,一直都是法院在推进合理使用规则的新应用,也事实上承认图书馆在数字出版时代的功能定位。对于文化机构来说,如果合理使用规则设计得明确、清晰,就会给文化机构提供一个避风港,如果法律规则跟不上技术的发展,就会损害文化机构的正常运营。文化机构历来反对版权人通过设置不合理的限制来增加收入,垄断利益。归根结底,图书馆对数字资源的使用方式和商业机构不同,数字出版时代图书馆对数字资源的利用是"非消费性研究",图书馆应当为公众捍卫这种研究权利。建立面向数字出版的文化机构的版权例外规则,是维护文化机构功能发挥的底线和保障。

数字出版时代,图书馆不仅要面对出版方的生存挤压,而且来自自媒体的竞争也消解着图书馆功能的发挥。数字出版时代,有关信息、知识的管理以及数据分析越来越重要,图书馆要完成知识中介的任务,还需要考虑知识产权问题、获取权问题以及对如何为读者提供快捷的信息进行分析。数字环境下知识和信息的传播是迅速的,图书馆对知识产品的内容整合就非常重要。数字出版时代,图书馆的转型已经初现端倪,"例如,美国最大的知识产权图书馆富兰克林皮尔斯法律中心就是全美第一个讲授专利的图书馆,如今该图书馆为全美的专利律师提供培训服务,相比于法学院的理论教学优势更大,图书馆转型成为信息管理的有效机构"[2]。自1993年开始,美国已经开始探索在图书馆设立知识产权专员,并为一些研究机构所接受。数字出版时代,图书馆要确保所收集的资料能保证一定的研究水平,以知识产权图书馆为例,其馆藏内容的选取往往要尽可能覆盖通用语言文字的范围,而且内容要尽可能深入学科的方方面面,如艺术、网络法、技术的发展、娱乐、创新、投资、体育以及一些实务方面的内容,还有知识产权的许可和评估等。数字时代文化机构的媒介功能正在

---

[1] MCKENZIE E. A book by Any Other Name: E-Book and the First Sale Doctrine [J]. Chi-KentJ. Intell. Prop, 2013, 57 (12): 20.

[2] 季任天. 美国休斯顿大学知识产权教育对我国高校的启示 [J]. 教学研究, 2011 (2): 27.

发生变化，文化机构在保存知识方面发挥着关键作用，但是文化机构的角色不仅包括保存文本版本的文献资源，关键还在于如何确保促进公众的学习能力不断增强。文化机构的功能在数字时代如何保持？数字时代消费者的需求在不断变化，公众依靠图书馆不仅要借阅图书，还需要访问互联网、求职、获得新的技能，所以数字化时代图书馆正在转型成为一个社区公共广场。在数字出版模式下，少数民族地区图书馆的建设在完善硬件建设的同时，还要注意服务意识的转型，充分发挥资源优势，为传承少数民族文化资源作出应有的贡献。

第二节 图书馆保存少数民族传统文化数字化资源的障碍

数字出版时代带来了阅读方式和出版方式的变革，但是这个趋势并不是一帆风顺的。2007 年 4 月，知名电子杂志《无线博客》对电子书的发展持悲观态度，认为电子书终将被数字权利管理技术所终结，因为加入了数字管理信息就意味着电子书不能代替纸质书，不能像纸质书那样自由流通。然而，亚马逊等互联网巨头宣布电子书销量已经超过了纸质书，而数字权利管理嵌入电子书中已经成为电子书革命的趋势，未来数字出版中接受数字管理措施的趋势只会增加。数字出版是会导致互联网企业一家独大，还是会彻底改变文化传播的方式，各方争论不下。图书馆作为学术研究的重要工具，对电子书作为数字化文化资源传播方式的一个环节十分关注，认为电子书也当然适用自由借阅规则。但法律规则和授权模式的改变，使数字出版模式下文化资源的传播方式前路不明。与数字出版相关的利益相关方包括作者、出版商、经销商、消费者以及政府，图书馆并不是一个孤岛，其顺利运营需要协调各方利益，由于版权规则适用的不确定，所以目前可采用的手段无非修改版权法、在法律中承认图书馆享有对电子书的借阅权、修改图书馆的豁免条款等手段。

一、数字出版时代图书馆的业务转型

图书馆作为存储文化产品、传播文化知识的重要机构，其重要性不言而喻。数字图书馆的诞生极大地改变了图书馆的运营模式，图书馆除了定期购

置藏书,很大一部分的成本支出用于购买数字图书馆,但一些数字图书馆的授权使用费较高,且使用方式受限,这又导致很多图书馆实际上成为连接读者与数字图书馆的中介机构而已,其职能发挥受到很大限制。特别是在少数民族地区,受到资金和资源因素的限制,图书馆的数字服务明显滞后,一些高校图书馆的数字阅览室基本已经关闭,文献的传递功能完全依靠知网等商业数据库支持,而图书馆本身收藏的大量民族文化产品如何数字化使用却没有形成有效的制度规则。事实上,国外高校图书馆及公共图书馆的运营模式转型早已开始,运用数字技术传承民族文化的实践也已经展开。民族地区应当积极转变文化传承思路,拓展少数民族文化传承的新渠道,充分发挥地域和资源优势,促进数字出版模式下的民族文化传承。

(一) 图书馆推动数字化教学的发展

2012 年开始,慕课教学流行,这种线上教学的模式为知识传播提供了更加迅速便捷的渠道。美国有关教育的立法与知识产权立法有交叉之处,例如,《美国教育法案》对在线教学中对作品的使用规定应该使用"合理且有限的部分",在判断是否为合理使用时,该法案认为应该对教学活动提供更灵活的解释。甚至一些机构已经开始为教学研究工作的教师提供在线课程的设计,图书馆也开始采购这些课程设计,这又导致对流媒体内容需求的增加。"2012 年美国乔治梅森大学创建了第一个远程教育图书馆,并制定了配套服务制度,这样梅森大学图书馆开始有意削减 DVD 格式文件的购买量,转而增加购买线上作品的数量。事实上,国外图书馆已经开始深度参与网络课程的建设,这些课程被制作出来通过 Blackboard Learn TM 课程管理系统高效传送内容。未来多媒体教学模式也对图书馆提出了更高的要求,图书馆开始更多地关注版权问题,如对馆藏的 DVD 媒体重新进行数字化处理是否合法?"[1] 在制作课程视频时,如何合理地引用他人作品,有些图书馆已经开始设立图书馆知识产权专员岗位,团队运作,为教学提供合法高质量的服务。随着教育中对视听材料的依赖越来越大,美国相关机构制定了《新兴媒体教室提供指南》(2012—2014),为

---

[1] JENNINGS B M. Serving Trans Patrons in Public Law Libraries [J]. AALL Spectrum, 2017, 33 (21): 34.

教育机构以及图书馆利用作品提供指引，根据准则的指引，使用者一般为教师，根据指南他们可以确定哪些作品是可以使用的，哪些是可以部分使用的，如果要使用成本很高的作品，可以寻求何种帮助或者通过什么渠道获取。目前来看，图书馆可以使用的流媒体文件只能通过供应商取得，取得的方式是购买或者租赁。"图书馆也开始组建自己的视频制作平台，以进一步防止法律风险发生，例如，美国梅森图书馆在 2014 年末购买了 Blackboard 的 Kaltura 视频构建模块，并和 DoIT 开发了一个共享工作流程，允许剪辑和非供应商托管的流式传输更容易地交付给在课程中注册的学生。"[1] 在提供服务时，图书馆知识产权管理员发挥了重要作用，教师在使用或者制作流媒体文件时，可以从图书馆提供的目录清单中选择要使用的素材，由图书馆员评估使用的合法性，一般如果使用的内容超过了作品的 20%，使用者就必须与图书馆知识产权专员会面，商谈细节，以确定是否可以使用素材。当经过图书馆知识产权专员评估后，认为符合合理使用的要求，图书馆会将需要被使用的素材上传到媒体库中供教师使用。在媒体库中的视频只允许注册的学生使用，并且限制使用者对这些文件的下载和转载。随着远程教育成为不可忽视的教育方式，一些教育机构或者组织开始制作远程教育视频，制作教育视频的成本并不低，并通过许可的方式授权给图书馆使用。因为图书馆的受众过于庞大，导致这些专业机构在授权给图书馆时都会作出严格的使用限制，因为一旦图书馆可以使用，就意味着面向整个学术界提供作品。法律中对图书馆的使用问题又语焉不详，图书馆只能通过制定媒体指南的方式引导公众对数字化资源的使用。从政策管理角度来看，这个过程烦琐、耗时，但是合法。现实的情形是图书馆要获取数字内容的成本很高，即使付出了较高的成本，版权方也不愿意授权给图书馆使用，因为受众范围过大，内容易被侵权；即便授权也不会授予永久使用权。数字出版带来的矛盾在于，教师们确信他们所使用的内容是课程的合法需求，应该被许可，学校图书馆也无须通过订阅获取这些资源。未来在线课程将会越来越重要与普及，国外甚至已经开始推行远程教学学历认证制度。"例如，美国乔治梅森大学计划到 2024 年要将提供的在

---

[1] JENNINGS B M. Serving Trans Patrons in Public Law Libraries［J］. AALL Spectrum, 2017, 33（21）：35.

线课程覆盖至科学、技术、工程、数学以及医学领域,这些课程预计会面向 10 万名毕业生提供。2014 年底,德国图书馆馆长已经与院校教师合作开发了 47 门特色课程。图书馆准备援引合理使用的例外规则,将视听资料的引用合理化,因为这些在线课程一般都会引用视听资料。"❶ 当然,这种对视听资料的引用并不是任意的,而是需要使用者一般为教职人员,将所要使用的视听资料提交给图书馆的审核人员,有图书馆的专员根据实际情况进行审核,审核的标准包括:(1)使用者是否有确定的选题,选题是否符合要求;(2)图书馆是否具有这些资源的使用权;(3)如果图书馆没有使用权,是否可以以合理的市场价格获取;(4)使用者需要将使用这些素材的合理理由解释清楚。审核完成后,图书馆会将这些内容提交给在线课程的平台进行字幕制作等后期制作。如果教师引用的资料超过了文本的 20%,就必须与图书馆版权管理员会面并完成合理使用的评估。但是在评估合理使用政策时,如何界定合理性还存在问题,也成为下一步立法的难点问题。特别是那些讲授艺术、文化、民族学的课程特别需要使用到视听作品,无论是图书馆等机构还是教师都需要得到来自法律层面的指引,2014 年美国图书馆学界开始研究图书馆对数字作品的使用规则,这使 2012 年美国研究图书馆协会(ARL)的"合理使用最佳实践准则"得到了很大程度的肯定。未来图书馆对数字内容的使用将决定远程教育与面授课堂的教学质量和需求,可以说,学术图书馆将越来越依赖合理使用制度,以促进教育公平的实现。目前如果采取许可协议的方式向图书馆授权作品,事实上使合理使用制度的适用被大大地限制,通过合同完全可以限制使用者的使用方式,随着图书馆对数字作品需求量的增加,如果图书馆的使用方式仍然受到合同的限制,就会导致图书馆的采购成本增加而使用受限的尴尬境地。试想,图书馆花费巨资购置了视听资源库,但是却对这些资源不能有效使用,如何能实现对文化产品的公平利用? 还有一些细节问题有待解决,例如,教师制作的使用了数字资源的课程可以在多久的时间提供给学生,一个学期还是可以不设时间限制? 可以将作品用于远程教育中播放使用吗? 数字时代来临,必然带来教育方式的革命,但技术进步

---

❶ HUGHES J, MERGERS R P. Copyright and Distributive Justice [J]. Notre Dame L. Rev, 2016, 513 (92): 562-563.

带来的红利并没有迅速在课堂中体现出来，可以说，教学科研的实际需要与合理使用规则存在冲突。因为转换性合理使用制度的出现，衡量合理使用制度的数量和质量标准发生了很大的变化，主要的因素在于衡量使用方式对作品市场价值的潜在影响。数字出版时代的来临，需要建立更具体的合理使用标准，以确保教学科研人员对数字内容的使用，这个评估的任务可以由图书馆帮助完成。

（二）图书馆为用户提供终身学习服务

美国图书馆联盟提出了在数字时代重塑图书馆的价值观："图书馆是一项重要的公共事业，是民主社会的基本机构，保护用户隐私和保密是知识自由的必要条件，也是图书馆事业伦理和实践的基础。"❶ 未来数字环境下，图书馆的用户隐私保护和数据处理能力应当成为图书馆发展的下一个目标。数字传播模式下，图书馆的服务方式发生了变化，例如，为用户提供宽带接入和数字扫盲培训。用户使用这些服务的前提在于首先要提供相关个人信息，也就是说，图书馆提供数字化服务势必会掌握大量的用户信息，所以对这些信息资源享有保密义务，如果不慎或者故意泄露则会构成侵权。图书馆成为稳定的文化资源信息获得的通道，在数字出版模式下逐渐转型成为提供数字资源的主体和资源利用的培训主体。数字化时代图书馆提供数据共享、通信，甚至可以进行技术监视，这些都为图书馆主体的重新定位提出挑战。随着数据资源的空前扩张，使用者面对海量的数据难免应接不暇，不知如何选取所需的文献资源，这反而会降低文献检索效率，所以数字时代图书馆的另一大服务转型在于需要图书馆管理员提供面向数字文献获取的检索服务，同时图书馆管理员还有保护消费者隐私的责任。国外图书馆早已开始多种举措并举，推动图书馆服务转型，例如，美国布鲁克林公共图书馆不仅藏品丰富，也重视为不同年龄和不同需求人群提供教育服务，如为新移民提供母语书籍，为视听障碍者提供特殊定制服务。尽管目前图书馆的数字化文献传递功能得到确认，隐私保护的功能也日益受到关注，但不能因噎废食，图书馆的数字化文献工作还需要进一步

---

❶ 李琼艳. 数字时代美国公共图书馆的社会服务——解读皮尤研究中心调查报告《处于十字路口的图书馆》[J]. 图书馆杂志，2017（9）：90.

推进，如 IMLS 还继续支持扫描新兴数字内容形式的工作。"美国加州大学洛杉矶分校的信息研究部召集执法机构、图书馆、档案馆和其他相关组织的利益相关者，制定了一个关于管理数字信息和开放数据的道德和实践问题的合作战略。"❶ 数字图书馆掌握着大量的数字文化资源和用户数据，加之图书馆服务的转型，图书馆承担着文化遗产传承的重要功能，也是提供终身教育服务的场所。数据资产如何提供访问，以及访问限制权限的构造都成为数字图书馆发展的重要议题。

公共图书馆作为知识中介的角色，在网络时代不断受到来自其他新的商业模式的冲击，公共图书馆与出版商、新技术、版权法的关系需要被重新思考。新技术的出现打破了图书馆场馆空间的限制，谷歌数字图书馆工程的出现引起了一系列连锁反应。图书馆的未来何去何从成为一个问题。公共图书馆的功能发挥是版权法所保护的，公共图书馆的功能定位也符合版权法的立法目标，即促进科学和艺术的发展。公共图书馆通过提供知识，达到促进知识公平传播的实现。图书馆传播知识是不经过筛选的，不论财富、社会地位和性别，都可以平等地获得知识。现代科学技术的发展使公共图书馆变成网上数字图书馆，但是版权法却缺乏一个有效的渠道调整未来利用作品的行为。公共图书馆还能发挥数字媒介的功能吗？这需要对公共图书馆在网络时代的地位重新进行定位。首先数字图书馆不是商业实体，不是百度那样的大型网络平台，更不是出版商。图书馆的核心价值在于服务那些需要搜寻特定资料的人，告诉他们哪里存在并可以获取这些资料。与出版商一样，公共图书馆也在传播信息，鼓励消费这些信息，并促进对作者、艺术家和科学家的尊重。通过合作，出版商和图书馆可以创建一个更深层次的系统以完成上述目标。出版商与图书馆之间并不是一种竞争关系，而应是一种互动协调发展的关系。网络技术发展迅猛，业内还没有考虑到如何将图书馆的功能延伸到网络中，各种数字图书馆就已经开始构建传播，大有代替传统图书馆功能的趋势。另外，网络的发展也使个人的存储能力变得强大，个人获取信息的能力也在增加，作为读者的个人对图书馆的依赖也在变小。如何保持网络环境下图书馆的知识中介功能既重要又棘手。但从法律层面来看，作品的获取模

---

❶ 美国图书馆协会.2014 美国图书馆协会白皮书（中译本）[J]. 图书情报研究，2014(3)：22-23.

式和技术措施的限制都对公共图书馆功能的发挥产生了极大的限制，法律制度的变革看似步履维艰，但又不得不变。

法条的修改包含了各方的利益博弈，但也不能忽视数字出版模式下图书馆未来如何运营，此定位还不甚清晰，特别是随着数据挖掘技术的发展，图书馆功能的实现也日趋多样化，这都导致了立法的困难，所以，需要多方共同努力。对于文化机构来说，需要明确数字时代的风险管理、利用新的技术保存和获取数字文献；图书馆的领导者要对风控和未来发展转变思想；在司法实践中，要更灵活地对待文化机构的合理使用。未来图书馆的数据安全问题也应当被考虑到立法中。未来图书馆势必要利用高科技手段对馆藏资源进行扫描和存储，图书馆的功能不能被放弃，所以相比较于事后立法，做好事前的风险控制更为重要。谷歌图书馆计划揭开了数字图书馆发展的新篇章，而后续一系列司法判例也给未来图书馆的发展提供了依据。如今，世界各地很多图书馆都开始与谷歌公司展开合作，数字化馆藏作品，已经创建了规模庞大的数字文献语料库。海西图书资料集团作为数字时代的图书馆新联盟，为数字资源的集中管理和使用提供制度和技术支持。在美国判例法中，已经对谷歌图书馆计划的合理性给予了确认，图书馆可以数字化并提供检索和数字资源保存。谷歌图书馆的出现使版权方担心版权利益受损，又使图书馆担心在网络出版环境下失去公共服务的能力，于是问题又回到了最初的设定，图书馆的使用行为是否会导致版权人利益的丧失？这个问题对实务产生很大困扰，但从法律角度来讲，司法实践应该重点考虑文化传播方式的公平性并能将利益放在首位。结合域外判例和国内理论研究分析，目前对图书馆的数字文献利用问题已经将重点从市场关注转向文化关注，所以转换性使用的话题应运而生，其核心在于将考察的重点放在获取文化资源的方式上。

"在天堂出版商诉霍恩案中，佐治亚州立大学的一位教授将教科书的一部分制作成电子版供学生使用，被版权方起诉，但由于州立大学是非营利性的教育机构，所以法院判决并不构成侵权。"❶ 根据该案的判决说理，美国图书馆联盟认为，作为文化机构的图书馆，尽管需要借阅服务来维系

---

❶ Righthaven LLC v. Hoehn [EB/OL]. [2019-12-30]. http://www.dmlp.org/threats/righthaven-llc-v-hoehn.

一定的运营成本，但图书馆的公益性作用要远大于其营利性，所以图书馆对数字文献资源的使用也应该构成合理使用。在判断合理使用时，应该优先考虑使用者的使用目的。出版商担心赋予图书馆过于灵活和宽松的作品使用权限会损失市场利益，而电子借阅属于新生事物，具体如何实现仍需双方协商，关键在于图书馆提供电子借阅是否会对图书销售造成影响，缺乏实证依据。因为图书馆本身也是出版者的潜在用户，而且还是份额比较大的用户。海西图书资料集团作为一个学术交流平台，扩大了学术交流这是一个事实，而且获得了学术图书作者的支持。图书馆是公益性的，所以图书馆以免费出借为目的的规避电子书行为实际上是要提供给读者，并不构成商业性使用。只要将作者的使用方式控制在合理的范围，图书馆的传播方式是应当受到支持的。出版者对图书馆使用数字化文献资源持反对或者谨慎态度主要是因为尽管数字化消费的比重在逐渐增加，但其消费比重毕竟所占份额不大，仍然没有超过纸质图书市场，而且电子书盗版如影随形，侵权损失难以估算。目前来看，购买了数字资源就意味着数字资源难以磨损毁坏，就会导致消费者没有二次购买的意愿，某种意义上说，图书馆获取了数字文献资源就占据了一定的销售市场，确实可能导致图书的市场销量下降。站在图书馆的立场来看，图书馆的法定职能和义务决定了其要向公众提供文献服务，电子借阅也属于图书馆传播文化资源的任务之一。基于根本立场的冲突，出版者注重营利，图书馆注重公益，所以要调和不同立场，立法难度很大。但是如果图书馆可以对数字资源的使用方式作出合理控制，并不会分割出版商的市场份额。"以亚马逊图书馆为例，亚马逊推出了基于 kindle 的数字借阅服务，在英国亚马逊网站上，被借阅的电子书销售反而上升了。"❶

二、图书馆作为数字化主体的适格性

（一）国家层面的支持和推动

2005 年数字出版发展势头日益迅猛，美国国会图书馆、美国国家版

---

❶ 严玲艳，傅文奇. 利益相关者视角下的图书馆电子借阅服务研究 [J]. 图书情报工作，2016（6）：39.

权局共同研究国家数字信息基础设施和保存计划（NDIIPP），重点对《美国版权法》第108条即有关合理使用的问题作了研究。在这次研究中，主要吸纳了各版权方、图书管理员以及档案管理员和法学研究人员，建议各方尽量中立、客观，不要过度考虑各自所处的行业观点，要做到独立讨论。该研究组从2005年到2007年举行了近两年的双月闭门会议。尽管如此，各方争议激烈，难以达成一致意见。出版商以及其他与版权相关的行业协会一再发出预警，要求立法机关不要再对该法第108条有关合理使用制度的规定对文化机构作出过度的权利扩张，因为在数字出版模式下，文化机构的使用行为会对数字文化资源的发展造成影响。这些版权利益相关方也提出了研究报告，指出面对数字出版的发展，版权人需要使用技术措施控制对数字文献资源的访问和使用，比如规避商业性的检索使用，此目的在于利用技术措施与合理使用的冲突彻底封堵合理使用制度在数字出版中的使用。版权利益相关方同时也反对在数字出版中适用馆际互借。在各方的不断利益博弈之下，最终的研究报告比计划晚了一年，于2008年公布。报告中指出各方达成了四个方面的共识：允许博物馆、图书馆等文化机构为了替换和保存版本制作数字化副本。美国图书馆联盟和美国研究图书馆协会（ARL）也成立自己的研究机构，针对合理使用制度的适用和修改展开研究，并提出NDIIPP计划。其实从国家层面上，面对数字出版带来的文化传播变革，各国也制订专项拨款计划，确保公众对数字资源的获取。2000年，美国国会通过对国会图书馆的专项拨款计划，划拨1亿美元用于制订国家支持的面向公众的数字资源获取计划，指出过度僵化的版权规则已经成为公众获取数字资源的主要障碍，并鼓励版权方至少要和国会图书馆保持良好的合作关系，持续推广。NDIIPP计划建议，版权立法中的合理使用问题应该保持一定程度的灵活性，特别是在技术迅速发展的时代更应如此，法律规则的僵化可能会阻碍创新，并且会限制图书馆的创新服务，以及利用新媒体的能力。不可否认，技术创新正在推动文化机构的角色变化和运营模式的变化，也催生出一系列新的服务标准。面对这些不断翻新的花样变化，文化机构显然始终处于被动和疲于应对的状态，但无论研究如何进行，研究计划如何推进，万变不离其宗的是要保持文化机构在数字出版时代的独立性，以发挥其基本功能和责任。知识是不断发展的，文化机构就应该在新时代继续发挥保存文化和知识的能力。技术是中立的，关键是要利用技术服务公众。2016年，美国政府又开始检视合理使用制度的运行状态，指出目前的版权立法是基于印刷技术的法律规则构建的，已经不适用于数字出版时代。由于缺乏应对数字技术的处理规则，实际上合理使用规则已经陷入困境。2018年我国《公共图书馆法》正式实施，该法第40条规定："国家构建标准统一、互联互通的公共图书馆数字服务网络，支持数字阅读产品开发和数字资源保存技术研究，推动公共图书馆利用数字化、网络化技术向社会公众提供便捷服务。政府设立的公共图书馆应当加强数字资源建设、配备相应的设施设备，建立线上线下相结合的文献信息共享平台，为社会公众提供优质服务。"这实际上支持图书馆对馆藏资源进行数字化利用，但是如何利用、怎样为社会提供数字化产品服务，还需要考虑与《著作权法》等相关制度进行衔接。

（二）技术手段的运用

云计算的应用为图书馆的运营能力提高提供了助力，图书馆使用的ILS系统[1]是从软件方通过授权使用的，图书馆无权对系统设计作出修改，而且图书馆还要向供应商支付使用费，以及其他升级费等附加费用。可以说，图书馆的运营成本中对系统的购买和使用占了很大比重，而在云计算模式下，云计算平台可以为图书馆提供开源代码，允许图书馆对系统进行修改、升级，也可以大大降低图书馆的运营和维护成本。有学者指出，正是由于图书馆的创新能力不足，造成了互联网企业对图书馆业务的蚕食，导致图书馆事业陷入瓶颈，云计算技术在图书馆中运用可以削弱图书馆对系统供应商的依赖性，设计满足自身需求的智能化系统。数字出版带来了技术革新，也带来了新的竞争方式，来自谷歌、亚马逊、京东、当当等大的互联网公司引入新的商业模式，也使用户对图书馆的期望值越来越高，读者已经不满足于图书馆提供的基础的借阅等数据服务，如今的读者要求更多元化，读者希望可以通过网络检索出最有用的文献，如果不能提供全文阅读，至少也应该提供书名、封面、

---

[1] 赖玉萍，程晨. 基于ILS系统的图书馆资源共享[J]. 山西档案，2018（3）：117.

内容简介以及相关评论，至少指引读者找到文献的搜寻渠道。所以，数字出版时代图书馆能提供的附加服务反而更有价值。云计算使开源图书馆成为可能，图书馆通过降低成本，提供更优质的文献检索服务。开源图书馆可以根据需要制定自己的服务方案，读者也可以按需定制服务，实现自主学习、自由获取、免费分享。

随着网络课堂越来越受到重视，图书馆开始关注如何运用流媒体促进教学以及科学研究的进行，网络环境下的合理使用制度成为热点问题。自2016年以来，流媒体内容对图书馆而言变得更为重要，因为技术进步使视频内容更多地被融入教学以及学术研究中，我们看到越来越多的高校开始自主研发多媒体学习平台或者与其他机构合作利用平台开展网络教学。在我国，智慧树、雨课堂等学习平台得到了大规模的使用。"从2010年开始，美国校园开始对流媒体订购采取按需付费，学生按照需要选择付费订阅视听作品而不再选择图书馆的馆藏资源，一些大学图书馆已经越来越多地使用基于订阅的数字内容取代实体的媒体。自21世纪初，为大学图书馆提供服务的供货商就开始为大学图书馆提供集成服务，如提供在线的课程管理、播放所需的视频文件、提供剪辑工具、在线生成或者查阅成绩单。因为使用更便利，学术图书馆开始大量订阅这些流媒体内容。"❶ 也正是因为缺少了对实物的使用，版权法中的合理使用条款如何适用到数字产品中存在疑问。图书馆的工作人员对这些法律的条文认识不深，也没有办法全面详细地解释，所以合法合规使用的任务事实上由流媒体服务的供应商承担，供应商一般将版权内容的使用方式、许可方式、交付方式都做了设定，确保符合法律的规定。技术的进步也更利于在教育中更多地嵌入科技因素，寓教于乐，使课堂教育不再枯燥或者凭借想象进行。在高等教育中，教师在授课过程中已经非常依赖流媒体内容，这种趋势也使高校图书馆投入更多的资金采购数字媒体内容。"但也产生很多问题，例如美国一些图书馆负责人提出以课堂教学为目的是否可以利用流行影片？因为基于版权法的影响，图书馆所订购的影音作品大都是经典的影片或者小众的独立影片，而流行电影和电视剧能否使用则存在法律纠纷。一些艺术系的

---

❶ STORTZ M. App Advice: Spotlight on Pinterest [J]. Martha Stortz 36 Tall, 2017, 22 (36): 22.

教授已经对这个问题如何解决提出呼吁。"❶

三、版权授权机制的障碍

（一）图书馆的版权利益设置不清

图书馆作为公益性文化机构，是公众实现学习机会平等的重要渠道，是可以免费获取知识和终身学习的地点。但是技术的发展也在逐渐打破这种历史形成的平等模式，因为掌握更强技术设施的机构往往才能获得更多的文化资源。随着文化资源数字化的深入推进，图书馆也必将成为支持文化资源数字化的包容性机构。数字化时代文化资源的保存和传播仍然要遵循获取文化资源的多样性、终身学习和知识自由的原则，即维护公共利益。"例如，美国的 IMLS 计划就致力于提升图书馆作为文化机构的领导力和影响力，为全美各地的社区提供公平的数字化文献访问。该计划的推行也使农村以及经济落后的地区文化资源获取能力得到提升。但是相关研究也认为，一些偏远地区的文化机构获取数字文化资源的能力仍然不足，特别是那些原住民群体的文化建设还不健全。"❷ 传统图书馆的功能在于确保在场馆内读者的使用，数字化技术的发展使"超越图书馆的连通性"成为可能，即可以超越场馆条件的限制，使在场馆外的有获取需求的公众都可以获得相应的文化资源，从而使文化资源的获取更趋公平。"2016 年，IMLS 向布鲁克林公共图书馆提供资助，旨在开发一个社区驱动网状网络，提供免费宽带接入和为年轻人提供技术培训。布鲁克林图书馆还着手构建社区网络推进计划，设立青年奖学金，为年轻人和低收入群体提供完善的培训计划，针对网络用户提供相关的服务计划。2016 年授予数字图书馆接入 TV White Space 功能的许可，旨在使图书馆可以利用无线传播技术降

---

❶ Long Comment Regarding a Proposed Exemption Umder 17U. S. C. § 1201 [EB/OL].[2019-08-07]. UNITED STATES COPYRIGHT OFFICE, https：//www. copyright. gov.

❷ TRAVIS H. Free Speech Institutions And Fair Use: A New AGenda For Copyright Reform [J]. Cardozo Arts&Ent. L. J, 2015, 673 (33)：710.

低成本，更好地服务公众，以及提高抵抗灾祸的能力。"❶ 各地的图书馆可以利用数字技术为客户提供利用本地馆藏资源的特殊的定制化服务，如教育和其他技术的培训服务，各场馆的管理员应当学习这些新技能。利用数字资源进行终身学习已不再是一个概念而已。

对于少数民族文化资源的数字化利用问题，很大程度上也需要解决数字产品的授权问题，目前来看，数字产品的授权大都缺少可议价的余地。"托马斯·霍布斯（Thomas Hobbes）认为，在缺少经济交换的前提下，合同利益比如是单方面的，这种合同仅有义务约束而缺乏激励功能，目前的数字产品的版权授权机制正是如此，版权内容提供方往往通过合同加重单方义务，所以有必要考虑网络环境下的授权机制构建。"❷ 综合学界的研究成果来看，目前版权许可与所有权的问题是大多数图书馆最关心的问题。对于图书馆的数字借阅问题，最终的落实还需要利益相关方之间的谈判和妥协，包括立法机关、图书馆以及司法机构的共同努力，但是解决方案的宗旨在于不能破坏版权法中的利益平衡。

鉴于文化机构的重要地位，在版权法的修改及理论变迁过程中，立法者都主要延续和保留图书馆的重要作用，但是数字出版时代合理使用制度如何变革，依然是版权立法的重要理论。著作权法的修改历来都是十分复杂艰难的，我国著作权法第三次修改就充满矛盾和争议，其他国家的立法也并非一帆风顺。1976 年《美国版权法》修订前后就用了近 20 年的时间，从 1955 年开始不断检视立法问题，前后召开多次听证会并公布多版法律草案。其中合理使用制度和文化机构的豁免例外制度始终是立法的难点与重点。在实践中，一般支持文化机构的版权豁免需要满足的条件是非营利性的使用，而且所复制的版本只能提供给提出使用申请的组织或者个人；对于期刊则应当只允许复制其中的 1~2 篇文章，如果是其他作品则需要界定可以复制的合理内容，但是这需要使用者证明无法从出版商处合

---

❶ OWENS T. Closing K Closing Keynote: Digital Infr ynote: Digital Infrastructur astructures that Embody Libr es that Embody Library Principles [EB/OL]. [2019-08-07]. https://digital.sandiego.edu/cgi/viewcontent.cgi?article=1132&context.

❷ WINFRED J. The Right of Revolution [EB/OL]. [2019-08-07]. http://hdl.handle.net/2345/1940.

理获取作品。最不具有争议的作品使用方式是文化机构以保存为目的或者更换绝版作品而实行的复制。图书馆对复制行为的约束应当要尽量详细,如果采取粗放式的立法则会给图书管理员增加压力,因为需要图书管理员来帮助读者判断复制的合理数量,这其实是一个很难完成的任务。虽然《美国版权法》中规定了图书馆的版权豁免规则,但是美国图书馆联盟对上述条款不满,认为应该从法律条文中进行更细致的规定,将图书馆从侵权使用的危险性中解脱出来。我国并没有相关豁免条款,仅在合理使用条款中作了简单规定,这个规定争议非常大且缺乏操作性,这样导致图书馆作品版权的使用问题在我国的研究十分混乱。"1972 年 Williams & Wilkins 公司作为科学期刊的版权方起诉了美国国家卫生研究院和美国国家医学图书馆,认为被告为其研究人员制作期刊复印件的行为构成侵权。最终联盟法院裁定被告的行为属于合理使用。"❶ 法院指出,如果不允许图书馆提供复印服务,那么科研人员获取研究文献的效率和渠道就会大大降低,这最终会影响科学研究工作的推进。尽管出版集团等版权方激烈反对法院的判决,但并没有改变现状。"由于存在的争议较大,1976 年《美国版权法》在修订了第 108 条之后同时要求美国版权局对第 108 条的有效性进行了为期 5 年的研究,研究的目的在于落实第 108 条在多大程度上可以实现创作者与使用者之间的利益平衡。同时还要求研究要注意可能出现的新问题,并适时给出立法建议。"❷ 版权局的调查历时长久,规模宏大,对各地图书馆进行百余次实地考察,重点考察图书馆的复制服务,发出了 2000 份个人用户调查问卷,并结合期刊的新增数量和停刊数量,以及版权清算中心(CCC)的会员资格变化,得出研究结论。最终美国版权局认为,出版方对图书馆允许用户的复印使用而导致市场影响的担忧是错误的,图书馆提供复印服务是合理的。报告还建议至少每十年对合理使用制度的运行和效果审查一次。《美国版权法》中的合理使用制度因其灵活性而受到肯定,但是其灵活性的维系在于始终通过积极听取各方声音,不断反思法律

---

❶ LERDAL S N. Evidence – Based Librarianship:OPPortunity for Law Librarians [J]. Law LIbr. J, 2006, 33 (98):42.

❷ Long Comment Regarding a Proposed Exemption Umder 17U. S. C. §1201 [EB /OL]. https://www.copyright.gov.

条文的规定是否存在问题及是否有必要作出细化修改。我国的合理使用规则条款立法则一直以封闭性的特点为主，相关的修改讨论虽然在学术领域内有很多成果，但对立法修改的影响不大。《著作权法》经修改后对合理使用条款中有关图书馆的使用问题仍然没有作出突破性的改动，不失为一种遗憾。

（二）建立数字文献资源统一授权使用模式的探索

数字技术的发展使版权法对数字内容的调整出现了一些真空地带，规则如何重构众说纷纭，数字内容管理、数字版权立法中都需要对文化机构的功能进行重构。至少在以下方面需要重新考虑权利义务的设定。首先，出版者与图书馆的关系。面对出版模式的改变，出版商更倾向于应对数字盗版的发生，所以出版商希望将数字版权牢牢掌握在自己手中，通过设置数字出版模式下的专有出版合同来控制作品的使用权，而数字时代并不适用权利穷竭规则，所以出版商的控制能力实际上被加强。在纸媒时代，图书馆从出版商手中购买图书，之后提供给读者阅读，根据首次销售原则，图书馆的使用行为是合法的。进入数字时代，图书馆的文献传递功能被通过许可使用合同大大限制了，如何传递文献取决于版权人是否授权。其次，数字出版也改变了作品出版的商业模式，出版商之所以会对数字出版持更谨慎的态度，原因在于，在数字出版模式下，出版者从最初的内容提供者转变为服务提供者，因为自出版等新兴的出版模式的产生一定程度上分割了出版者的出版功能。但是版权法只是在个别条款中对出版者的利益作出了调整，如承认出版者享有专有出版权，但并无可以直接适用在数字出版模式下的条款，所以无法解决数字出版中的作品分销模式。表面上看，数字出版模式下出版者对作品的控制力大大降低，所以，出版者纷纷寻求运用合同将数字版权控制在自己手中，但是这样却大大限制了网络空间文化机构的功能发挥，如果出版商对图书馆作品使用方式作出限制，那么图书馆的基本功能发挥必然会受到限制。

目前出版者通过许可使用协议对图书馆权利的限制表现为以下方面。(1) 通过单独授权，架空图书馆对作品利用的权利。数字技术完全可以使作品的数字化版本被集中到一个机构，所以为了授权方便，实践中会采取统一授权，再分授权的模式。"以美国模式为例，在相关机构的提议下设立了网络图书馆（Net Library）。对于数字作品的授权，统一由 Net Library 作为中介，出版者选择是否加入 Net Library，如果加入则接受其作品的授权使用条款，再由 Net Library 负责向图书馆授权。图书馆通过订购的方式获得 Net Library 中数字作品的使用权，一旦使用权到期不再续订，则丧失权利。"❶ 当读者登录图书馆使用数字资源时，实际上通过网络连接被带入 Net Library 的站点，图书馆仅仅扮演一个中介的角色，并没有特别的权利，只是为读者提供一个使用界面而已。（2）通过许可使用协议禁止读者对作品的复制。统一授权的模式也仅仅是解决了作品的借阅问题，但是对于读者可否复制作品并没有涉及。实践中，出版者往往通过作品使用协议对作品的利用作出限制，一般会禁止读者的复制行为以及馆际互借。对于这些问题，在我国学界还没有被广泛研究，一般都是通过对国外规则的介绍进行借鉴式讨论。（3）许可模式对数字作品合理使用的限制。出版者设置的许可使用合同条款虽然是限制图书馆对作品的使用，但最终也限制了读者对作品的使用。因为出版者通过设定权利限制并不允许读者复制作品，合理使用就失去了前提。再者，如果在作品数字版本中加入了技术措施，则合理使用就更加失去了适用余地，因为未经许可破解技术措施是侵权的。这样对作品的复制权就从一项与合理使用关系紧密的法定之权变成受到合同约束的意定之权。公共图书馆的文献获取能力和保存能力在各个方面受到削弱，一些获取能力较弱的公众其知识获取权也被大大限制。从知识获取和公平的角度来看，目前数字资源获取模式已经受到严重的批判，认为公众的获取能力被大大削弱了，从而导致了教育、学习的不公平。图书馆作为传统的维护学习和教育公平的机构，其对数字版权的议价能力被剥夺，无疑为公众的知识获取现状雪上加霜。

　　数字出版带来的是版权规则的全面变化，如果仍然恪守传统出版领域中的概念，例如复制、公开传播等概念，而要将传统的商业规则或者法律规则照搬套用在网络环境下，就会产生诸多矛盾和问题。出版商在授权数字资源使用时通常会采取标准合同模式，针对缔约方的不同可以具体协商

---

❶ 宛玲，张长安，董伟. 面向图书馆的电子图书销售策略分析［J］. 情报理论与实践，2010（1）：93.

其中的授权条款，图书馆作为被授权方，通常出版方会特别慎重。具体来说，会考虑授权合同是独占的还是非独占的，图书馆能否复制作品，能够提供打印服务等。但通常会对版权法中的合理使用作出限制。如果图书馆通过直接购买数据库的形式获得许可，则权利通常通过设立点击许可协议进行授权。也就是在安装过程中，图书馆通过点击获取协议授权，如果要使用数字资源就要接受一揽子的数字条款，这种点击许可协议可以协商的余地很小，一旦通过点击安装接受授权条款，违规使用就会导致侵权而丧失使用权。"图书馆作为保存文化资源的机构，在数字出版环境下首先要解决的问题就是如何充分利用电子资源。据统计，2011年全球电子书销量增长了366%。在美国，平均每5人中就有一人阅读电子书。"❶ 图书馆需要适时顺应读者阅读习惯的变化提供针对性的服务，但是目前图书馆的数字运营模式却大大受到版权提供方的限制。

美国曾试图采取统一立法解决数字资源的统一授权问题，通过颁布《美国统一计算机信息交易法》（UCITA）解决数字环境中授权合约中的一些模糊问题。通过许可证对数字资源进行授权在很大程度上导致了版权人与公众之间的紧张关系，过度限制版权人的权利或者过度限制公众权利都不是好的方案，但是要在法律条文制定上达到利益平衡，立法者仍然采取十分谨慎的态度。在采取许可证模式下，确实存在合同限制条款与版权法的规则冲突的情况。实践中，法院通常会认为意定的合同条款不能与版权法的规则相冲突，美国图书馆联盟也表示拒绝适用强势的许可证制度，美国图书馆联盟在争取自身权利时强调，任何未经充分协商的合同条款都不具有效力，特别是那些规避版权法规则的条款都是不合理的。但图书馆由于对版权内容的控制力较弱，在谈判中并无优势，所以联盟的努力收效甚微。数字时代，知识产权授权标准化模式得到强化，与合同法中的格式合同条款不同，标准化模式的推广有利于数字资源的利用效率，可以说，互联网的运行就是依靠标准维系的。未来图书馆获取数字资源的标准模式应该由版权方、政府和使用者三方共同设立决定，建立一个可以保护各方共同利益的最佳实践框架。"美国国家信息标准组织（NISO）就是为了适应

---

❶ 孟丹. 数字时代各国书业都难独善其身 [EB/OL]. [2019-09-09]. http://data.chinaxwcb.com/epaper2012/epaper/d5292/d8b/201205/21678.html.

互联网的标准化需求而建立的，该组织是非营利性的、旨在发展数字环境中的技术标准的机构。该机构主持推行了一种适用于出版者与图书馆之间的授权协议，即数字内容分享标准（SERU）。"❶ 主要内容包括支持使用者通过订阅方式获取电子资源，订购有时间和使用用户数量的限制，对订阅内容的使用要符合版权法的规定。该机构制定了符合网络出版环境的合理使用、馆际互借、个人使用等规则，特别允许订阅机构可以对订阅内容进行存储。标准化组织提供的许可协议条款触及了目前数字资源授权的冲突问题，并提出了解决方案。最重要的是，标准化格式条款的同意授权可以有效地降低图书馆与出版者之间的协商成本。遗憾的是，SERU 协议并不是强制出版商与图书馆缔结的条约，所以对版权利益强势方不具有吸引力，出版者往往不愿意选择这种标准化模式。对于出版者的吸引力在于，可以增加来自图书馆的订阅量，降低谈判成本，增加授权收入。"图书馆联盟也在寻求建立自己的标准化授权机制，例如，由美国图书馆和信息资源委员会、数字图书馆联合会和耶鲁大学图书馆赞助的 Liblicense 标准许可协议就是这样一种方法。"❷ 由图书馆制定许可使用条款，出版者决定是否选择加入。图书馆联盟推出的授权许可模式更灵活，不限于订阅模式，还包括其他授权模式。图书馆仍然关注网络环境下的馆际互借、数字资源的定价和使用等问题。Liblicense 标准许可协议集中代表了数字出版模式下图书馆的利益诉求，极具代表性和研究价值。美国图书馆联盟提供的许可协议涉及三个选项：在先访问模式、存储阅读模式和数字文献的永久转让模式。使用者可以将数字资源公开展示，并可以适当复制合理部分，而且允许打印部分内容，以学术研究为目的可以适当存储数字资源并可以以学术研究的方式分享。版权许可方应当支持图书馆的馆际互借。图书馆还认为，版权人不应当对用户的使用方式作出任何形式的限制。目前的许可模式并没有帮助版权方和图书馆以及公众建立起一个良性的互动渠道，其实只是各方站在各自的立场上表明了符合各自利益的诉求，并形成

---

❶ 潘菊英. 美国 SERU 项目：开创电子资源交易的新机制［J］. 图书馆杂志，2011（7）：33-34.

❷ 潘菊英. 美国耶鲁大学 Liblicense 项目的创建及其对我国图书馆的启示［J］. 图书馆杂志，2010（9）：63.

各自的许可协议条款。只能说，这些协议条款为法律的修改提供了可资借鉴的研究素材。数字出版时代改变了文化机构以及出版者的角色、版权控制力和利益诉求，但是版权方与出版者的根本利益关系没有发生根本性变化，一方面，因图书馆仍然是出版方大客户而不能忽视；另一方面，文化机构功能的发挥也要依靠版权法的内容支持。数字出版模式下，建立一个新的面对数字资源的许可模式要平衡各方利益当然无法一蹴而就，但是基本规则需要明确。首先，数字资源的许可体系应该确保图书馆可以为读者提供充分的获取文化资源的能力。其次，在法律层面要实施修改立法，适应文化机构面对数字出版的新要求。最后，对数字权利的管理和使用方案应该充分平衡数字内容的可获取性、便利性以及安全性。

"提供数字资源已经成为图书馆的主要业务之一。例如，从 2013 年开始，美国 IMLS 已经开始资助一系列的项目，以推动图书馆提供电子书服务。这些项目不仅关注电子书的使用，同时也提出应该使电子书在图书馆之间传递。为了提供丰富多样的数字资源内容，许多图书馆需要在各种不同的电子书供应商平台上工作。在某些情况下，这会导致向用户呈现五六个不同的平台。"❶ 值得注意的是，由于来自不同提供商的内容直接与特定的应用程序和平台相结合，有时图书馆很难提供各种各样的电子书籍，这些电子书籍反映了图书馆用户的全部兴趣和体验。除此之外，每个电子书供应商平台都在不同程度上遵守了支持盲人和视觉障碍者阅读书籍的功能，这对图书馆确保公平访问提出了挑战。许多提供商应用程序收集用户的数据，虽然这些应用程序背后的供应商可能会支持图书馆对用户数据隐私的承诺，但图书馆确保隐私权在所有不同平台上得到尊重，这变得非常具有挑战性。图书馆解决用户隐私问题的一种方式是越来越多地转向图书馆员更好地控制从用户那里收集哪些数据以及如何收集数据的情况。"纽约公共图书馆与广泛的公共图书馆联盟合作，致力于开发一个免费和开放源码的移动应用程序，使图书馆用户能够更轻松地访问电子书的内容。由此产生的软件现已发布为'Simply E'，一系列机构正在推出该平台。该项目的核心思想是创建一个易于使用的前端应用程序，将从各种供应商渠

---

❶ 白燕羽. 美国 IMLS "转型社区"战略规划对我国公共图书馆社区服务的启示 [J]. 图书馆学刊，2018（5）：127.

道购买的电子内容以及免费和公共领域的内容进行整合。"❶ Simply E 通过开发和管理平台为公众提供高质量的免费的公有领域作品，特别是旗下的"开放电子书"计划，为低收入的青年群体提供文献服务，例如，通过开放电子书以及提供公益培训可以让低收入青年免费获得当前流行的出版物目录并尝试借阅，同时可以学习技术。Simply E 一定程度上促成了出版者、内容提供商和图书馆之间的合作关系，以便更公平地促进数字文化资源的访问。未来图书馆应当越来越多地参与电子书平台的设计与利用，随着图书馆越来越多地提供电子书的流通，更需要专业的图书馆员提供更专业的知识筛选和传播的专业判断，图书馆员在为特定读者提供书籍和作品方面发挥着重要作用。受到国家和社会资助的图书馆所面临的竞争压力相对较低，如今图书馆面临的问题在于如何为读者提供分析工具和文献获取服务。从国家层面来说，各国陆续推出了国家图书馆数字发展计划，致力于推动所有图书馆都可以开放共享，以满足日益增长的用户需求，进一步明确图书馆和其他文化机构的文献获取原则，以推进合作和共享为目标的基础设施的开发和使用。

第三节　图书馆版权例外规则的构建

一、图书馆版权例外规则

（一）图书馆版权例外规则的立法

版权法的基本原则在于维系作者与公众之间的利益平衡，但法律不能过度干预私益，所以通过设立文化机构作为中介来调节版权人与公众的利益。各国版权法都设置了文化机构豁免规则。首先，确认文化机构以版本留存为目的可以复制馆藏作品，这是合理使用原则的普适性规范。其次，对于未发表作品，文化机构原则上也可以复制以用于保存版本和学术研

---

❶ ENGLISH J, RICHARDSON L. SimplyE—More People Discovering More From the Library [EB/OL]. [2019-11-20]. http：//mirror.dlib.org/dlib/may17/english/05english.html.

究。最后，文化机构所获取的作品必须是以合理的价格获取的。作为数字时代网络版权立法的范例，《美国千禧年数字版权法》规定了图书馆可以至少复制三个版本的要求，而且还开创性地规定了图书馆可以以版本留存为目的制作馆藏作品的电子版。图书馆的传播功能实现通过一系列的制度运行，并不是无序向读者提供文化资源。但与我国相对宽松的借阅环境不同，美国和欧盟的图书借阅制度基于版权保护目的，设置了更加严格的限制。一般图书馆向作者提供借阅服务或者通过馆际互借借阅图书，如果需要复制相关内容，一般读者的使用行为都要受到限制，一般不允许复制的内容超过一篇文章，只能复制文献的一部分。如果读者所需复制的作品很难在市场中以合理的价格获取，那么根据情况可以允许复制作品的实质部分。同时，图书馆必须保证，读者的使用必须是以个人学习、研究为目的，读者所复制的作品使用权归读者。图书馆另一个重要的功能在于馆际互借，图书馆的馆藏资源是有限的，当某地的馆藏无法满足读者要求，可以借助馆际互借功能实现。馆际互借也是法律所认可的一种利用作品的形式，如此，图书馆的合法文化保存功能通过文献存档、馆际互借以及版本留存等功能实现。相比于读者的私人收藏，图书馆的收藏规模及对作品的使用会对版权人的利益产生更大的威胁，所以各国版权法都为图书馆使用作品提供了豁免依据，规定文化机构以科学研究、个人使用为目的对版权保护作品的使用可以对抗版权人的利益。

赋予图书馆灵活的版权豁免权利，从网络版权立法来看，立法者并不希望图书馆在网络时代丧失保存和传播文化知识的功能，所以在不断对网络版权保护法进行修订的同时，也在不断调整对文化机构豁免条款的规定。以《美国数字千禧年版权法》为例，立法赋予了美国国会图书馆三年一次的立法建议权，根据美国国会图书馆的建议，可以制定新的文化机构豁免条款。美国国会图书馆认为行使该项立法权利要遵守以下条件：（1）考虑作品的可获取性；（2）考虑获取作品的使用目的是否是营利性的，是否是以保存或教育为目的；（3）使用行为是否是以批评、评论、新闻报道、教学和学术研究为目的，为了完成上述目标可以不受技术措施的约束；（4）规避技术措施是否会对作品的市场价值产生不利影响。豁免条款三年一变，这也是立法者为应对技术措施与合理使用制度之间的矛盾所作出的缓和立法制度的设计。"2003年开始,美国国会图书馆开始利用豁免权讨论规避技术措施的例外情形,提出以教学为目的使用视听作品,图书馆可以规避技术措施。已经不流行的游戏和电脑游戏,图书馆视情况可以规避其中的技术措施。受软件狗保护的计算机程序,文学类的电子书图书馆可以适当规避技术措施以实现有声读物和文本解释功能;图书馆可以升级计算机程序固件以支持无线连接;图书馆可以利用带访问控制的光盘以防止安全漏洞。"❶ 但是美国国会图书馆也对一些使用方式持谨慎态度,他们认为目前还不能让读者自由地实现对数字资源阅读、自由更换存储设备的能力,图书馆不能制作有声读物提供给读者,对设有访问控制的作品一般不允许读者复制,对数字资源的合理使用还不能延伸至全部类型作品。数字环境下,数字化作品如何利用也存在技术上的困难。目前技术措施的设计是从限制使用角度出发的,但是技术并不能代替法官或者图书馆管理员对利用的合法性作出判断,这也使合理使用规则的判断更加主观和复杂。所以,依赖许可使用合同调整图书馆对作品的利用仍然是主要方式。

如果只允许图书馆复制三个电子版,会产生以下三种使用方式:(1)图书馆购买一份原版作品,复制两份,使用复制件用来借阅;(2)图书馆购买一份作品,复制一份,仅使用复制件;(3)图书馆购买并利用一份数字版本,而副本不提供阅览,仅提供在馆内的复印服务。当用户申请复制时,即使有两个复制件也只使用一个版本。如果提供数字借阅服务,图书馆势必要增加数字版本的复制,那么很可能不符合合理使用制度的要求,因为数字化可能导致作品的市场占有率下降,一方面是图书馆购买原版的数量减少了,另一方面减少了市场中的购买量。版权保护的是作者的劳动而不是文本的格式。如果图书馆仅仅是转换作品格式,则没有构成市场替代,不能认定为侵权,应构成转换性使用。问题在于,如果图书馆在作品数字化之前已经有可以借阅的版本,数字化之后又有一个可以借阅的版本,是否造成市场伤害?目前还缺乏从实证方面的充分讨论,如果图书馆只购买印刷版本,则图书馆在其他版本的获取中就可以节约大

---

❶ Long Comment Regarding a Proposed Exemption Umder 17U.S.C.§1201 [EB/OL].[2019-12-27]. UNITED STATES COPYRIGHT OFFICE, https://www.copyright.gov.

量的成本，但是图书馆还是会购买尽可能多的版本来满足读者需要，纸质需求的增加会抵销数字版本购买的需求。如果纸质书的购买量下降，不能弥补数字版本的提供导致的市场需求下降，这会导致出售给图书馆的图书数量下降，那么这种销量的下降是否可以被视为造成市场影响？因为这些细节问题没有解决，所以图书馆传递数字文献的功能发挥问题长期讨论但是进展缓慢。

"早在2008年，WIPO就出台了有关图书馆和档案馆的版权与限制例外规则。从事该项研究的专家考察了149个国家的版权法，发现128个国家的版权法中有相关立法的例外限制规定，而大部分国家版权法中有关图书馆档案馆的规定不止一项。"❶ 但是各国法律之间的差异很大，特别是有关复制权的规定。2014年12月，相关专家提交给WIPO的研究报告指出，186个国家中有153个国家的版权法中规定了"图书馆例外"规则。根据2008年的研究，大部分国家都在研究版权保护中图书馆的限制问题。一些发展中国家特别是亚洲国家，倡导在视障群体、图书馆和教育领域内适用版权的限制和例外规则。2011年非洲组织提交了有关在这三个领域内全面解决问题的方案，最后WIPO决定首先解决阅读障碍人群的问题。随着《马拉喀什条约》的签订，WIPO的关注点转移到图书馆领域内，但有关这一问题目前存在严重分歧。发展中国家认为需要签订一个具有约束力的条约，其他国家则认为只需要一个软性条约即可，例如，以备忘录、原则性规定为主而无须制定刚性条文。美国更是倡议制定一个有关图书馆、档案馆限制与例外的目标和原则规约，作为一国内的软法。有关图书馆规则的探讨包括图书、档案材料的保存；复制权、副本的制作和保存；法定补偿金制度；图书馆电子借阅制度；权力用尽以及平行进口；跨境共享；孤儿作品；图书馆、档案馆的责任与限制；技术措施保护；翻译权；版权限制制度与合同的关系等。"2014年WIPO下属的版权及相关权常设委员会（SCCR）两次会议讨论有关图书馆版权问题，此次会议备受关注，因为会上欧盟明确表示拒绝为图书馆利用文本作品提供有关例外规则的保护，包括不具有约束力的软法保护，欧盟的决定导致了SCCR的活动一度

---

❶ 谢光旗.论数字环境下知识产权执法国际法制的发展［J］.法治研究，2013（3）：69-70.

陷入僵局。"❶

(二) 数字出版模式下图书馆版权例外规则的变革

　　豁免条款从数字出版诞生之初就不断受到挑战，各方利益主体对利益平衡的设置都有诸多不满和怀疑，网络环境下的合理使用制度变得特别模糊且难以把握。即便是立法技术非常先进的美国，其对于文化机构的版权豁免条款的规定也没有获得认可，有学者指出，《美国版权法》第108条并没有解决数字出版环境下的作品传播与利用问题，图书馆在数字环境下的境遇实际上更显迷茫。在作品数字化传播方式花样迭出的情形下，立法很难作出十分完美的解决方案，版权学者认为《美国数字千禧年版权法》实际上根本就没有涉及数字问题。目前文化机构的豁免条款如何修订显得十分必要又难以开展，主要有以下三种建议。第一种建议是可以维持目前的立法现状，由各方利益代表进一步磋商，但这样会显得合理使用制度在网络环境下形如鸡肋。第二种建议则比较极端，有学者提出鉴于合理使用制度太缺乏可操作性，不如废除合理使用，仅保留文化机构的豁免条款。第三种建议就是修改合理使用条款，制定符合数字环境下的利益平衡制度。对合理使用条款的修订一直是立法研讨的热点问题，美国版权局甚至酝酿修改合理使用条款已近10年之久，但成效甚微。毋庸置疑，合理使用条款对图书馆等文化机构的意义是重大的，可以说是文化机构的"避风港"条款，不能被轻易废除。"2005年开始，美国版权局和美国国会图书馆就成立独立研究小组，审查和建议修改著作权合理使用制度，特别研究数字环境下合理使用制度的修改，这个研究小组由图书馆、档案馆和版权专家以及其他利益相关方组成，在经过长时间的研究讨论后，2008年，研究小组建议从以下几点修改合理使用制度：(1) 应当允许图书馆基于保存、馆藏安全等目的制作馆藏资源副本；(2) 对文化机构的豁免条款根据实际情况作出范围的扩大；(3) 应当允许图书馆对某些已经出版的作品进行预先保存复制；(4) 允许图书馆复制和保存公开可用的互联网内容。这

---

❶ 卢纯昕. 图书馆馆际互借与文献传递版权例外的立法构建 [J]. 图书馆杂志, 2016 (5)：26.

个建议并没有被官方采纳,因为各方的观点还没有达成一致。2012 年,立法的重点转向了基于合理使用前提下的作品大规模数字化以及数字化作品的安全性问题。"❶

二、数字出版模式下图书馆版权例外规则实施的难题

(一) 数字出版模式下图书馆版权例外规则难以有效发挥功能

数字出版使版权法走向了一个十字路口,利益平衡的天平如何加码,各方主体都游移不定。有学者提出,有必要对数字出版时代的图书馆重新作出定义,数字图书馆是否为合理使用适用的适格主体。数字出版发展不清晰,导致文化机构的态度也日益倾向于暂时不对版权法中的合理使用条款进行修改。美国图书馆版权联盟(LCA)以及美国档案工作者协会均赞同不修改的意见。2012 年,美国纽约南部地区法院就驳回了作家协会的诉讼请求,认为大学图书馆有权决定是否加入谷歌数字图书馆计划,并不受作者的干预。一些大学的图书馆已经将馆藏数字化资源授权存放在海西图书资料集团数字图书馆。法院进一步指出,图书馆的授权行为符合转换性使用标准,并不会构成侵权。该案也揭示了对于图书馆馆藏资源数字化的问题,至少提供了两种解决方案:其一,出版方可以授权营利性的数字图书馆进行数字化保存,但是否可以对数字化版本进行使用,还需要双方磋商;其二,图书馆对于其合法馆藏的数字资源版本可以自行数字化,属于转换性的合理使用。

对于图书馆利用作品历来争议很多,以美国为例,1976 年《美国版权法》允许公共图书馆在一定条件下享有公开展示权(放映权)。"但是这个条款如何适用引起了分歧,例如,1982 年,加利福尼亚总检察长被问及国家惩教机关是否可以给监狱囚犯播放录像带电影,他认为录影带供家庭使用才是合理使用,在监狱放映是侵权。与加利福尼亚州和犹他州当局不同,路易斯安那总检察长认为在监狱放映不构成侵权,因为不构成公

---

❶ TRAVIS H. Free Speech Institutions And Fair Use: A New AGenda For Copyright Reform [J]. Cardozo Arts&Ent. L. J, 2015, 673 (33): 696-697.

共放映。1988 年，路易斯安那总检察长表示不允许向超过 30 名囚犯放映。这明显不同的解释让很多图书馆陷入困境，不知道如何正确使用馆藏的音像制品。最终美国联邦最高法院多次表示，版权的主要目的是促进知识的出版和传播，对版权所有者的奖励是次要考虑因素。"❶

DMCA 被认为限制了合理使用规则的适用。《美国数字千禧年版权法》规定："任何人不得避开能有效控制受本法保护作品的获得的技术措施。"这一规定意味着合理使用制度面临一系列问题。根据该法规的严格解释，即使出于合理使用的目的，规避访问电子书的技术保护措施仍将被视为违反 DMCA。例如，根据 DMCA 规避数字版权管理（DRM）软件访问多个电子阅读设备，例如，如果希望可以同时在亚马逊的 Kindle 和苹果的 ibooks 阅读器上阅读电子书，就需要突破技术措施的限制，这不符合法律规定。所以有学者指出，网络版权法中的相关规定实际上限制了对数字资源的使用。美国诉埃尔科姆公司案（United States v. Elcom）中对电子借阅问题也有所触及。❷ 被告 Elcom 被控违反 DMCA 的反规避规定，因为它开发并出售了一个程序，允许 Adobe Reader 电子书购买者"将格式转换为可在任何 PDF 中阅读的格式而不受格式的限制。Elcom 案至少证明了 DMCA 并没有消除合理使用制度，但让合理使用制度的适用变得困难。法院甚至还说，"制作电子书的备份副本，用于个人非商业用途，可能会被视为不侵权的合理使用，这些声明显示，加利福尼亚州北部地区正在摆脱严格的《美国数字千禧年版权法》的解释。解决合理使用规则的适用问题对整个电子书产业的发展都会产生影响。

图书馆如何正确使用馆藏资源才符合合理使用规则，需要依据合理使用的构成要素来分析。营利性的使用一般不属于合理使用，但营利性的转换性使用构成合理使用。如果使用的作品是创意性的作品，一般不会被认定为合理使用。如果会对作品的潜在市场利益产生不利影响，则也不会构成合理使用。实际上，如果按照图书馆的分类研究，合理使用规则并不能完全调整图书馆的功能实现，合理使用规则更倾向于学术图书馆和研究型

---

❶ GIBLIN R，WEATHERALL R. At the intersection of public service and the market：Libraries and the future of lending [EB/OL]．[2018-08-12]．https：//core. ac. uk/display/36797334.

❷ United States v. Elcom Ltd. 203F. Supp. 2d1111，2002U. S. Dist.

图书馆功能的实现,因为这两类图书馆多是非营利性的以个人使用和学术研究为目的的使用,通过合理使用可以支持对教科书的复制和研究所需专著的复制。但是公共图书馆适用合理使用就存在一些法律中的灰色地带。首先,公共图书馆对作品的使用是否是营利性的存在争议。其次,对于图书馆可以利用的作品类型,并没有全部覆盖版权法中的作品类型,在美国法中是排除了音乐和美术以及雕塑及部分影视作品的,但是我国法律对此没有明确规定。鉴于上述作品的性质,合理使用的界限判定不够清晰,极易出现纠纷。

(二) 数字出版模式下新合作机制的探索

"目前,一些出版商已经开始着手考虑为图书馆提供去除技术措施的电子版本,2012 年,具有世界影响力的出版商 TOR 集团的英国子公司宣布在其所提供的数字版本中去除技术措施,而且允许电子书在多个阅读平台中传递,并确认图书馆可以规避技术措施,这一举措获得了一些国家图书馆联盟的肯定与欢迎。"❶ 转换性使用的概念提出后,为合理使用的判定提供了新的标准,一般来说,法院经过判断,如果使用对作品增加了新的内容,则转换性使用成立,也就是说,转换的程度越深,商业性的因素就越弱化,就不易构成侵权。海西图书资料集团案对转换性使用的认定至关重要,法院认为海西图书资料集团数字图书馆虽然对数字化版本进行了使用,但是仅限于为有阅读障碍的读者提供文献的全本阅读服务,所以构成转换性使用,这也成为不侵权判决的一大依据。但是如果数字文献中嵌入了技术措施,情况就大为不同了,未经许可规避技术措施的行为构成侵权。如果不是为有阅读障碍的人群提供电子文本,图书馆的使用行为就难以构成转换性使用。英国大学诉版权许可代理机构案也证明了商业竞争因素对判断合理使用的重要性,该案涉及对大学的一揽子许可,包括影印图书、杂志但不包括课件制作。❷ 课程包是"通常在教室中使用的复印材料

---

❶ WLAZLO M. The Tale of the E-Book: Library Lending's Newest Edition [J]. Syracuse L. Rev, 2013, 273 (63): 275.

❷ Universities UK (formerly Committee of Vice-Chancellors and Principals of the Universities of the United Kingdom) v. Copyright Licensing Agency Limited, and Design and Artists Copyright Society Limited, Copyright Tribunal Case Nos. CT 71/00, 72/00, 73/00, 74/00, 75/01.

集合，以书籍形式或课堂讲义形式分发"。英国版权法庭认为，应该从许可证中删除对课程包复制的限制。版权法庭阐明了以下几个有用的观点，有助于澄清与电子借阅有关的合理使用原则。法院认为，合理使用应当局限在个人研究和学习使用，而不允许制作多个副本。如果图书管理员确信要求复印件的人为了私人研究的目的需要使用，可以按照图书管理员的建议对文章的复制范围或合理使用比例要求提供图书。由此看来，法院试图在如下两个层面进行利益平衡：（1）版权所有人的经济利益；（2）一般公众的利益（通过赋予图书馆权利）。案件难点在于合理使用的尺度问题。但是从适用合理使用制度的严格程度来看，公众很难取得优势。英国学者认为，根据《英国版权法》的规定，谷歌图书馆模式在英国不能构成合理使用，所以至今谷歌图书馆案都被认为是《美国版权法》中的创新性案例。英国政府在 2012 年 9 月对数字资源利用问题作出说明，希望可以出台一个全国性的电子借阅政策。美国图书馆联盟已经意识到要及时转型来应对数字出版模型下带来的服务转型，通过与主要出版机构协商，也并没有改变图书馆在数字出版模式下的劣势地位，对作品使用受到出版商的压制，图书馆在数字出版时代可以提供给读者的免费文化阅读服务越来越受限。图书馆逐渐开始寻求通过引用合理使用制度进行抗辩，这个模式的探索也是步履维艰。面对数字出版的冲击，作为文化机构的图书馆以及司法实践中也产生了诸多分歧，通过对一系列案例的研判，可以窥见其发展脉络。例如，在兰登书屋诉罗塞塔案[1]中，作者与出版者签订了作品的排他许可使用合同，出版者认为排他许可使用合同中的作品当然基于作品的电子版本，而作者并不同意这样的解读。法院支持了作者的诉讼请求，认为仅针对文本作品本身的授权不能及于作品的电子版本，事实上这意味着法院已经通过判例承认电子作品的财产属性。对于数字资源的产业化传播具有里程碑似的意义。图书馆对电子资源的使用是受到严格限制的，鲜少可

---

[1] Rosetta Book. Caryn J Adams，Random House v. Berkeley Tech. L. J. 29. 2002.

以使用全本。以 Over Drive 电子图书馆为例，❶ 虽然其已经形成比较完善的借阅规则，但对数字资源的利用很大程度上受到出版方的牵制，当大的出版商宣布不再为 Over Drive 提供数字资源，就会严重影响数字图书馆运营的稳定性，所以，2011 年，Over Drive 宣布旗下的任何一家图书馆都只能在馆舍范围内提供数字资源。

图书馆在数字版权立法中也被限定为用户，所以对于技术措施条款的限制也同样可以限制图书馆。虽然在数字版权立法中对图书馆等文化机构规避技术措施提供了豁免依据，但立法仅限于以保存作品为目的，只要有可以利用的馆藏版本，就不能进行数字化。这种按需保存的豁免制度是十分严格的，而且何为保存版本需要很难作出具体判断。当然，数字版权立法面对过于僵化的规定，也适当对图书馆的技术措施豁免作出了调整，例如，《美国千禧年数字版权法》对图书馆豁免条款作出了修改，允许图书馆可以数字化复制的版本由一本增加到三本，但是电子版本不能在图书馆场馆外由公众自由获取。然而，这种修改并不能满足数字借阅的要求，可以说数字技术日新月异，而法律规则修改则是谨小慎微。

自 2005 年开始，各国已经开始寻求改变立法，解决对数字作品的利用，美国国会图书馆组成了《美国版权法》第 108 条研究小组，这个小组由知识产权专家、律师、图书馆管理员和一些其他版权机构组成，其组成的目的是解决图书馆对数字资源的利用问题。这个研究小组也给出了研究建议，他们建议应该赋予图书馆对读者利用数字作品合理性的审查权，读者可以向图书馆提出利用数字资源的申请，图书馆应该确保读者的使用是符合合理使用要求的。图书馆可以采取措施阻止未经许可的复制和其他使用行为。图书馆收藏视听作品实际上是受到版权方约束的，根据美国的一份市场调查显示，很多电影公司并没有将电影作品的收藏权利赋予图书

---

❶ "Over Drive 赛阅数字图书馆"包含数千种高质量中英文电子图书及有声读物，以小说、文学类为主。平台还专门设立了儿童电子书，主题包括初级读物、漫画与图画书、奇幻读物、儿童绘本等。该平台的电子图书提供 epub 格式的下载和 Over Drive 格式的在线阅读。广大读者可在该平台上根据书名、作者等进行检索，借阅电子读物，并创建个人的愿望清单，还可针对每一本电子图书查看书目详情、试读样本。

馆，也就是说，如果未经授权，图书馆使用这些电影公司的流行商业电影是违法的。另外，如果图书馆购买流行影片，费用昂贵，且使用的频率也不会很高，而且这些流行影片是有使用期限的，如果许可证到期，一般无法收回成本，所以图书馆需要权衡利弊。虽然有合理使用制度作为抗辩，但是由于存在市场因素的判断标准，所以图书馆还是惧怕陷入诉讼风险中，不会采购热门作品。还有一个因素就是对于数字作品的许可使用模式，使图书馆对版权规则的解释陷入了模糊地带。"美国学术和研究图书馆协会针对数字作品的合理使用问题在2012年出台了实践准则，对图书馆利用数字作品的合理使用作出了原则性说明，他们认为，合理使用原则在不同媒体之间或者不同格式的作品之间应该不存在任何区别，各种内容（如文本、图像、视听作品、音乐）应遵循相同的原则。强调作为非营利性的机构，图书馆对合法获取的视听资料的利用只要是合理的和有限的就应该受到法律的支持。如何判断使用的合理性呢？根据实践准则的规定，如果使用的数字内容是未经许可的，但与在现场教学环境相关且为通常使用的数量就是合法的。如果是为了远程教育而使用的教学素材，需要符合以下要求：使用不能侵犯作品版权；如果是使用表演需要在教师的指导下进行；使用的材料必须是课程的组成部分并与教学方法直接相关；要设置必要的技术措施，防止参加课程的学生以任何方式获取版权内容；在使用过程中必须采取措施防止版权内容外流；以及确保获取的版权内容是合法的。"[1]

2014年，美国知识产权和互联网小组委员会就作品的保存和再利用问题举行了听证会，其中对合理使用制度的修订进行了详细讨论，在这次会议上，参与方都认为图书馆的运行需要依靠合理使用制度，但合理使用制度的操作太过弹性，不易把握。这导致文化机构要完成知识传播的任务需要一个完整的版权规则指引。版权立法是全球性的，图书馆本身也可以实现全球联网，围绕合理使用问题仍然悬而未决的是技术措施与合理使用的关系，因为数字环境下的立法无论是我国的《信息网络传播保护条例》，

---

[1] CONNELLY M. The Role of the E-Book in the Library System: A Comparative Analysis of U.S. Fair Use and U.K. Fair Dealing in the E-Lending Universe [J]. Cardozo J. Int'l & Comp. L., 2014, 561 (22): 579-580.

还是《美国数字千禧年版权法》，都限制了合理使用在网络环境下的适用，规定任何组织或者个人不得故意避开或者破坏技术措施。这样，在转换性使用方式下，规避技术措施的仍然构成侵权。技术措施的豁免、合理使用规则的变化等问题使电子资源数字化变得十分复杂，法律风险问题如雾里看花，纷繁复杂，要一一梳理清楚。这个问题虽然在一些案例中有所触及，但至今仍然没有明确的司法解释，例如，在美国诉埃尔科姆公司案❶中，法院在判决中指出，使用者将合法获得的数字化资源改变格式的使用并不应该受到版权人的限制，但何种形式的技术措施规避是合法的，该判决没有进一步解释。只能说合理使用在数字资源使用中是具有适用余地的，但是如何适用还需要进一步探索。美国的法律和判例作出了一些开创性的规定，而其他国家的开创性范围却不尽相同。"例如，英国版权、设计以及专利法案（CDPA）规定，图书馆可以复制合法取得的已经出版的作品，但是这种保存性的使用不能侵权著作权，而且保存的目的仅限于非商业性的研究或者私人学习。"❷ 实际上，这对图书馆的使用方式限制是非常严格的。英国法的合理使用制度立法也是采取了列举式的规定，并没有涉及对作品数字化版本的利用问题，实际上存在立法上的空白。法律是落后于技术发展的，随着技术的发展，法律的滞后性就会益发凸显，各国都寻求在立法中突破，但路径选择都不清晰。对比各国合理使用制度的规定，采取列举式规定的国家其规则的僵化性受到批评，而且在案例规则与新技术手段的使用产生冲突时，通常会构成侵权。以英国为例，消费者将合法购买的 CD 唱片复制到电脑上或者制作成 MP3 是违法的，类似于这样的格式转换性使用都是不允许的。"2013 年开始，英国知识产权办公室也开始寻求立法突破，制定有关技术措施豁免的例外情形，立法全面禁止私人复制的立场正在逐渐被突破。至少英国开始立法允许消费者将合法购买的作品用于私人复制供自己使用。"❸ 但立法建议也进一步解释，如果公众获取的版本是包含技术措施的管理信息的文本，则意味着不能复制，那

---

❶ SIEBER A. The Constitutionality of the DMCA Explored：Universal City Studios, Inc. v. Corley & (and) United States v. Elcom Ltd [J]. Berkeley Tech. L. J, 2013, 7 (22)：58.

❷ 王芳. 英国图书馆使用著作权的规则和立法评述 [J]. 图书与情报, 2011 (2)：54.

❸ NIVA ELKIN-KOREN. Rulifying Fair Use [J]. Ariz. L. Rev. 2017, 200 (59)：179.

么公众就不能规避技术措施进行复制。如果公众认为技术措施的封锁过于严苛，则可以向国务大臣投诉，国务大臣可以视情况下令解除技术措施。虽然法律的修改尚在酝酿阶段，这又表明数字化资源的使用问题十分复杂，立法或者是对现有的法律条文修修补补都不可能一蹴而就。为了缓和列举式的僵化规定，判例法国家通常会根据案例提炼出解决合理使用认定中的普适性原则，例如，英国判例法在阿什当诉电报公司案（Ashdown v. Telegraph Ltd.）中形成的认定合理使用的规则包括："（1）作品的性质；（2）被告获取作品的方式；（3）使用的数量；（4）使用的目的；（5）对作品市场的影响；（6）交易是否存在替代方案。"❶ 在英国上诉法院的判例中，法院认为商业竞争因素应当被作为重要的目标考虑，确保被告的使用行为不会对版权人的市场产生影响。在判断商业竞争因素的时候，法院通常会慎重考虑相关因素。在 Universities U. K. v. Copyright Licensing Agency. 案中，对于大学图书馆，法官只允许其影印图书、杂志但是不包括制作课件。❷ 法院认为，学校可以影印图书和杂志在课堂上以讲义的方式供学生使用，但如果使用到课件中就会影响版权人的商业利益。法院进一步指出，合理使用应当局限在个人研究和学习使用，即便允许制作复制件也不能制作多份。至于制作多少副本是合理的，法院认为应交由使用机构来判断，例如图书馆就可以根据数字文献的使用情况来决定制作几本副本以满足使用要求并给作者提出相关建议。总之，法院在判断合理使用规则适用时要考虑版权人与公众的利益，而图书馆就是公众利益的代言人，但如果将合理使用的规则设定得过于严格，则对公众明显不利。

三、图书馆版权例外规则的变革

（一）数字出版模式下更依赖合理使用制度的调控是否合理

合理使用制度是一个灵活的条款，它在起草阶段就是为了应对科技和

---

❶ Ashdown v. Telegraph Group ltd. Reports of Patent, Design and Trade Mark Cases [EB/OL]. [2018-10-11]. https：//doi. org/10. 1093/rpc/2002rpc5.
❷ PICCIOTTO S. Copyright Licensing：The Case of Higher Education Photocopying in the UK [EB/OL]. [2019-12-27]. https：//www. lancaster. ac. uk/staff/lwasp/licensing-eipr. pdf.

交易习惯的变化带来的影响。它并不要求每个因素都被赋予一个特定的权重，或者被视为彼此相等。实际上，尽管法院最常用的是四种列举因素，但这些因素并非排他性的，法院似乎也考虑过其他因素，如当事人的行为、言论自由和意想不到的技术。"法院和议会对版权法合理使用的最好评价是：合理使用制度是用来衡量版权制度的终极目标，即促进科学和艺术作品的传播、进步的目标是否可以实现。最好的手段是允许一些新的事情发生，而不是阻止这些新事物的发展。所以合理使用规则适用要结合案例的基本事实进行个案分析。"❶

电子借阅是否会造成版权人的损失，这个难以被证明的问题使电子借阅的推进举棋不定。"数字化借阅的问题与数字音乐的传播问题具有相似性，例如，ReDigi 是一个关于'用过的音乐'服务的案例，它允许用户合法地出售获取数字音乐文件给另一个用户，在允许第二个用户访问之前将其从第一个用户的设备中删除。"❷ 在数字借阅模式中，图书馆并不是要出借纸质版本而是电子版本，所以首次销售原则并不适用于数字版本。"按照 ReDigi 案的裁判逻辑，图书馆就会面临一个结果，如果数字化一个版本来代替损坏的版本，但是却不能进行馆际互借，除非关闭第一个图书馆。著作权法的立法目的之一在于保护作者的创作，但是这个目标也是基于利益平衡的前提设定的，因为同时也要确保公众对文化产品的获取，而不能对公众过于防备。对于数字作品的利用就集中反映了数字出版模式下利益平衡的重构。重构利益平衡，学界都将目光放在了合理使用制度中，毕竟合理使用制度的核心要素在于确保公众可以自由地使用作品但不构成侵权，但是在数字出版前提下，公众对作品利用的制度缺席，导致合理使用制度的适用存在限制，整体来看，数字出版中的作品利用政策是对公众不太友好的。图书馆合理使用抗辩无法操作的情形之一在于，图书馆如果要自由出借电子书，就需要克服电子书平台的不兼容性。电子书的不兼容性体现在不同格式的电子书只能在不同的阅读器上使用，图书馆要打破这种不兼容性就需要破解电子书中的技术措施，或者只能寄希望于出版方提

---

❶ DIAZ A S. Fair Use & Mass Digitization: The Future of Copy-Dependent Technologies After Authors Guild V. Hathitrust [J]. Berkeley Tech. L. J, 2013, 683 (28): 616.

❷ Capitol Records v. ReDigi. Case 1: 12-cv-00095-RJS Document 109 Filed 03/30/13.

供去除技术措施的版本，以便使电子书可以在不同的阅读器上使用。由于嵌入了技术措施，版权人不会允许图书馆规避技术措施，同时法律也规定不能规避技术措施。目前有关合理使用的立法中，美国立法模式被认为最具灵活性，国际条约及我国、欧洲一些国家的立法采取了列举式，又被认为过于僵化。美国的合理使用条款的灵活性主要体现在法官要基于客观事实进行判断，使用者的使用方式是否构成合理使用，赋予了法官很强的自由裁量权，然而缺乏一个统一的适用标准。美国合理使用制度的灵活性也被认为是优点，但这种灵活性在数字时代也带来了问题，因为缺少适用标准，导致法官在应对新问题时出现反复或者久拖不决，而且在一些案例中还出现了法官明显矛盾的分析，一方面法院严格按照法条作为依据进行裁决，另一方面法院又认为过于严格的法律解释是有悖于版权法基本原理的，这样就形成一个对合理使用规则的质疑。

（二）数字出版模式下图书馆版权例外规则的变革方向

合理使用规则适用的问题，法院虽然提出了一套判定规则，即四步检测法，但是一些国家的图书馆组织也提出了自己的使用规则。例如，美国图书馆联盟制定的图书馆合理使用规则就赋予了图书馆对网络材料的保存，以及图书馆对陈旧格式和已损坏的作品可以保存；图书馆可以对馆藏的影视资源进行播放的权利。在美国其他典型案例中，法院都在某种程度上赋予了图书馆免受版权诉讼的困扰。"例如，剑桥大学出版社诉贝克案、信息媒体和设备协会诉加利福尼亚大学董事会案都确认了图书馆作为文化机构应当免于承担过于严苛的版权责任。"❶ 抗辩规则也往往适用合理使用条款，这被认为是降低了文化机构的运营风险。美国司法实践中明确肯定学术用途带来的实际损害很小，所以可以不用适用高额的损害赔偿规则。既然在损害赔偿规则中已经形成对文化机构的豁免，所以美国立法中并不急于修改合理使用规则。这种立法思路事实上与我国目前的司法实践接近，尽管我国合理使用条款被诟病为过于僵化，但是在司法实践中，法

---

❶ KING R. House of Cards：The Academic Library Media Center in the Era of Streaming Video [EB/OL].［2019-08-07］. https：//digitalcommons. liu. edu/cgi/viewcontent. cgi? article = 1028&context=brooklyn_libfacpubs.

院一般都会援用合理使用规则的四步检测法来具体解决争议问题。版权法的修改要平衡各方利益,美国国会立法委员认为,修法至少要满足三个条件:对各利益团体都不会产生实质的利益损害;不能引发对数据资源的海盗行为;尽量落实各方的利益需求。美国版权清算中心(CCC)资助图书馆对抗来自版权方的诉讼。美国出版商协会(AAP)一直是图书馆版权政策的主要反对者,强烈反对司法实践中法院对合理使用的弹性解释,特别是美国教育法案作出的有关远程教育的规定,允许在远程视频教学中对在线文献的获取,出版商协会对此也持反对态度。立法规则的变革争议不下,目前美国业内达成的共识在于图书馆要确保使用技术措施或者其他方式保证读者的使用方式,例如以个人使用为目的等,不能扩大使用以损害版权人利益。绝大多数图书馆的性质都是公益性的,对其中的藏品不会进行商业开发,但是对未发表的作品利用不适用于合理使用规则。

数字时代图书馆的版权例外规则的研讨并未停止,中外学者都对合理使用规则进行了多方解读和批评,普遍认为目前的合理使用制度至少没有承认技术中立的价值,不能在数字时代广泛适用。海西图书资料集团案实际上对数字时代图书馆的版权例外规则进行了比较全面的分析和梳理,根据该案,美国一些地方法院也开始从技术中立角度对图书馆的使用行为进行分析,如图书馆可以利用数字技术为视障人群提供作品。贝尔法官在谈到数字时代图书馆的角色问题时,认为:"数字化时代,对作品的大规模数字化是可行的,这种方式是转换性的,这种技术的进步是对科学艺术的进步的重大贡献,而科技成果的实现需要合理使用制度的支撑。"❶ 美国研究型图书馆协会 2012 年经过与其他图书馆组织磋商后提出了"学术和研究图书馆合理使用最佳实践准则",确定了图书馆在 8 种常见情况下合理使用的原则:(1) 通过数字网络向注册学生提供与课程相关的内容,支持教学和图书馆馆藏的访问;(2) 使用收集材料的选择来提高公众对收藏品的认识和参与度;(3) 保存风险或易碎材料;(4) 在适当情况下以电子方式提供图书馆特别馆藏的数字版本;(5) 为残障学生和其他人重制图书馆资料;(6) 为保持机构知识库中作品的完整性;(7) 为计算机辅助

---

❶ MONTANO N H. Hero with a Thousand Copyright Violations: Modern Myth and an Argument for Universally Transformative Fan Fiction [J]. NW. J. Tech. &Intell. Prop, 2012-2013, 11 (7): 706.

非消费研究（如文本挖掘）创建数据库；（8）在网络上收集并提供用于发布的学术用途资料。❶ 未来有关图书馆利用作品仍然需要依靠合理使用理论，那么合理使用制度改革应该遵循两个原则：第一，文化机构应该保持获取文化产品的能力；第二，面对数字出版的新情况，适当增加有关图书馆合理使用的规则。数字出版时代，图书馆等文化机构所面临的法律挑战将更严峻，也更复杂。毫无疑问，数字时代的图书馆仍然是以提供公共服务为宗旨的，但是需要更加训练有素的工作人员，确保为读者提供合法的作品并进行合法的使用。

我国有关图书馆的立法在知识产权条款中是很笼统的，但是在实践中，文化机构的运营规则因为机构的性质不同是有区别的。例如，公共图书馆、高校图书馆、国家图书馆其地位和分工各有不同，所以法律责任也存在差别，但是著作权法无法在法律条文中进行细化，所以还需要从图书馆立法或者教育立法的角度完善文化机构的版权责任和豁免。以高校图书馆为例，利用所掌握的优势和专业资源发展特色文献服务已经成为发展趋势，美国罕布什尔大学法学图书馆是较早提供知识产权培训的地方，特别是专利检索，现在该图书馆提供资源共享服务。虽然数字出版使公众对版权资源的获取十分便利，但并不意味着图书馆的功能在网络环境下已经不重要了，学术图书馆等机构的运营显示了文化机构的一些专业职能的发挥是不能取代的，图书馆肩负着确保公众对稀缺和特殊资源的获取能力。另外，图书馆还可以促进资源共享。图书馆的主要特性在于分享，数字出版时代改变了图书馆的分享能力，但也丰富了图书馆可以分享的资源，包括软件、图片、视频、音频等。

在立法层面，争论首次销售原则的存废对实践意义不大，所以需要从侧面规定一些辅助的条款。辅助系统在我国并不突出，但是《美国版权法》中确实存在一些可以从侧面发挥作品传播优势的规则。第一，发挥美国国会图书馆的作用。"根据美国数字千年版权法案的规定，美国国会图书馆有权利和义务为作品利用形式的豁免提出建议，每三年对技术措施规避制度作一次修改。自 1998 年以来，美国国会图书馆已经使用了 5 次相

---

❶ 美国大学和研究型图书馆公平使用最佳实践指南 [EB/OL]. [2018-08-08]. https：//publiclib. szlib. org. cn/news/88. html.

关权利，通过了规避技术措施的例外情形。2012年的规避技术措施的例外包括：（1）允许残障人士通过读屏技术或者其他辅助技术阅读电子文献；（2）允许智能手机'越狱'；（3）以非营利性使用为目的以及批评评论、教育为目的规避DVD以及视频中嵌入的技术措施；（4）为视听障碍者播放视听作品可以绕过技术措施。"❶ 赋予美国国会图书馆一定程度的立法建议权，可以有效地确保图书馆文献传递功能的发挥，至少目前可以保证视听障碍者的文献获取能力。反规避条款允许图书馆从合法购买的数字作品中删除技术措施，重新包装数字作品并嵌入图书馆的数字技术措施以防止读者滥用权利。这个措施的设置实际上是把版权内容的控制权从出版者手中转移至图书馆，可以把有形图书的借阅制度移植到数字作品中。但是这个措施是不稳定的，因为三年修改一次豁免建议的规则会使豁免规则的持久性受到考验，造成权利的不确定性。如果图书馆承担版权作品使用是否合理的监督工作可能会变相增加图书馆的运营成本。对于文化机构的豁免问题，美国版权局认为应当从以下五个方面考虑：（1）版权作品的可获取性；（2）使用作品的目的限制为非营利性的归档、保存以及教育为目的；（3）规避技术措施仅限于以批评评论为目的、新闻报道、教学或者研究；（4）规避技术措施对版权作品市场价值的影响；（5）图书馆认为其他需要豁免的情形。版权局的规定其实将豁免的证明赋予使用者，而且证明要求相对较高。这对文化机构传播数字作品有一定的限制作用。这一模式的建立也取决于出版商的授权，如果采取许可模式，图书馆重新嵌入技术措施的行为也不符合许可合同的要求。

总之，目前的著作权立法是面向印刷机时代的立法，已经不适用于数字化时代。文化机构的版权豁免条款的改革原则应当是：（1）明确文化机构对数字文献资源的访问权限和利用方式；（2）著作权法要关注文化机构独特的利用作品的问题，要有针对性地作出回应；（3）图书馆馆员要具有知识产权法律知识，可以为用户提供对作品的使用意见，防止侵权；（4）技术中立原则要得到强化；（5）保持合理使用条款的灵活性，以适应网络时代作品利用模式的不断变化。我国知识产权保护条款与文化机构

---

❶ 李明德. 美国知识产权法［M］. 2版. 北京：法律出版社，2019：416—417.

的关系密切度不高,反观《美国版权法》有很多条款可以用来保护文化机构对作品的传播,包括合理使用制度、图书馆豁免制度、首次销售原则以及有关教学的豁免、有关阅读障碍者的豁免,以及对善意侵权的补救措施等,可以说比较全面。在数字出版时代,图书馆的支付成本并没有如预计的一样降低,反而增加了。2012 年,美国学术图书馆就支付了约 16 亿美元获取电子资源,获取的方式包括许可和购买,对数字资源的获取已经占全年总支出的 60%。数字化文献资源的利用还存在很多障碍,例如,海西图书资料集团数字图书馆拥有数百万册的数字收藏,但只有大约 34% 的网站在线上可用,所有可以提供阅览或者下载的作品都在公共领域。"World Cat 对全球 7.2 万多家图书馆的馆藏目录进行了整理,数据显示,这些图书馆的藏书大部分是已经距今超过 100 年历史的作品。"❶

对于文化机构的豁免适用是有限制的。首先,可以受到豁免的文化机构应该是向公众开放的,而且不应该是营利性使用。文化机构使用作品的目的是保存。数字出版模式下,文化机构利用作品的模式在不断探索中,最终的目的都是使公众可以获取文化产品,但是不能打破版权法中的利益平衡。其次,目前图书馆对数字作品的利用分为三种:(1)以保存为目的,对作品的标题进行数字化,但是只能借阅物理版本;(2)数字化作品的标题,但是可以给阅读障碍者借阅电子版本;(3)数字化电子书标题和文本以提供借阅服务。目前争议最大且难度最大的问题是第三种,流通数字化标题的图书馆只能同时使用其合法获取的份数。也就是说,如果图书馆拥有三份作品,那么可以数字化一本,或者考虑流通一个数字版本和两个文本版本,或者流通三个数字版本,或者两个数字版本和一个印刷版本,物流如何搭配,图书馆都只能使用三个版本而不能超过三个,因为图书馆只合法拥有三个版本。无论是通过集成的图书馆系统还是通过电子阅读器(如 Adobe Digital Editions)获取数字版本,只有一个用户可以在给定的时间使用任何给定的副本,任何格式的发行都受到控制。最后,图书馆对电子书的使用模式要在一国的法律界限内。如今图书馆需要接受并认识到数字化及借阅已经成为图书馆的一项服务并可能成为核心服务。加入

---

❶ World Cat 是联机计算机图书馆中心(OCLC 公司)的在线编目联合目录,是世界范围图书馆和其他资料的联合编目库,同时也是世界上最大的联机书目数据库。

这个服务有三个好处：一是节约成本；二是更多地获取文献；三是为更多人提供文献。借阅成本包括运输成本、催缴还书的成本、收藏成本（避免重复收藏）、安保成本。事实上，和早期相比，目前的图书资料出版量已经相当大，而读者的搜索成本在上升。古本和珍本的保存问题也得到了解决。电子化图书也使读者可以获得更好的阅读体验，因为之前的影印版和电子版相比，其内容并不易于阅读。最重要的是数字化获取的便利对偏远地区和残障人士意义重大。特别是在我国，居住在农村地区或偏远地区的人群获得图书馆资源的难度更大，虽然从硬件设施建设来看，一些乡村已经开通网络，但使用率和使用方式还有待考察。笔者面向大学生群体作了调研，显示来自农村牧区的学生群体在家主要通过网络进行远程通信、休闲娱乐，而认为利用网上图书馆进行知识获取的则很少。基于文化差异和版权保护意识的差异，中西方的图书馆文化和图书馆建设方式还存在很大不同，虽然从理论上看，我国有关图书馆版权研究的理论也关注了图书馆资源数字化、数字借阅以及数字化教育问题，但是从实际推行来看，并没有取得卓越成效。相反，以美国为代表的发达图书社区建设和法律制度建设已经开始将数字出版的红利传播给公众，虽然存在版权争议，但是随着各方推动，至少在各方利益范围内实现了对数字文献的保存与传播。对于少数民族文化传承来说，图书馆的重要地位不言而喻，在完成对少数民族文化资源数字化保存的同时，还应继续思考如何确保少数民族文化的数字化传播问题。

本章小结

本章对图书馆与少数民族文化传承的关系作了深入研究，结合一些域外的最新经验，讨论应当在数字出版模式下对图书馆保存和传承文化资源功能的发挥提供更灵活的版权保护规则的支持。美国、新西兰、澳大利亚等国家也开始着手推动本国少数民族文化资源的数字化保存，在数字化的同时也提出对数字资源的利用问题，从域外经验来看，对少数民族文化资源的数字化保存与利用的任务大多由图书馆进行，只是在对图书馆有关少数民族文化数字化资源利用的制度规则不尽相同。美国强调构建全国统一的数字平台，图书馆将承担更多的文化传播职能，而澳大利亚和新西兰则更倾向于和当地少数民族社区建立联系，对少数民族文化数字化的利用和利益分配问题作出更细化的规定，一方面要促进少数民族数字化文化资源的传播，另一方面也要尊重少数民族群体的文化感情和生活习惯。这为我国少数民族文化资源的数字化保存和利用提供了经验支持，同时也进一步说明，仅仅是数字化保存还不够，对少数民族文化资源的数字化利用应为未来趋势，但是在资源利用过程中需要注意如何将所获收益在少数民族地区与机构之间进行合理配置，其中有关少数民族群体的精神利益也需要受到尊重和保护。

作为具有大量传统特色文化资源的大国，印度所构造的民族文化传承保护模式是对现有知识产权制度的突破，同时又充分利用了知识产权保护的基本原理，将民族文化的传承模式纳入知识产权保护的框架内，实现了比较合理的利益平衡。根据印度保护民族文化中传统知识的保护模式分析，充分肯定传统知识是已经进入公有领域的文化资源，是任何人都可以无偿使用的，但是如果放任这种自由使用，反而会导致国家利益的损失，因为基于技术的落后，在本国无法利用先进技术将传统知识应用到现代医学中，那么这些知识势必会被掌握先进技术的发达国家所利用，而本国公民需要花费更高的对价来获取这些本来属于本民族传统知识的药品，这是十分不公平的。所以，印度政府采取数字化手段将本民族的传统知识统一以数字化技术的形式存入图书馆中统一加以利用，这样一方面确保本国公民可以尽快获取传统知识，另一方面通过数字化也可以起到公示的作用，以尽快对发达国家的"生物海盗行为"作出检索和反应。印度的经验表明，在利益失衡的情况下，需要对知识产权的基本理论作出适当突破，不能囿于公用领域理论的制约。

图书馆在数字出版时代日益承担数字化学习、数字化教学以及数字化培训等新的业务，这些业务既是传统业务的延伸，也是利用新技术手段的业务发展。在一些图书馆文化发达的国家，如美国已经提出社区公共图书馆在未来要为公众提供终身学习的服务，为低收入者、低学历者以及有技能学习需求的公众提供服务，这些服务可以是免费的。特别是在一些大学图书馆的服务中，通过建立资源互通的图书馆联盟降低了馆藏成本，同时也深入挖掘馆藏特色资源提供特色服务，例如，一些高校基于专业优势可以提供专业的专利检索服务或者提供知识产权法律咨询服务，从而提升本馆的影响力。随着慕课、网络课堂等互联网学习形式的出现，更多地利用互联网素材进行教学已经成为教学活动的主要方式，目前在国外的一些高校中已经开始尝试承认网络课堂学分或者承认完全自主网络学习完一定量的课程可以获得相应的学历认证。这些教学手段和学历认证方式受到肯定，但目前版权法体系内的规则不清晰，给科研人员推行数字化教学带来了困扰。制作数字化教学需要利用数字化资源，如数字化的音乐、图片、视听作品片段等，但是如何对这些数字化材料进行引用，引用的数量和质量如何控制才符合合理使用制度的要求？如果要引用的目标作品中被嵌入了技术措施，是否意味着不可以使用这些作品？很多教职人员及科研人员都提出了这些疑问，这些问题都被反馈给了图书馆，图书馆成为解决问题的主体，概因图书馆所有的数字化资源都被认为是合法的，当然如果公众已经获得了从图书馆阅览数字资源的资格，那么他们当然希望可以进一步使用这些资源甚至还希望能够以某种方式一直使用，但从版权规则来看，公众的这种意愿是无法被满足的。因为目前的合理使用规则没有对数字化素材的引用规则作出具体的规定，如何使用只能依靠个案分析。这样一些数字化的教学资源就无法制作，国外的高校依托图书馆展开教学资源的制作工作，例如，在图书馆中设置知识产权咨询专员的职位，为教职员工提供法律服务。一般如果制作数字化教学课件的引用率超过20%，图书馆知识产权专员就会给予侵权警示。

  数字出版模式下，图书馆的功能应该越来越重要，但从目前来看，因为版权规则对利益配置不清，导致图书馆的功能反而无法有效发挥。例如，少数民族地区图书馆拥有丰富的少数民族文化作品，因为版权规则的不清晰，无法对这些作品进行有效的数字化，当然这里也存在资金和技术人员短缺的问题。但是在对作品进行使用的过程中，很多问题的根本仍然是版权问题。从域外经验来看，通过组建图书馆联盟与出版机构展开谈判，同时通过参与立法建议，表明版权立场，都推动了版权法的发展。但是从国内研究来看，理论上支持参考《美国版权法》，制定数字出版模式下图书馆版权例外的呼声很高，但是对立法的发展影响很小。从少数民族文化传承角度看，发挥图书馆的文化传承职能具有重要意义，图书馆可以提供公众需要的少数民族文化产品，而且还可以辅助少数民族地区教育的发展。可以预见，未来对视听作品使用的需求增加，图书馆会成为公众认知版权法律规则的场所，由图书馆来判断对作品的使用是否合理，以免除创作者和公众对侵权的疑虑。由于我国立法对图书馆版权例外规则缺乏可操作性的指引，一定程度上束缚了图书馆功能在数字化时代的发挥。同时，对数字资源的使用越来越依赖合理使用制度，但这种过度依赖合理使用制度的现状给创作带来一定的阻碍，对于少数民族文化资源的利用来说，这些问题也同样给少数民族文化传播带来阻碍，所以需要构建清晰合理的版权规则，以推进数字出版模式下少数民族文化资源的保护和传播。

第四章

少数民族传统文化共享：数字出版与开放存取

数字出版降低了文化产品的制作、运输和存储的成本，加快了作品的传播速度，从技术层面讲，会更便利于作品的获取和传播，但事实上公众所期待的便利性并没有实现。数字技术的发展确实提升了作品的获取能力，通过爬虫技术、文本挖掘，跨学科、跨专业的文献资源被通过数字手段汇编成大型数据库，但是这种大型的数据库并不是免费向公众开放的，一些传统的有实力的大型出版商纷纷转型，开始利用掌握的丰富文献资源打造数据库，开辟新的商业出版模式。从法律角度看，这些大型数据库的版权内容提供方实际上享有的版权控制力更强，因为购买这些大型数据库的主体仅享有对数据库资源的使用权，这种使用权是有期限的，期限一到，如果不再继续订购就丧失了使用权，这种版权使用权授权方式使版权方对版权的控制力空前增强。这引起了公众极大不满，因为公众获取数字资源的能力被大大限制了。奉行自由主义理念的学者提出了"去版权"的主张，他们认为是严格的版权规则阻碍了文化的传播，特别是在科技、医学领域内实行的严格版权政策会加大国家之间的技术差异。"去版权"的理念得到了一些国家政府的支持，提供专项基金给科研机构和出版平台，鼓励这些机构提前放弃版权将文献公开供公众获取使用，于是"开放存取"出版模式得到广泛的肯定和接受。对于少数民族文化产品的传承路径来说，开放存取模式不失为一条让公众近距离且快速了解少数民族文化的有效手段，因为在商业模式传播渠道并不具有优势的前提下，利用开放存取模式培育市场和消费群体不失为一种有效策略。当然，开放存取模式也是促进民族文化交流，增进民族情感，加强民族团结的有效手段。

第一节 开放存取概念的提出及实践

一、"去版权"倡议与开放存取模式的产生

（一）"去版权"倡议的提出

以哈佛大学史蒂文·夏维尔为代表的学者在数字出版逐渐推广后大力倡导"去版权"，特别强调应该在学术出版领域内推行"去版权"的理念。这一理念逐渐得到很多学者的支持，进而促成"开放存取"运动的发展，经过大力宣传和推广，对出版物的开放存取已经逐渐有条件地被市场所接受。但是开放存取模式的持续性却一直受到质疑，虽然目前可以通过版权使用许可的方式来推行开放存取，但效果有限，且冗长烦琐的谈判机制也使谈判各方陷入长期的博弈过程中，成本过高却效率不高。毋庸置疑，数字出版催生了"去版权"理念的产生，而且这一理念的倡议者也积极推动实施"去版权"，进而带来网络环境下文化产品"共享"模式的推行。

史蒂文·夏维尔主张在学术出版中放弃版权，他认为，"（1）科学家的创作动机是获得荣誉，通过作品来吸引读者以及志同道合的合作者；（2）开放存取出版模式是最佳的、也是最快的吸引读者的方式"[1]。"去版权"的倡议虽然得到一些学者的坚定支持，但仍然存在很多疑难问题需要解决。例如，有学者提出一味追求"去版权"会导致期刊质量降低。长此以往会使人们对学术作品的评价降低，进而影响学者的口碑甚至会导致负面评价。这种担心不无道理，"去版权"带来的有益效果就是作品的出版流程加速，但是会导致稿件质量审核被忽视，进而影响期刊的影响因子和声誉，而作者更重视的往往是期刊的质量。如果一本期刊的读者群少但是

---

[1] SHAVELL S. Should Copyright Of Academic Works Be Abolished? [J]. J. Legal Analysis, 2010, 301 (2): 303.

声誉很高，作者肯定会愿意投稿，而不会选择读者群多但声誉不佳的杂志。"但是也有学者进一步指出，版权保护实际上与学术期刊质量并不会产生正相关，版权保护的强度也并不会必然提升学术期刊的信誉。版权更重要的是在固有的市场奖励机制内起作用，来衡量作品的市场价值或者作为作者工作量的考核指标，而期刊荣誉的建立来源于作者和读者的双方评价机制，版权所起的作用微乎其微。"[1] 期刊是连接作者和读者的桥梁，而版权保护决定了读者可以通过何种渠道获得作品，但"去版权"带来的最直观的效果是提高作品的传播效率，让好的作品尽快可以被有需要的人获取，促成对最新研究成果的分享。这也是"去版权运动"的倡导者所希望达成的愿景。技术的飞速发展使人类对传统知识的保存经历了从口头传播向云存储的跨越，人们对原始资料的保存和获取从技术上来说会变得更加容易。数字化时代的到来意味着任何人都可以实现资料的自由存储和分享，不仅是文本资料、图片、电影、视听作品，甚至是学术活动的实况。公众当然可以享受互联网带来的便利，但是数字出版模式下的文化资源获取成本也逐渐增加，公众并不能随心所欲获取文化资源，有时付费是必需的。如果作品被嵌入了技术措施，那么公众对文化资源的获取就变成暂时的，甚至还要不断付费以满足需求。在数字化文献的购买方面，图书馆就受到了严重冲击，很多图书馆都提出事实上数字文献的收藏成本更高。获取成本的提高则与版权保护的强度相关，因为存在版权保护，导致公众获取数字化产品的能力被大大限制了，尽管在技术上免费的获取完全是可行的。为了改善公众获得数字文献的能力，一些互联网平台开始提供文献服务，典型的就是谷歌图书馆计划的提出。

史蒂文·夏维尔也提出"去版权"可以使作品传播更迅速，因为放弃版权意味着公众可以不受约束任意下载作品，但是被忽视的问题是，出版商作为邻接权人的权利和作用被忽视，如果出版商无法通过正常的出版流程收回成本，当然没有动力推动"去版权"，而是坚定地站在反对的一方。此外，"去版权"带来的后果也可能对出版机构不利，因为在"去版权"

---

[1] CONTRERAS J L. Confronting The Crisis In Scientific Publishing: Latency, Licensing, And Access [J]. Santa Clara L. Rev, 2013, 491 (53): 499.

的情况下,作者或者其他版权内容提供方就会变成出版商或者说实际上扮演着出版商的角色。这带来了一定的麻烦,因为作者虽然可以保持一定的作品产出,但是却无法承担对作品质量的评价责任,这也是出版商无法被完全替代的原因之一,作者是无法承担高昂的评估体系成本的。如何解决上述矛盾?"去版权运动"的倡导者提出,出版资金应该由政府机构和资助者承担。这样,"去版权"并没有使作者成为经济上的弱势群体,理论上看创作激励不会减少,出版商仍然可以通过出版活动获得利润收入,而公众既可以免费获取作品,又增加了社会福利,因此,支持"去版权运动"的学者认为"去版权"是解决学术出版危机的有效手段。

(二)"去版权运动"的局限性

古老的文化传统和传播体系已经与新的技术结合起来,这就需要进行利益重构,技术的进步给公众带来了更大的利益,对于少数民族文化来说,互联网带来的空间是没有边界的,通过新的技术,完全可以实现文化的无国界传播,少数民族文化不再是神秘的,落后的,而是会借助新技术使这些文化达到最大限度的使用。文化是面向全人类传递的精神财富,如果作者愿意提供给全世界分享,并放弃收取报酬的权利,为什么不能建立一套体系促成这样的美好愿景达成呢?"去版权"的倡议最终要实现的目标就是公众对文化产品的自由获取和传播,因为技术上是可以达成这样的愿景的,但法律层面却存在障碍,首先要面对的就是版权问题。互联网技术确实可以实现文化资源的无国界传播,那么"去版权"是否就是顺理成章的事情呢?从网络出版的现状来看,"去版权"只是一个美好愿景,事实上,网络出版带来的出版成本并不低,通过开放存取获取这些文献的总体费用远远低于传统传播方式的费用,开放存取具有节省经费和扩大传播范围的优势,专业协会、大学、图书馆、基金会等机构支持开放存取,将之作为提高工作效率的手段,但并不是没有成本。要完成开放存取将需要进行新的成本核算和融资机制。但客观上,"去版权"带来的结果是建立一个和版权法激励机制平行的另一个学术出版产业。"迈克尔·卡罗尔就提出全面'去版权'并不可取,而是应当在版权法的基础上进行适当的裁剪,以利于对数字文献获取的便利。因为在目前的版权体系内,只要作品获得版权保护，这种保护是体系化的，而并不对作品类型加以区分。"❶ 学术出版这种以补偿为出版模式的方式并不需要过多的法律干预。版权法的过度激励机制是以牺牲社会公共利益为代价的，作者权利的过度扩张必须受到限制，这会导致社会净成本并不能弥补新作品带来的价值。因为目前的传播规则对于版权作品类型不加以区分，所以产生的是整体成本的增加。"去版权"倡议的提出也反映出需要版权法对整体出版成本的分配作出调整，而且合理负担成本应该和社会价值联系起来。在市场价格无规律的情况下，对财产权的分配要考虑社会团体利益，一些机构需要承担责任。对知识产权制度的剪裁是基于知识产权的特点，在特殊的产业领域内需要对知识产权进行调整。不同产业领域内对成本的要求是不同的，因为激励结构不同，所以并不能被纳入统一的法律领域内解决。总之，在不同的产业领域内以及不同的技术结构领域内使用完全相同的版权法规则是低效率的，所以对知识产权进行适当的剪裁是一个有效途径。但是如何改变知识产权的调整方式并不容易，从目前学术研究的观点来看，有三种观点具有代表性：（1）对知识产权中的权利限制制度作出改变；（2）要充分论证修改知识产权制度的可行性；（3）知识产权制度的修改要有灵活性。

"夏维尔认为，在学术出版领域内，版权保护和激励创作的目的是不协调的。因此，我们可以假定在市场中是存在均衡的成本的，对知识产权作出调整是有效的，也是有利于社会福利的。"❷ 但夏维尔并没有指出在学术出版领域内"去版权"会带来怎样的最优效果。如果学术作品的版权被取消，那么出版商自然会把成本转嫁给作者，所以在一些自然科学期刊中的开放存取模式使用了作者支付模式，但这种模式的市场占有率并不高。如果目前的读者支付模式转变为作者支付模式，那么就意味着出版成本要大部分转嫁给作者。作者如何承担日益增长的版权费用就成为一个问题。也就是说，市场定价可以给出版者带来盈利

---

❶ FRANK M L, SCHEUFEN M. Academic Publishing and Open Access ［D］. Max Planck Institute for Intellectual Property and Competition Law Research Paper，2013，No.13-03：8.

❷ FRANK M L, SCHEUFEN M. Academic Publishing and Open Access ［D］. Max Planck Institute for Intellectual Property and Competition Law Research Paper，2013，No.13-03：10.

空间，在作者付费的模式下依然面临这种高定价的局面，因为期刊的荣誉和作者的期待值意味着定价空间依然存在，但是由于出版费用高，作者并不愿意接受期刊出版的作者付费模式，如果作者付费模式难以维系就意味着一些期刊将会退出市场，这样会导致学术作品的传播度降低，因此，在缺乏实证数据支持下还不能断言去版权模式是有效的且可以增加社会福利。从政策的实施性来看，版权法中有关职务作品的规定可以解决。然而，职务作品的甄别从法条规定和司法实践来看都存在一些疑难问题。根据夏维尔的观点，学术作品包括相关论文和书籍都可以"去版权"。如何区分学术作品和非学术作品？这个标准并不明确。但是学术期刊的供稿作者并不是期刊的雇员，而是受雇于公司、政府以及其他非营利性组织如医院、智库等，特别是在医学期刊、工程期刊、计算机期刊以及经济期刊中这种现象特别明显。如果论文是由非学术作者即非专职研究人员撰写的，那么"去版权"恐怕不能随便适用。"去版权"的作品类型也不能一概而论，而一些教材、技术手册、行业标准是可以受到版权保护的，但基于其专业性，实现开放存取的阻力较小，但那些商业价值极高的作品就不能使用"去版权"的倡议。夏维尔认为，在学术期刊中"去版权"，从政治经济学角度来看会得到大学、学术团体和学生的支持，所以他也极力主张在学术出版领域推动"去版权运动"。

尽管"去版权运动"取得了一定的支持，但其并不能全方位地被推行，夏维尔认为在学术作品领域内的"去版权"会受到出版商的反对，当然也会带来知识产权在其他范围内被限制。从近十年的版权立法看，对版权的保护是十分严格的，特别是随着《美国数字千禧年版权法》的出台以及与知识产权贸易相关的新国际条约出台，甚至中美贸易中有关知识产权的争端问题都折射出"去版权运动"难以在实践中全面推行。"去版权运动"的推行是存在法律障碍的，根据 TRIPS 协议和《伯尔尼公约》的规定，保护版权是缔约方必须遵守的基本原则，放弃学术作品版权不符合国际条约的基本原则。"去版权运动"并不能适用在所有作品类型中，起码具有商业价值的作品不宜盲目进行"去版权"。

二、开放存取的实现路径

(一) 学术研究领域的自发推动

虽然"去版权"的主张被认为过于激进,但是这一理论的提出却促成了"去版权运动"在一定范围内的尝试,直接表现为开源运动的发展。在美国,开源运动获得了政府的支持,联邦资金和其他资金支持的研究项目只要是非机密的都可以适用开源模式。政府研究资金资助的研究成果如果采取开源模式是允许在世界范围内实现免费获取的。开源运动是近20年来最重要的活动,尽管已经有了很多理论上的界定,但是真正意义上的开源运动产生于1980年第一份开源期刊的诞生,这份期刊是以在线出版模式产生的。开源运动产生的前提是互联网的出现导致大规模在线获取成为可能。开放存取运动不仅仅局限于政府基金资助,还包括其他的私人基金提供的赞助,如比尔·盖茨的基金,以及一些大学的资助。国外很多政府同样支持利用公共资源资助的研究成果适用开源运动。对政府信息的获取通常被认为是民主政治的体现,开放资源才能确保公众参与政治生活。因为有了政府出版基金的支持,所以出版文章和书籍变得容易,当然商业出版机构也可以使用资助基金加入开源模式。"支持开放存取运动的观点认为,政府应当向公众免费提供资料数据的原因在于公众通过支付税费已经支持了研究工作的展开和发展。"❶ 早期受到政府资助的开源资金普遍被投入科技以及医药信息领域,而这些领域内的出版物是由商业出版者提供的,所以是否开源还取决于出版者的意愿。

"公认的开源定义始于2002年布达佩斯计划(Budapest Open Access Initiative,BOAI),根据该计划的规定,开放存取被定义为:通过因特网自由获取,任何用户都可以阅读、下载、复制以及传播、搜索全文本内容,公众对文本的获取应该不存在任何技术、法律以及经济上的障碍。"❷

---

❶ Durham Statement on Open Access to Legal Scholarship [EB/OL]. [2019 - 05 - 07]. https://cyber.law.harvard.edu/publications/durhamstatement.

❷ 布达佩斯计划 [EB/OL]. [2019 - 05 - 07]. http://depa.usst.edu.cn/wjk/xr/dushu/tushuqingbao_manual/BOAI.htm.

开放存取运动可以说是一场对版权法的重新剪裁，选择进行开放存取的作品一般满足以下标准：（1）作者控制全部版权；（2）对作品版权的部分权能进行分配；（3）公众可以免费使用。随着《布达佩斯条约》和《柏林条约》相继发表，这些条约强调，开放存取运动对于互联网条件下的研究活动十分重要，实现开源的前提是作者同意使用者对作品的复制、使用和传播，包括对衍生作品的传播，在任何数字媒体中对任何人以任何目的传播，都要对作者权利作出恰当的分配。伴随网络普及率的提升和网速的提升，开放存取作为出版模式也在逐渐改进。其最大的优点在于开放存取使学术期刊的获取更便利，同时学术出版的某些成本被降低。很多研究都表明采取开源模式的情况下，出版更具效率性，因为更便利分享数据，减少了研究的重复投入和盲目研发，降低了学术机构的运营成本。此外，开放存取所允许的对作品的使用程度远远超过合理使用制度的范围。然而，全面推行开放存取并不容易，因为这里涉及很多相关利益主体，如学术机构、图书馆、出版机构等，这其中的利益纠葛非常复杂。

布达佩斯计划认为，该计划推进的主要力量应该是政府机构、大学、图书馆、期刊杂志社、出版商、基金会、学术团体、专业学会和学者，以促进研究和教育更加自由。该计划认为，基于互联网技术的发展，任何人都可以运用互联网自由获取所需的文献并进行阅读及分享。布达佩斯计划强调，网络环境下公众对所需文本的获取不应该存在任何技术上和法律上以及经济上的障碍。布达佩斯计划是面对数字出版时代所带来的文献获取习惯改变而作出的应对。数字出版模式下，文献获取更快速、便捷，甚至免费获取也成为可能。特别是学术文献的获取，应当实现全面的免费、无障碍化。

为了使开放存取运动得到广泛的认可和推广，布达佩斯计划中对作品的版权使用作了重新安排。该计划强调作品的版权应当由作者全面控制，而传统的纸质出版发行规则要求赋予出版商绝对的出版专有权的规定是不利于开放存取运动的实现的。基于作者对作品版权的全部控制，作者可以对作品使用的版权分配自由支配，表现为作者可以自由决定是否将作品的出版发行权授予开放存取的出版机构。布达佩斯计划的支持者认为，开放存取运动对于互联网条件下的研究活动十分重要，这应该是一场全球范围内的出版变革。开放存取运动的推行需要作者对作品的版权使用作出授权，并且需要在整个出版流程中对作者的利益进行合理配置。开放存取出版模式逐渐被学术团体和研究人员所接受，其推行客观上使研究数据的分享更便捷，进而防止重复研发，从而降低科研机构的运营成本。然而，开放存取运动的全面推进仍然存在重重障碍，最重要的是如何分配作品版权。

也有一些学术机构主动推进开放存取模式，很多知名私立研究机构都对开源运动表示支持。它们给研究人员提供专项资金支持开源发表，有了资金支持，作者会接受开源出版模式，而商业期刊也会同意在作品首次出版后一段时间内公开其出版内容。开放存取运动在科技期刊出版领域推广较快，而在人文社科期刊领域的推广略为迟滞。"1990 年开始，美国一些法学教授开始抵制将研究成果的版权独家授予特定的期刊社，而主张开放获取。1996 年美国法学院协会（AALS）指定一个专门委员会研究制定适合法学期刊发展模式的出版方案。这个专门委员会在 1998 年提出了作者出版模式。作者出版模式是指授权法学出版期刊对每一篇文章享有为期一年的排他使用许可期限并且允许作者保留版权。"❶ 其他的法学院如斯坦福大学法学院提出了他们自己的学术出版建议，他们决定不与作者签订许可协议，允许作者自由分配。"2005 年，迈克尔·卡罗尔和丹·亨特教授提出了科学共享开源运动法律项目，该项目促成了出版领域内的开放存取以及法学文献出版的有限的排他使用权期限设定。"❷ "2008 年，12 家知名的美国法学院图书馆董事在北卡罗来纳州达勒姆召开会议并通过了《关于以法律学术开放存取达勒姆声明》。该声明敦促保留教师（科研人员）的版权，确保他们的作品可稳定的、开放的、以数字化的形式被获取。这一系列的举措影响了法学期刊出版市场的发展。根据调查结果显示，截至 2009 年，22% 的法学期刊要求作者转让版权，33% 的法学期刊要求获得排他的版权使用许可，大部分的许可是对时间作出限制的，45%

---

❶ KIMBROUGH J L, GASAWAY L N. Publication of Government-Funded Research, Open Access, and the Public Interest [J]. Vand. J. Ent. &Tech. L, 2015-2016, 267 (18): 288.

❷ KOUTRAS N. Open Access: A Means for Social Justice and Greater Social Conesion. 16 Seattle J. Soc. Just, 2017 (105): 113.

的期刊要求非独占实施许可。"❶ 研究表明，大部分法学期刊接受了开放存取模式，这意味着法学期刊的发展途径基本借鉴了自然科学期刊的出版模式。所以上述实践表明行业内的固有规则是可以通过努力改变的。既然法学期刊行业内的规则有了彻底改变，那么其他科学期刊的规则改变也是指日可待的。虽然出版商处于强势地位，但是一旦客户的需求改变了，再强大的出版商也需要妥协。

在开放存取运动推进中，最重要的考量因素是期刊的影响因子，舆论认为，开放存取期刊的影响因子低就会影响期刊的声誉，进而就会影响开放存取运动的发展，虽然获取是免费的，但作者还是更愿意在高影响因子的期刊中快速发表学术作品。在数字出版技术的应用过程中，一些大型的、专业性的数字资源数据库纷纷组建。例如，1991 年，美国康奈尔大学牵头组建了 ARXIV，该数据库主要收集了数学和其他自然科学学科的数据文献，数字化的文献达到 100 万本。之后出现了不同学科门类的数据库资源，例如面向经济学研究的 REPEC，面向心理学和计算机科学、语言学的 Cog prints，以及面向生物学和生命科学学科的 Pub Med Central 数据库。但是根据开放存取数据库目录显示来看，目前支持开放存取的数据库资源仍然没有达到预期，一些学科的开放数据库较少。总体来看，欧洲的开放存取数据库要高于美国和澳大利亚，这也反映出不同国家及地区对开放存取政策的态度不同。"学术出版中的版权规则构建从历史角度考察还是存在特殊性的，在学术出版市场中，有学者提出版权规则直到 20 世纪中叶才起到重要作用，据研究，早期的学术期刊出版商都是学术团体或者是学术机构，版权被直接或者间接授予这些团体，所以在学术出版中商业因素并不是主要的也不是核心的，而盗版反而使那些高质量的学术期刊获得了流行和学术声誉。"❷ 也就是说，学术出版最初是凭借专业的团体自律发展，之后盗版介入使商业利益受损，专业出版机构运营后，版权法才

---

❶ DANNER R A, LEONG K, MILLER W V. The Durham Statement Two Years Later: Open Access in the Law School Journal Environment [EB/OL]. [2019-08-07]. https://scholarship.law.duke.edu/cgi/viewcontent.cgi?article=2988&context=faculty_scholarship.

❷ KOUTRAS N. The Desirability of Open Access as a Means of Publication and Dissemination of Information: Time to Recast the Relationship between Commercial Publishers and Authors [J]. I. W. Austl. L. Rev, 2017, 85 (41): 92.

开始调整学术出版的发展。

(二) 政府资助下的开放存取

2003 年开始，一些科学家、档案馆、政策制定者已经开始游说美国和欧盟的政府资金组织为开源出版提供资金支持，因为作者自己出资发表论文然而却是出版商获利的模式是不合理的。因为由纳税人提供的资金资助出版使用可以自由获取，而且自由获取的受众不仅包括科研人员，也包括其他群体。由政府出面承担出版费用是合理的，因为从全球范围来看，科研的主要资金来源都是政府的财政支持。美国国立卫生研究院（NIH）就接受了这个建议，2004 年该院的所有资金支持的文献都要实现通过网络获取。但该研究机构并不是强制鼓励科研人员在网站上公布全文，2007 年议会敦促 NIH 开放所有期刊，2008 年 NIH 要求旗下的开源期刊的所有内容一年内都要实现网络获取。NIH 的开源政策取得了成果，因为这种模式实现了出版者、科研人员以及公众的利益平衡。因此，尽管在首次出版一年后公众才能获得相关论文，但是在这一年里，一些出版机构为了尽早获取期刊仍然愿意付费，所以在一年期间内也是有利可图的。实施了一段时间后，美国学者对这一模式进行评估，认为这种模式并不会分割商业期刊的利润。开源模式已经被欧洲研究理事会、英国生物医药研究中心以及其他研究机构所接受。2010—2012 年，美国众议院致力于敦促其他研究机构借鉴开源模式，并不断投入资金支持开源期刊的发展。

开源运动获得支持和推进与知识垄断问题相关，这在 2012 年科技出版领域产生过很激烈的抗议，科学家和其他科研工作者对大公司和行会的垄断表达了强烈的反感，不乏威望的学者开始号召抵制这种知识垄断。例如，美国学术界号召抵制目前美国的论文发表制度，直接导致了美国研究法案的立法讨论破产，这也暴露出科研工作领域内长期积累的矛盾。早在 20 世纪 40 年代，知名社会学家罗伯特·默顿就提出了科学文化研究的四个基本准则，他认为科学家更愿意自由地分享自己的研究成果。科学研究的可获取性是促进科学进步的前提。此外，分享数据的直接作用在于科研工作者可以分享成果和验证研究结论，分享成果对整个社会福利的促进具有重要意义。尽管承认分享信息的重要性，但在科研领域内要获取相关领域的信息变得十分困难并压力巨大。学术成果的传播方式已经持续了三个世纪,即以同行评议为基础的期刊发行。"在'二战'前,自然科学期刊主要被一些社会团体经营控制。如今,当年不起眼的产业已经掌控在商业出版商手中,产值达到 70 亿~100 亿美元。"❶ 商业出版社主导学术出版的优势产生于 20 世纪 50 年代。知识垄断的形成通常需要经过一个过程。首先,需要有一定期刊量,这样就会有一个获得知识的稳定渠道。其次,期刊的出版量要保证,达到一定的出版量就可以向图书馆等学术机构出售,形成稳定的客户群和收入渠道。最后,形成稳定的商业模式后,消费群体接受了知识的传播方式,就可能会出现知识垄断了。近年来,很多专业领域的期刊运营成本提高,导致图书馆也开始减少订购量,如我国的知网价格逐渐上涨,导致很多大学图书馆无力支付购买成本。哈佛大学图书馆的藏书号称世界第一,但是哈佛大学图书馆面对每年支付的 3.75 万美元的订购费用也表示负担过重。作为期刊的订阅大户,如果图书馆都无力支付订阅费用,势必导致公众陷入知识获取的危机,所以才会有科研工作者对知识垄断产生担忧,当然这也是对公共利益的损害。因为获取相关领域内的最新研究成果日益困难,这并不利于科学研究的发展。基于以上原因,限制公众对最近研究成果的获取是对整个社会福利产生影响的。

开放存取运动自 2001 年开始发展迅速,该运动得到了由乔治·索罗斯的开放社会研究所的资助,针对开放存取的专家评议达成协议。截至 2008 年,有超过 12% 的公开出版的科技期刊可以通过网络免费获取。Xiv.org(数学和物理)以及 SSRN(社会科学)这些大型开放存取网站支持免费获取学术资源。"这些机构的经费源于志愿者的支持、研究机构的资金支持或者慈善捐款,但是 2016 年知名出版机构爱思唯尔宣布收购 SS-RN,遭到学者的抵制,因为他们担心这种商业运营机构介入开放存取网站的运营会利用这些资源获利,于是有学者宣布退出 SSRN,另外创建新的开放存取平台。"❷ 此外,大量的软件和检索工具的出现也使获取检索

---

❶ MOSSOFF A. How Copyright Drives Innovation in Scholarly Publishing [EB/OL]. [2019-07-25]. George Mason University Law and Economics Research Paper Series 13-25, http://ssrn.com/abstract=2243264.

❷ SSRN 被收购,学者们不干了,他们重起炉灶搞了一个新的社会科学开放平台 [EB/OL]. [2016-07-26]. http://www.sohu.com/a/107721377_119719.

文献变得十分便利。从版权角度分析，当作者和出版商签订出版合同，作者可以按照自己的意愿修改，但当作者定稿后将稿件交给出版社，就将版权转让给出版商，出版商就获得了对出版作品的排他权利，如果作者未获得出版社的授权，就不能将作品发表在相关机构的网站上。一些著名研究机构和大学如研究图书馆协会（ACRL）、学术出版和学术资源联盟（SPARC）鼓励研究人员在签订出版合同时增加一个作者附加条款。该条款允许作者保留预先出版或者自我存档的权利。一些大型的研究机构掌握着大量的资源，他们有实力和出版商进行议价，签订作者例外条款，即论文出版 6~12 个月后，即可允许作者将论文自助出版或以其他方式公开，这种模式已经为很多商业出版机构所接受。但作者自助出版的论文并不能和正式出版的论文相提并论，因为无法反映出引文引证率或审稿人的意见。

（三）开放存取的几种模式

1. 金色通道开源模式

"2000 年，以营利为目的的美国生物医学出版中心率先推出了开放存取金色通道。隶属于施普林格（Springer）出版集团的生物医学集团已经开放了 220 种期刊为开源期刊。2003 年，自然科学图书馆联盟（PLS）发行了第一本开源期刊《PLOS 生物学》，受到摩尔基金会（Moore Foundation）的支持。到 2010 年，PLOS 旗下的开源期刊发表论文 6749 篇，受到业内肯定。"[1] 这些期刊采取金色通道开源模式，该模式是为了减少传统出版所带来的获取资源的限制。一些出版机构推出了不追求订阅量以及付费获取的开源期刊，意在实现资源的免费获取，但是出版费用由作者承担，当然如果出版费用由其他机构资助，那么作者可以不承担费用。据统计，通过金色通道出版的期刊稳步增长而且获得了稳定持续的资金支持。但是对于发展中国家的学者来说，金色通道模式发表成本过高，他们并不愿意承担这些费用。那些掌握大量研究基金的机构往往愿意资助本机构内的研究人员通过金色通道发表研究成果，2009 年起，大概有 20

---

[1] KOUTRAS N. Open Access: A Means for Social Justice and Greater Social Conesion [J]. Seattle J. Soc. Just, 2017, 105 (16): 220.

万篇经同行评议的论文通过金色通道发表，占经同行评审的 6%～8%。虽然开放存取的期刊越来越多，但大部分经同行评议的期刊是通过商业出版的途径出版的，而开源期刊所占的比例并不大。开源期刊发展所面临的瓶颈在于期刊荣誉度不高，所以并不会吸引知名学者的投稿。因此，金色通道开源期刊从竞争力角度来看不及读者付费的传统出版模式。金色通道开源模式的作者付费模式是否存在竞争力还有待观察。国外很多开源期刊都获得了慈善组织或者大型科研机构的支持。这种自助模式对于早期出现的开源期刊是有利的支持，但这种资助模式可能不具有持续性，这也不利于开源模式的长期推广。

2. 绿色通道开源模式

绿色开放存取出版模式是指作者投稿的文章经过同行评议后被正式出版，文章出版后被数据库收录，在经过禁止期限后，所有人最终都可以自由访问该作品。采取这种模式，科研人员在其研究机构的网站上公开发表论文并允许任何人无偿获取，这种模式被称为绿色通道。绿色通道开放既关照了作者与公众的共享意愿，也兼顾了出版商的利益，但是这个模式也遭到一些组织的反对，他们认为绿色通道开源模式仍然为学术成果的自由交流设置了障碍，因为有开源期限的限制，导致这些成果不能被及时分享。所以，研究之门（Research Gate）和学术社交平台（Academia.edu）这些以提供学术文献全文下载的机构坚持上传并分享最新的学术成果就可能面临侵权的指控。"2017 年 10 月 5 日，美国一些科研组织联盟包括美国化学学会、爱思唯尔等机构联合发表了一份声明，指出研究之门不能和主要的出版机构达成作品授权的协议，所以这些版权内容提供商纷纷要求撤回在研究之门上公开的文献，而研究之门则表达了对版权内容提供商垄断文献资源的不满。"[1] 这份声明发表后，一些出版机构对开放存取政策采取了相对缓和的态度，开始表达与数据库合作的诚意，但又明确拒绝了与类似研究之门这类完全无条件开放存取机构的合作。还有一些研究机构对设置条件的开放存取提出质疑，他们认为最新的研究资料应该尽快分享，而设置禁止期会对科学研究产生阻碍。但也有一些机构认为应该尊

---

[1] KIMBROUGH J L, GASAWAY L N. Publication of Government-Funded Research, Open Access, and the Public Interest [J]. Vand. J. Ent. &Tech. L, 2015-2016, 267 (18): 267-302.

重出版商设置的开放存取期限，因为还要考虑发挥图书馆的作用，在这段禁止公开的期限内，图书馆可以也应该发挥其职能。目前机构与出版商达成的开放存取期限为论文出版后6~12月内公开作品。自然科学期刊的成员可以自愿开源一般期限为12个月。NIH 的模式是要求旗下获得资助的研究机构在研究成果发表12个月开源，而一些基金会和私人研究机构，如维康信托（Wellcome Trust）和霍华德·休斯医学研究所（HHMI）要求受到资金支持的研究机构6个月后开源。上述期限表明，通过开源协议所限定的时间都短于版权法规定的保护期限。虽然对开源期限存在争议，但是目前学界能接受的期限为6~12个月。开源运动的推动者包括商业出版机构、图书馆、科研人员，以及政府机构和研究机构，这些主体通过双边或者多边协商制定，所以开源的期限并不统一。

3. 铂金开放获取模式

铂金开放通道是比金色通道和绿色通道较为折中的出版方式，它是采取创作共享协议（Creative Commons，CC）作为版权授权许可使用的模板。CC 组织是美国的一家非营利性组织，致力于扩大其他人可以合法建立和分享的创意作品范围。该组织已向公众免费发布了多个版权许可，称为 CC 许可。CC 许可的创始人是劳伦斯·莱西格，"他认为版权法中的许可制度是一种占主导地位且越来越严格的许可文化，他将其描述为'创作者只有在获得许可后才能创作的文化'。此外，莱西格认为，当前的文化主要是由传统的内容提供商控制，他们希望保持和加强他们在文化创作方面的垄断，例如流行音乐和流行电影。但是，知识共享可以打破这种既定的作品出版路径，提供另一种选择"[1]。CC 许可的内容包括作者可以选择保留以及放弃哪些权利，版权人的选择方式更灵活。目前已经有多种版本从 CC2.0 版本到 CC4.0 版本。CC 组织的出现意味着在数字出版时代，为了弥合技术带来的影响，作者已经率先成立了自己的自律组织，开始主张自己在网络世界中的权利，那么作为掌控版权内容最多的出版商是选择对抗还是迎合呢？英国著名出版集团爱墨瑞得（Emerald）出版集团于2002年选择认可开放存取运动，响应所服务学科的研究人员的需求。爱墨瑞得

---

[1] Durham Statement on Open Access to Legal Scholarship ［EB/OL］.［2018-08-14］. https：//cyber.law.harvard.edu/publications/durhamstatement.

集团认为期刊加入开放存取运动与作者加强合作重新构建了利益平衡，而且更容易使有价值的研究成果脱颖而出。爱墨瑞得集团目前提供三种已知的开放通道：绿色、金色和铂金。著名出版商施普林格也加入了开放存取计划，要求受到资助者将出版物存放在中央存储库中，可以选择铂金或者绿色开放存取模式。但是出版社一般都禁止作者立即将作品放入开放存取库中，于是2013年施普林格改变了开放存取策略，要求旗下的所有知识库中的论文都要一年之后才能加入开放存取计划。施普林格的政策代表了出版商的统一态度，并不同意即时开放存取，普遍接受作品出版一年后提供开放存取。为开放存取设定一年的禁止期成为出版商可接受的底线。这些大型出版机构对开放存取态度的转变引起作者的不满，站在作者的立场上，他们反对出版商设定的禁止期，认为这是开放存取运动的倒退。包括专业的网络公司ARXIV存储库、研究机构以及公共图书馆等主体都积极推动开放存取运动的发展。出版商目前主导了一系列的定价模式。在英国，开放存取运动受到来自教育界的支持，英国高等教育拨款委员会从2014年开始为开放存取政策提供支持，积极引导研究机构将作品全文上传到统一的数据库或者主题数据库中，而且他们支持的开放通道是绿色开放存取模式。这个倡议也得到主要出版商的支持，爱思唯尔、施普林格、威利、牛津大学出版社都表示愿意支持这个计划。据统计，2002—2011年，开放存取期刊增加了900%，随着2002年CC许可的采用，方便了开放存取运动的推进，预计超过10亿篇的作品受益于许可制度，CC许可并不是非常严格的许可，允许对作品的复制、共享和改编，前提是使用的目的是非商业性的。

综上所述，金色开放存取模式将出版费用转嫁给作者的出版方式便利了作者发表作品，但是受到专业团体的质疑，因为作者出资付费发表文章，从出资人的角度分析，他很可能会操纵对作品的评议，从而影响期刊质量。铂金开放存取方式因为设置了开源期限又遭到作者团体的抵制，绿色开放存取方式虽然便利了作品的出版和传播，但是作品质量又难以保证。所以实践中也有一些其他类似OA的开放存取平台，"例如，施普林格和牛津大学出版社推出了混合开放获取平台（HOA）这种新的学术出版商业模式。不同于传统期刊的订阅模式，HOA给作者提供出版平台，要求作者支付最高 3000 美元的费用，就可以无障碍出版作品且作品可以被自由获取，而作品的版权仍然属于作者。根据研究表明，HOA 的引证率高于一般的 OA 期刊。他们认为 HOA 模式可以成为出版商的第二收入来源。"❶ 现有渠道各有优劣，如何选择取决于版权人的意愿。英国推崇金色通道的做法具有争议是因为传统出版业的收入来源主要是图书馆订阅，但是金色通道将收入来源主要转嫁给作者，英国研究理事会（RCUK）建立了专项资金资助学术期刊的金色通道出版模式，这些资金的流向主要是高等教育机构，由高等教育机构建立专门机构管理，但是一些以教学为主的研究机构表示获益不多。"有团体质疑金色开放通道由于缺乏学术道德约束没有强大的同行评议和编辑委员会，其专业性值得怀疑，有人甚至认为这种金色通道的开放期刊为掠夺性的学术期刊，当然并不是所有的采取金色开放存取通道出版的期刊都属于掠夺性期刊，一些机构按照相关原则编纂了掠夺性期刊目录，这些判断原则包括：没有正式的编辑或审查委员会、不充分公开作者支付的费用、宣传假影响因子、没有有效的评议邮箱地址，以及在文章最终发表阶段无法提交有效的证明文章达到录用标准的证据。"❷ 这种有机构进行监督的黑名单制逐渐成为行业自律的一种方法。2017 年 Pub Med 中开始讨论在医学研究期刊中文章低质量的趋势，并探讨建立新的评价标准。这些讨论直接影响了学术评价体系的发展，Think-Check-Submit 等工具也被开发出来作为支持发展优质 OA 期刊的工具。开放存取学术出版协会将开放存取期刊目录清单投放在网站上或者其他经过授权的平台以供参考及评选。以上行业自律行为一定程度上弥补了金色开放存取通道和铂金开放存取通道的缺点，为开放存取运动的深入发展提供了制度支持。

4. 黑色开放存取模式

黑色开放存取也被称为游击型开放存取，这种开放存取模式是指用户可以通过 P2P 软件共享文献，这里就会出现大量未经授权的作品被使用的

---

❶ The Hybrid Open Access Citation Advantage：How Many More Cites is a ＄3000 Fee Buying You? [EB/OL]．[2019-12-24]．https：//papers．ssrn．com/sol3/papers．cfm? abstract_id=2391692．

❷ KOUTRAS N．Open Access：A Means for Social Justice and Greater Social Conesion［J］．Seattle J. Soc. Just，2017，105（16）．

问题,所以被称为黑色模式,这种模式被认为是对开放存取运动最具威胁的方式,黑色开放存取模式的实现有多种,常见的方式是通过创建一个链接进入开放存取文库,实现未授权的访问或者与他人共享订阅,还有一些通过更复杂的技术实现获取的海盗网站,如 Sci-Hub、Lib Gen 等。这些网站通常由自由文化运动的支持者提供。BT 软件因其强大的共享功能诱发了大规模盗版的出现,所以在网络产业发展前期,BT 停摆,类似这种 P2P 软件的运行也受到严格控制。快播从辉煌到急速衰落也反映出互联网环境下作品传播存在的诸多隐患。"在学术作品传播中仍然存在这些问题,Sci-Hub 是由一名在美国留学的哈萨克斯坦籍留学生创办的网站,提供各种学术文献的网络检索,包括一些需要付费的文献,只要输入一些关键词,都可以提供下载链接。Sci-Hub 创建于 2011 年,其理念是'突破学术收费墙'并'消除科学研究方面的障碍'。该服务通过遍布全球的一系列镜像站点运行,与海盗湾类似,创始人声称它可以访问数以千万计的研究论文。但是一篇发表在《科学》上的研究论文推测 Sci-Hub 的检索能力非常巨大,是对大型订阅期刊的真正威胁。"❶ 所以类似 Sci-Hub 这样的搜索引擎或者网站被称为黑色开放存取通道。尽管存在争议和事实上的法律风险,Sci-Hub 的使用量仍然巨大,一些科研人员表示一般会尝试使用 Sci-Hub 获取需要付费的文献。一些大型出版商多次试图将 Sci-Hub 关闭,但它依然蓬勃发展,并且在 2016 年英国期刊研究会(UKSG)的一次闭幕会议上,与会人员对 Sci-Hub 的使用进行了一次举手表决和讨论,结果显示:尽管很多人不会主动推荐使用 Sci-Hub,但是都有使用 Sci-Hub 的经验,甚至这种使用成为常态。和 Sci-Hub 相似的黑色开放存取通道还有很多,例如 Lib Gen 也被称为图书馆创世纪,被认为是一个海盗存储库,其存储量据估计包含约 5 万多种出版物以及提供 5200 万篇文章下载。因为提供很多图书的下载,出版商已经对该网站采取法律行动并取得一些成功,但这个网站仍然在小规模运营而且粉丝众多。2015 年 5 月,英国出版商协会代表其成员向 Lib Gen 发布了许多删除通知,英国各地的互联网服务提供商(ISP)也采取行动阻止 Lib Gen 运营。尽管一些针对黑色开放

---

❶ 全球最大学术出版商围剿 Sci-Hub [EB/OL]. [2019-08-05]. https://tech.sina.com.cn/csj/2019-08-05/doc-ihytcerm8654691.shtml.

存取通道的法律手段取得一定成效，但并没有彻底将这些网站关停。这些法律行动也使一些研究人员非常不满，他们认为黑色开放存取渠道打破了学术垄断，不应该对其采取强硬的手段。所以，目前的局面是这些黑色开放存取通道一方面与大型出版机构周旋，另一方面仍然为有需求的群体提供服务。除了这些比较专业的网站，近年来社交媒体也成为分享文献资源的主要渠道，如新浪微博、推特、知乎等。推特的"icanhazpdf"功能于2011年首次推出就被描述为盗版，当然这种推论有些武断，但社交媒体确实存在盗版行为，例如，在新浪微博中，通过嵌入深层链接获取作品，以及在百度文库中设置链接传播作品，这被认为是学术盗版进入自媒体时代。按照正常的传播秩序，研究文献的获取是通过图书馆或者开放存取期刊，或者通过数据库下载，但是黑色开放存取模式的存在会导致使用者利用这些通道的便利而不再注册登录或者付费获取文化资源。出版商感觉到来自这些黑色地带的威胁，但是研究机构则认为出版商既要求作者付费，又要求图书馆订阅就是过度倾销。这种激烈的利益纠纷和争议也使黑色开放存取的模式缓慢发展，从言论自由和民主的角度看，执法机构也并不愿意把这些通道全部关闭。

20世纪90年代后期到21世纪初，在出版行业内部经历了一次兼并和收购的浪潮，这带来新的变化，形成规模更大的出版集团，这些大型出版机构是否会继续支持开放存取运动还取决于未来这些大型出版集团的发展规划。尽管开放存取运动的推广很快，但远未达到普及的程度，其主要是通过自律规则以及政府的倡导实现的，实现完全的开放存取将会是一个长期的过程，因为从出版商的立场分析，如果公众更多地关注开放存取期刊，就会导致对高质量期刊的关注度降低，这会使出版商丧失基于版权的优势地位。黑色开放存取的出现始终是一个阴影，困扰着版权的运营。"2015—2016年，Sci-Hub的访问量增长了近3倍。面对争议，Sci-Hub的创始人认为，网站的存在是合理的，因为符合联合国人权宣言有关分享科学进步及其利益的规定，而且对于发展中国家，这些搜索引擎或者网站的存在可以为这些国家的科研人员提供研究文献，因为一些国家无法支付高昂的费用购买文献服务，学术出版被视为出版商的一种有利可图的商业模式，但它依赖于研究人员的自由劳动来提供内容，由编辑和同行评审，

出版商的过度垄断是错误的。"❶

美国图书馆协会对黑色开放存取作了分析,认为黑色开放存取是一种海盗图书馆。他们甚至认为研究之门和 Academia. edu 这样比较成熟的商业网站也属于这个类别,谷歌图书馆也是如此。对于黑色开放存取模式,出版商与作者的态度不同,作者认为这些渠道是学术研究的有价值空间。大部分出版商明确表示允许共享的内容仅限于使用了 CC 创作许可协议的内容,但是如果文章中使用的是 CC-BY-NC-ND(非商业性用途非衍生品)许可协议,就不能被自由分享。2017 年 9 月,国际科学技术和医学出版商协会(STM)写信给研究之门的运营商,并给网站送达了律师函,要求网站停止侵权,所以研究之门对上传的作品也开始进行慎重筛选,确保这些作品是可以被分享的。与研究之门不同,类似 Academia. edu 的这种免费分享网站多被业界否定,业界认为这种纯免费的网站不具有合法性和持续营利性,一般通过注册,用户就可以将作品在开通的频道中自由分享,网站一般不进行审查,上传作品被认为是个人行为。2013 年专业人士预测这些网站最终会被专业的服务平台所取代,但是直到 2017 年,这种替代也没有发生,Academia. edu 继续以其"共享研究"模式蓬勃发展,这使出版机构和图书馆不得不通过启动咨询中心来矫正使用者的版权保护意识,服务并引导研究人员使用合法的路径进行他们的工作。在我国,虽然没有类似有影响力的黑色开放通道,但是百度网盘、百度学术客观上也能产生黑色开放存取的结果。谷歌图书馆计划初创之时也被认为是一种黑色开放存取路径,2016 年,美国联邦最高法院对谷歌和美国作家协会作出的最终判决给谷歌图书馆计划带来了希望,法院提出了转换性使用规则,判决谷歌并不构成侵权,这意味着作为跨国公司的谷歌公司在美国可以继续运行其商业模式,但并不是放之四海而皆准。在英国,谷歌的运营方式并不构成合理使用,在我国,谷歌的运营方式也存在侵权问题。但是谷歌图书馆的系列案件也意味着黑色开放存取的存在有其合理性,其本身也有大批使用者的支持,黑色开放存取的理念可能才更符合开放存取运动的初创宗旨。

---

❶ Fair Access to Science and Technology Research Act, H. R. 708, 113th Cong. (2013).

第二节 开放存取运动的发展

一、开放存取运动的深入推进

(一) 开放存取中评价机制的解决

期刊的认可度和荣誉度来自同行评议,如果不加评议那么期刊的水准就失去了判断标准,之所以开放存取推行得比较缓慢,很大的原因在于同行评议的缺失导致一些作者对其持怀疑的态度。这还需要等待市场和法律的检验。由乔治·索罗斯创建的基金"开放社会研究所"(Open Society Institute),提供资金支持开放存取目标的实现,运用研究所的影响力鼓励并推动开放存取期刊的创办或者协助开放存取期刊系统实现经济独立。开源期刊运营的最大问题就是资金,如果可以得到资金资助,确实可以保证开源期刊的长期运营。还有一些问题也需要解决,开放存取模式中"去版权运动"的支持者认为,目前版权法的保护期限过长,这与开放存取的运营模式相冲突,所以需要重构一个出版模式,一方面确保出版者获益,另一方面也确保科研工作者对作品的获取,理由在于科学研究的可获取性是促进科学进步的前提。此外,分享数据的直接作用在于科研工作者可以分享成果和验证研究结论,分享成果对整个社会福利的促进具有重要意义。尽管承认分享信息的重要性,但在科研领域内要获取相关研究资料,对于一些资金匮乏的研究机构或者实力薄弱的研究机构来说则十分困难并压力巨大。科研工作人员的热情来自成果获得认可的成就感,当然经济利益也是重要的。在学术出版的评价体系内,学术期刊的质量取决于引证率和影响因子,这也是期刊可以获得资助的基础,在我国,受到政府专项资金支持的基金也是类似的评价指标。因此,对学术研究人员来说,一方面学术活动是个人行为,可以作为其获得声誉和收入的途径,他们很愿意尽可能更迅速地发表学术成果。另一方面个人可以从发表行为中获益,而最终获益的是社会。研究成果的价值因人而异,对于有些人来说,这些成果可能一文不值,但是要想在高质量的学术期刊上发表论文,过程既曲折又迂回，命中率和录稿率低是主要问题。投稿一般要经过层层筛选，一审、二审的同行评议。据数据分析，一个投稿周期要 12~18 个月，甚至更长。学术期刊的价值在于质量控制和筛选，其实现价值的途径在于审稿和同行评议。繁重的工作使从事学术研究的人员很少有时间关注学界的新发展和动态，这时学术期刊的价值就得以显现。

（二）开放存取向学术出版领域外延伸的可能性

从某种意义来看，谷歌图书馆计划是开放存取运动的深入推进，其目标是帮助用户最大限度地获取数字文化资源，彻底消弭文化传播的国别障碍。从 2004 年开始，谷歌就从全世界范围内大规模收集图书实现数字化，力求建立一个覆盖全球的可自由获取的数字图书馆。支持谷歌图书馆的观点认为，这是一次实现获取知识的平等，反对者则认为这是对版权法规则的全面破坏。但是从谷歌图书馆计划在全球范围内取得的诉讼实绩来看，该计划的推进是存在可行性的。从法经济学角度分析，谷歌图书馆工程只要突破合理使用与侵权问题，是具有可行性和市场前景的。完全自由的开放存取在技术层面上是可以实现的，但是基于版权的考虑，类似谷歌图书馆的项目推进比较缓慢，例如，谷歌图书馆服务目前可以提供书目检索，但是不提供浏览服务，用户通过搜索得到相关信息后仍然需要到指定网站或者相关场馆进行获取。在美国作家协会诉谷歌案明确了转换性使用规则后，谷歌图书馆的运营模式发生了改变，就是由主动争取版权许可到建立作者的退出机制，即未经版权人许可，谷歌图书馆可以数字化馆藏作品，但如果作者表示不愿意加入数字计划，可以声明退出。

以优兔（YouTube）为代表的网络平台也开始考虑是否接受开放存取模式。网络平台掌握了大量作品内容版权，如何有效使用这些内容已经成为需要关注的问题。"以优兔为代表的机构建立了创作共享协议作品数据库，权利人可以通过授权将作品投入数据库中进行使用。目前创作共享协议作品数据库已经成为视频共享的巨无霸，优兔的用户已经上传了海量作品进入数据库，使用者可以在任何地点使用或者修改上述作品。用户可以将视频中的内容作为素材使用在自己的作品中，即使是商业性使用也不会构成侵权,并且无须支付费用。"❶ 优兔的这一商业模式受到业内人士的交口称赞,被认为打开了集体创作的想象力之门。另外,类似这种数据库由于拥有众多的版权资源,也被认为无力监管对作品的滥用问题。例如,一些用户在使用数据库中的作品时,甚至完全不作改动就上传到自己的个人社交媒体中,不正当地获取利益,甚至同授权方展开竞争。这个问题在我国已经显露出来,2020 年初以一首《野狼 Disco》成名的歌手宝石就陷入抄袭风波中,引起全民讨论。该事件的起因正是宝石使用了优兔中芬兰音乐人维略·伊哈克西(Vilho Ihaksic)创作的作品而引发一连串纠纷。这也折射出在 CC 授权模式下权利人虽然免费授权作品使用,但是其版权利益并不能得到有效保护,况且用户上传的作品是否合法也很难审核,这也预示着,新媒体数据库中的海量上传与授权存在极高的版权风险。如果换一个角度思考,既然 CC 数据库是开放的,那么如果使用人出于善意,使用了数据库中的内容,从另一个角度来说也为数据库提供了免费宣传,如果仅仅是因为未知的原因导致用户的账号被封禁,也不利于激励用户使用和分享作品。优兔公司也在积极采取应对措施扭转这一利益分配扭曲的局面。知识产权侵权责任是一种严格责任,尽管使用是善意的,但是未经许可使用作品的行为构成侵权,除合理使用及法定许可之外,都构成侵权,这就导致善意使用人会在不知情的情况下侵权。有观点认为,权利人将作品的相关版权利益授予了优兔,应当由平台来追究未经许可的用户的使用行为,但是基于版权侵权的严格责任规则,权利人仍然有权追究使用者的责任。即使使用了 CC 授权许可的方式,但是鉴于 CC 协议本身还有多种组合,所以并不是使用所有的 CC 数据库中的作品都是可以免责的。

对于用户上传的内容,其权利的归属存在争议,有学者指出这些内容应该通过法定许可授权给平台,也有观点支持由平台享有全部版权。但优兔却选择通过建立创作共享平台实现作品的开放存取。概因这些平台并不能够根据现行的合理使用制度来分析出其对用户作品的管理和使用是否不构成侵权,因为存在太多不确定性因素,导致平台并不愿意过多对用户创

---

❶ BALINSKI A. From Library to Liability – Importing Trade Secret Doctrines to Erase Unfair Copyright Risks Lurking in YouTube's Creative Commons Library [J]. BYU L. Rev, 2016, 971 (16): 978-979.

作内容进行权利主张。因为这些数字作品被上传到数据库中供使用者免费使用，并不禁止商业性使用，也不用付费，所以这从根本上就不符合合理使用制度的要求，而且不可否认的是许多人使用数据库的内容获利，这更不利于合理使用抗辩的成立。而且，数据库中的作品五花八门，有课程、新闻，还有艺术作品，这些作品的保护方式各不相同，这又导致了合理使用制度适用的难度。公众有权获取视听作品，而且这些被上传到数字平台中的视频资料是向公众免费开放的，利用前人的作品进行创作也符合创作规律。但是这种使用方式是否会造成对原作品的市场分割才是司法需要解决的问题，这也是合理使用抗辩构成的疑难问题。是否构成对原作的市场伤害可以从以下角度分析。首先，尽管作品上传到平台中，但是作者根据点击率是可以和视频网站分账的，如果对使用方式不加制止，确实会分割作者的市场收益。这是网络环境下流量变现导致的利益稀释。其次，数字图书馆开通了订阅模式，如果用户付费订阅，则平台获利，这种免费使用也是不正当的。总之，未经许可的使用会造成作者对作品许可的损失。优兔知识共享平台的主要作用在于用户可以免费使用数据库的内容，其中不乏优质内容而无须付费。问题在于这种使用是否会对市场利益产生实质性影响，这个目前缺乏数据支持，难免存在法官的主观臆断。所以构建符合网络环境的合理使用制度需要慎重考虑。未经许可使用受到版权法保护的作品，构成侵权，只有在善意侵权的情况下才能不负赔偿责任。

（三）开放存取运动中的责任承担

在数字出版模式下，公众面临海量的数字文献，如何选取依然颇费心思，如果还要考虑文献获取的合理性，就会更加提高文献获取的成本。在网络环境下，人们并不总是关心使用文献的合法性，主要是提取其中有用的部分。如果在侵权诉讼中一定要让公众说明合法来源，并不合理，而且公众在线获取文献时一般都认为只要可以自由下载，就可以自由使用，又如何要求说明合法来源呢？数字图书馆作为服务提供方，是否应对非法利用作品承担连带责任？目前来看，平台责任有加重的趋势。善意使用者（侵权人）对于推动知识产权的传播和创新是起到积极作用的，在共享创作的许可模式下，利用作品的诚信义务应当由谁承担呢？作为使用者来说，当然希望可以不受限制地使用图书馆中的作品，不能因为怕遇到侵权阻碍而不进行创作。如果对使用者科以严格的责任义务是不利于鼓励创作的，虽然网络服务商可以通知使用者将侵权作品下架或者作出修改，但目前网络服务商的责任界限还存在模糊之处，这为网络平台的未来发展蒙上阴影。如何立法维护网络作品传播创新模式是构建未来法律体系应当思考的问题。总之，数字出版环境下提供免费使用作品是合理的，但是不能对使用者科以过于严格的责任，那些占有资源优势和资本优势的主体应该承担更多的注意义务，这更有利于促进创新和文化传播目的的实现。

（四）开放存取中的许可模式

通过合同获得专有出版权或者通过签订排他使用许可合同由出版商获取对作品的绝对控制是出版流程的起点，如果仅仅是签订专有出版合同，作者还保留了一定的权利，但从产品价值开发角度来看，显然作者并没有将这些权利有效发挥，所以美国的一些研究机构和图书馆开始开设有关版权法的讲座，以帮助作者了解版权的价值以及出版合同的签订问题。虽然开源运动的源头在期刊出版，但是开源模式可以被用在任何数字化内容中，包括视频作品、音频作品、软件作品以及其他数字作品中。CC 模式已经推出了多种简单的获取作品的许可证供作者选择，最普通的 CC 协议是要求作者承诺任何人都可以无偿获取使用作品，甚至 CC 许可也被用作商业使用，即作者许可他人对作品的商业化使用。其他类型的 CC 协议包括：（1）相同方式共享，这种许可模式允许作品被其他人使用，甚至包括商业目的的使用，只要使用者承诺使用作品采用相同模式，即不改变作品的用途；（2）禁止演绎作品的许可协议，这种类型的许可允许对作品的使用，但是禁止对作品的演绎；（3）禁止商业性使用，这个许可允许使用者从事商业使用之外的一切使用行为；（4）禁止演绎性使用和商业性使用，这种是最严格的使用限制模式，如果采用这种使用方式，使用者只可以下载、使用或者分享作品，但是商业性使用是被严格限制的。CC 许可协议也是一种使作品尽早进入公有领域的方式。开放存取出版模式对未来数字出版的走向影响巨大，开放存取意味着更多的人可以分享研究成果，也降低了研究机构和文化机构保存文化资源的成本。

二、延迟开放存取模式的推行

因为开放存取的几种模式各有利弊,采取何种开放存取模式只能由出版者、作者或者平台协商解决,为了推动开放存取出版模式的稳定性,目前各大出版集团以及数据库权利人都可以接受的开放存取模式是延迟开放存取模式,这种模式类似于铂金开放存取模式,区别在于延迟开放存取模式所设定的延迟期限统一确定为一年。延迟开放存取对版权法的剪裁主要是对版权法中作品的保护时间进行限制,因为在学术出版中,作品的寿命实际上并不需要很长,一年是行业发展中各方利益主体达成的有关时间上的妥协,但又并没有实际上终结作品的保护期限,实际上作品的保护期限仍然是作者生前加死后 50 年。延迟许可的有效性可以从读者、作者以及出版者三方面考虑,最直接的效果在于推广延迟许可可以增加读者获得学术研究内容的质量,因为对作品进行同行评议也需要时间,作品出版发行后经过开源期限就可以被公众自由使用作品。因为作者获得作品的时间缩短和数量增加,那么在一定程度上意味着社会福利也被大大提升。在延迟开放许可的语境下,对于作者和出版者来说其影响有一致性,如果出版者只享有一年的版权使用期,他们会尽量在使用期限内发掘出版权的最大价值以弥补成本,如可以通过商业出版机构的订阅、使用和广告来实现。

"据统计,对于学术期刊来说,最主要的经济来源是期刊订阅量,而学术论文在首次出版一年后通过开源模式获取并不会影响订阅量,因为客户订阅只会从需求本身来考虑,并不会因为订阅成本高而等待一年时间。所以依靠订阅量作为主要收入并不会受到开源模式的影响,因为订阅量总会维持在相对稳定的状态。以美国国立卫生研究院的开源期刊为例,有关持续的研究数据表明,实施开源模式之后订阅量并没有受到影响。最大的两个医药领域的商业出版商爱思唯尔和威科集团在 2008—2009 年都实现了订阅量的稳步增长。"❶ 虽然一些杂志的订阅量有稍许下滑,但在一年的延迟许可期间订阅量仍然是相对稳定的。广告和杂志的订阅量有关联,订阅量高可以吸引广告数量。如果在许可期内订阅量没有显著下降,那么

---

❶ KIMBROUGH J L, GASAWAY L N. Publication of Government-Funded Research, Open Access, and the Public Interest [J]. Vand. J. Ent. &Tech. L, 2015-2016, 267 (18): 296.

可以预计广告投放量也不会受到影响。

基于延迟的价值，套用开源模式是一种行之有效的方法。根据这个模式，研究机构可以得到持续的发展，因为不用转让版权给出版商，而是通过许可协议授权给出版商12个月的排他使用权利。对使用期限的限制可以确保出版商通过订阅量收回成本以及获得利润，而且版权到期后作者还可以收回版权，对作品重新控制。这个模式也是对目前运行的开放存取模式不足的弥补和补偿。这个模式的推动需要出版商和科研机构的共同推进，而且和现有的开放存取模式并不冲突。

虽然从立法层面推动"去版权"只是理论上的"乌托邦"，但来自学术领域和图书馆领域的倡议者积极推动了开放存取运动。出版机构对开源的态度并不完全否定。美国生理学协会出版的约17种期刊都采取了开源的方式，即出版12个月后可以使公众获取。这种迟延开放模式一方面可以使公众及时获取文献，另一方面也不会因公开造成损失。这种迟延公开模式多适用于学术期刊而不是商业期刊。学术期刊服务于其成员有多重渠道，而出版仅仅是其中的一种。商业期刊一旦采取这种模式则其转载收益就会受到损失。商业期刊采取开源模式的态度虽然不清楚，但是在并购中，一些商业期刊并购了开源模式的期刊，例如，施普林格出版集团并购最大的采取金色通道出版的开源期刊。

无论是采取绿色通道还是金色通道，都是自愿模式，即作者自愿选择公开方式自助出版或者是提交给开源期刊。截至2011年底，超过150个国家的学术期刊都使用了资源开源模式。❶ 当开源存在困难时，一般会在谈判中采取延迟开放的手段作为解决困难的途径。这种模式通常会被大型的有实力和内容的期刊采取。一些知名私立研究机构都对开源运动表示支持，他们给研究人员提供专项资金支持开源发表。有了资金支持，作者会接受开源出版模式，而商业期刊也会同意在首次出版后一段时间内公开其出版内容。技术进步不仅改变了出版商的盈利模式，促成新商业模式的发展，同时也促成以科学研究为目的的数据使用。例如，在经济学领域内以及其他学科领域，研究人员已经有意识地收集相关文章，

---

❶ FRANK M L, SCHEUFEN M. Academic Publishing and Open Access [J]. Max Planck Institute for Intellectual Property and Competition Law Research Paper, 2013, 13 (3): 9.

建立本学科的数据库，这种用于科学研究目的的数据收集，其特征在于自我纠错和进一步研究。开放存取的作用在于激励研究人员自愿公开数据提供科学社区研究。尽管已经取得一些成就，但仍然缺乏一个解决学术期刊出版危机的长效机制。开源运动的支持者都认为开源应该是全球范围内的。也就是说，一个读者只要可以接入互联网，不论处于哪个角落，都可以免费获得想要的资源，开源模式实际上是互联网的全球性所带来的要求。从法律角度看，开放存取模式并不能剥夺商业出版机构的版权，因为虽然开放存取期限的设置是自愿的，但是对开源期限的设置实际上决定权在出版方。出版方与作者首先要签订专有出版合同，约定出版方有权将作品投放到开源网站或者在开源期刊中出版，而到期是否从开源期刊中撤回决定权也在出版方。出版方愿意加入开源运动原因在于很多期刊都是受到政府专项资金资助的，可以抵销开放存取带来的损失。这种开源策略对于商业出版机构来说有以下优点：确保只有出版后的版本方能提交，这样可以确保出版机构在一定条件下控制作品版权且并不需要获得作者许可。出版机构可以通过许可使用合同和不同的开放存取机构订立不同的合同来维护版权。因此，一旦某一机构的开源政策改变，也不会影响出版机构与其他机构的许可协议的有效性。开放存取运动虽然迅速推广，但是其可持续性却受到质疑，如果目前的学术支持体系改变是否会改变开放存取政策？如果谷歌等搜索引擎成为获取科研材料的主要手段，开源模式的存在还有意义吗？总之，因为目前的开源模式是由政府主导的，所以一旦政策发生变化，势必会导致开源政策的变化，以致目前的开放存取政策的持续性值得怀疑。实践表明，在美国，以美国国立卫生研究院作为支撑体系的开源模式在 2008—2011 年就两次受到来自立法的影响，其开放存取模式也进行了调整。

互联网的出现使人们对知识共享的要求越来越高。当然共享并不意味着不盈利，出版商在一段时间内保留排他的出版权，可以控制公众对作品的获取，同时通过订阅仍然可以实现盈利。当过渡期满，作品可以被自由获取并实现开源，这种开源不仅对出版商，还对作者和第三人实现。目前开源政策协议主要包括：(1) 自助出版，科研机构与出版机构签订协议，如大学、科技团体和商业出版集团之间签订协议通过机构之间的自助出版协议（self-archiving）的形式出版，而版权保护期限在 6~12 个月；（2）自愿延期公开，由出版社联盟和科研院所成员缔结条约，自成果公开出版发行 2~12 个月后实现开放存取。美国国立卫生研究院的自愿开源政策是由科技组织和商业出版机构缔结的，采取 Pub Med❶ 模式，开源期为 6 个月。美国国立卫生研究院的强制开源政策模式是由研究机构、科研工作者以及商业出版机构之间签订的，采取 Pub Med 模式，期限为 12 个月。霍华德休斯医学研究所（HHMI）采取的开源模式是由研究机构、科研工作者以及商业出版机构之间达成的协议，采取 Pub Med 模式，开源期为 6 个月。威康信托基金会的开源模式是由基金会、科技工作者以及商业出版机构缔结的，采取 UK Pub Med 模式，期限为 6 个月。英国自然科学研究机构采取的是由英国政府、科研机构和商业出版机构之间达成的协议，采取期刊开源模式或者自助出版模式，可以即时公开或者选择 12 个月后公开。概括来说，开放存取的期限设定模式包括：（1）通过双边谈判达成协议，作者许可在论文出版后 6~12 月内公开作品；（2）自然科学期刊的成员可以自愿开源一般期限为 12 个月；（3）美国国立卫生研究院的模式是要求旗下获得资助的研究机构在研究成果发表 12 个月后公开；（4）大部分基金会、私立院所要求受到资金支持的研究机构 6 个月后开源；（5）美国国立卫生研究院致力于将联邦内的研究机构都纳入开源体系中，开源期限为出版后 12 个月。上述期限表明，通过开源协议所限定的时间都短于版权法规定的保护期限。虽然对开源期限存在争议，但是目前学界能接受的期限为 6~12 个月。开放存取运动的推动者包括商业出版机构、图书馆、科研人员以及政府机构和研究机构，这些主体通过双边或者多边协商制定。开放存取期限的设定从出版商的角度来看，要维护出版商首次出版收回成本以及收回一部分利润的权利。后续的利润回收则不在开放存取所考虑的范围内。从图书馆、科研人员以及公众的角度看，开放存取最大的价值在于缩短保护期限，可以使公众在最短的时间内获取知识，因为公众获取知识的时间越长，知识的价值就会降低。

---

❶ Pub Med 是一个提供生物医学方面的论文搜寻以及摘要，并且免费搜寻的数据库。它的数据库来源为 MEDLINE。其核心主题为医学，但也包括其他与医学相关的领域，比如护理学或者其他健康学科。

三、开放存取出版模式存在的问题

（一）授权方式的不确定性

在数字出版时代，对版权激励的认知不同，分歧也就越来越大。以学术出版为例，有人认为数字出版环境下学术出版已经不重要了，因为互联网可以提供海量的信息，这些信息足以打破有形出版的桎梏。时下流行这样的观点：在互联网时代，人人都可以成为作者或者出版商。目前反对版权的学者则认为政策和法律的问题十分模糊，使文化传播陷入困境。为了鼓励文化传播和创作，抛开商业层面的考虑，一些国家开始尝试出台不同的政策来支持非主流文化或者受众较少的文化传播模式。2008 年，美国国会委托美国国立卫生研究院将其旗下期刊全部开放获取，并对相关的法律问题作出评估。"2013 年 2 月 14 日，《公平获取科学和技术研究法案》提交到议会，该议案号召所有机构免费获取和评议期刊并要求政府资助。同年 2 月 22 日，奥巴马政府办公室发表有关科学与技术政策备忘录，号召研究机构制订相似的机构公开获取计划。"❶ 这一运动的内在逻辑也得到了美国司法实践的认可，美国柯特森诉约翰威利公司案中，法官认为作者有权利决定作品不参与市场竞争，开放存取政策是符合版权法的内在机理的。开放存取的目标仍然是致力于推出高质量、高标准和具有创造性的研究和文化产品。该案中，法院确认了版权的公共政策属性，激励创作同时也鼓励分享。❷

数字出版时代，知识产权法直接或者间接地影响个人、家庭、企业和一些团体组织的权利和义务，数字时代公众的创造力被空前地激发出来，版权立法也要支持和保护这些创造力。数字时代带来诸多法律问题，究其原因在于持续的技术发展带来了持续的规则变化，技术的发展为作者或创作者、作曲家和艺术家的创造性和智力创造带来了新的财产类型。例如，任何可以访问互联网的人都可以通过视频网站或其他平台上传成为创作者

---

❶ 张慧春. 网络环境下期刊出版者权利保护——以第三次著作权法修改为视角 [J]. 编辑之友，2016（10）：11.

❷ Kirtsaeng v. John Wiley & Sons, Inc. 579U. S. 2016.

和出版者。这使作者或创作者能够接触到更多的受众,因为信息传播的速度更快,因此可以广泛传播。显然,作者和出版商的利益与这些创作有关,因此,需要重新审视数字时代的作者、出版商和知识产权制度之间的关系。由于出版和内容的模式在数字时代发生了变化,旧的版权法不能保护作者的创造力或出版商的商业权利。开放获取可以有效应对持续技术发展所带来的挑战。在变化的数字出版和互联网世界中,开放存取模式的调整就是在不断平衡版权利益、重新配置商业出版商和作者之间关系的可能性。当代版权法不具备应对数字出版变化的能力。数字出版确实便利了作品的传播,但是这种传播是随机的,也可以说是无序的,然而数字出版在法律体系中应该是可控的,所以出版商的角色仍然重要,出版商的利益不应该被忽视。在开放存取模式中要调整的是商业出版机构与作者之间的关系,作者是知识的生产者,但是商业出版商始终承担"守门人"的角色,只不过在数字时代,商业出版商要拿走所有的利润并不符合公平原则,也饱受非议。因为出版商盈利依赖于学术界的专业知识,然而作者认为出版商并没有为专业知识付出适当的代价,却拿走太多,所以在数字出版时代,出版商的"守门人"角色如何发挥需要重新思考。

(二) 对数字作品新的利用方式带来的影响

自20世纪70年代,数字出版开始影响出版机构的出版模式和政策选择。随着Ar Xiv和Pub Med Central的出现,开放存取政策的步伐加快,一些面对开放存取的数据库和预出版服务业逐渐展开,一些资助开放存取期刊的机构和大学都强烈要求进一步推动出版物的开放存取。因为期刊的获取在数字出版环境下可以更自由,开放存取运动的出现已经足以说明问题。事实上,开放存取运动也促成了对数据挖掘的需求,拥有了足够多的资源,如何正确使用这些资源并快速在资源中提取出有用信息,这个功能的实现更迫切,所以文本数据挖掘成为学术研究中的重要部分。如果不能挖掘文本,即使获取再多的文献又如何提高使用效率呢?毕竟,只有掌握了整合新知识和新内容的能力才能产生新的见解。"早在20世纪80年代,唐·斯旺森(Don Swanson)就提出了数据整合的力量,提出了'未被发现的公共知识'这一概念。他认为,当下手动的劳动密集型研究方式终会被机器搜索取代,人机交互的数据挖掘方式才是未来研究的发展方向。"❶ 2015 年《数字时代知识发现海牙宣言》出台,明确表述"阅读是我们的权利"❷。根据这一宣言,一些国家的公共科学图书馆开始探索提供对其所拥有的旗下期刊数据库的免费访问。图书馆中的数据共享原则——FAIR 原则,即可查找、可访问、可交互性操作和可重用原则同样适用于人机交互的学习方式。数据文本挖掘技术可以为学术内容获取提供技术支持,以实现学术研究的目的,但是目前的法律规则为数据文本挖掘技术的适用蒙上了阴影,数据挖掘的主体是谁,数据文本利用的目的如何判断,其利益分配是否合理,这些问题都存在含混之处。总之,商业模式的转变正在使数据平台成为科学家的数据提供者而不是期刊出版者。

在数字出版模式下,研究人员的角色既是作者又是使用者,即如果研究人员不是使用者,就是产品的提供者,其无论是与专业的出版机构合作还是与类似微博这种自媒体合作,都可以获利,不同之处在于,选择在自媒体发布作品可以省去审核与编辑的成本。开放存取已经成为学术出版的趋势,例如,德国政府已经要求由政府资助的研究人员所发表的文章都要免费开放。开放存取运动的推进是一个不断博弈的过程,运动的倡导者要求促进知识及知识获取的民主化,同时要限制出版商控制对学术内容的获取以及向研究机构和公众收取高额费用的现象。替代计量学的出现,使学术评估指标成为学术评价的指标,引证率、H 指数等指标已经在谷歌学术等知名学术研究平台推广,但由于使用的算法不同,这些科学数据库的使用者进行的数据挖掘方式也不同,所提供的评估学术指标也不同。一方面是研究机构的人员对各种平台提供的数据指数不信任,另一方面研究人员也担心平台收集数据的行为会导致隐私的泄露,而且使用者利用这些数据信息作何用途也存在未知,这些都存在法律隐患。研究机构提出,至少机构的研究人员具有数据使用的知情同意权。当然,为了防止数据被滥用,

---

❶ SORKIN D, DICOLA P, HALPERN M. Legal Problems in Data Management: IT and Privacy at the Forefront: Big Data: Ownership, Copyright, and Protection [J]. J. Marshall. J. Info. Tech. & Privacy L, 2015, 565 (31): 568.

❷ 孙益武. 数字时代知识发现海牙宣言述评 [J]. 图书情报工作, 2015 (19): 130.

研究机构和出版机构都采取数据版权管理技术对用户进行跟踪，但是这些技术的使用又会侵害图书馆等自由知识利用机构的权利。《数字时代知识发现海牙宣言》重申，内容提供者应当尊重个人读者的知识隐私。无疑，开放存取时代，出版商已经逐渐成为数据服务的提供商，通过收购和提供信息进入新的市场，开拓新的商业模式。学术出版商按照谷歌、自媒体和亚马逊等成功的商业模式进行推广扩张，汇总关于人们生活方方面面的数据信息，一方面丰富了消费者的使用体验，另一方面通过对用户需求的读取，也可以更好地掌握市场信息，完善自身服务。在数字出版领域内，最有价值的资源不再是石油，而是数据。从法律层面来说，我们需要厘清谁享有数据权利？数据利益的分配如何实现？这是开放存取运动深入推进中带来的新问题。

四、开放存取运动的未来发展

（一）出版商的继续推动

出版商对利润的追求势必导致一些文化产品的传播空间受到挤压，特别是在学术研究领域内，一些学者认为学术出版商对作品的获取的限制是不公平的，甚至是毫无道理的，因为在数字出版时代，这种限制根本不需要，这与数字出版的发展是相违背的。在数字出版时代，每个人在网络中都可以成为版权内容的制造者、输出者，也就是说，出版者的功能在网络时代是存在可替代性的。如果研究人员创造了内容，将其发表，在不计报酬的情况下，完全可以允许对这些内容实现面向公众的免费传播，而无须经过出版商的授权。但是站在出版商的角度来看，他们认为公众和研究人员的观点也是错误的，因为虽然数字时代使作品的传播打破了时间、地域甚至主体的限制，但是这并不意味着出版商的角色可以被完全取代。如果站在不同主体的立场分析，那么版权法的规则就会陷入无尽的争执，为了确保商业模式的发展，学术出版机构需要大量投资，打造高质量的期刊，并建立面向数字出版时代的学术标准，培养学术群体。学术出版商仍然是未来出版市场的主要力量，出版商具有专业化的团队分工，可以形成一定的经济规模，这是出版市场成功的关键。

从现代版权体系开始,学术出版商就评价专业化的经营而开拓市场。在网络时代,商业模式和发行机制已经发生了很大的变化,但是出版商作为发行作品的中间人的角色依然重要。事实上,从版权的创造激励角度分析,作者需要投入大量的时间和资源来创作新作品,但是作品一旦出版,就很容易被复制,对出版商来说同理。工业革命后,出版商开始利用科技创建新的商业模式,出版商大量投资建立印刷厂和仓储设施,维护供应链和发行渠道,创建新的商业模式。在数字化变革时代,他们同样要进行投资。学术出版商在1993年就开始注意到了数字出版中的商机,开始考虑数字出版模式。"1995年,里德·爱思唯尔集团开始进行在线出版,总计投资达到4600万美元。最终,在20年间投入了1亿美元进行电子出版平台建设和期刊出版,同时也包括对期刊进行扫描、存档,将纸质文档转换为电子文档。"❶ 数字出版的成本包括编码、扫描、beta测试等,同时还需要购买硬件设备和软件,进行电子出版物的制作和提供相关服务,这些都是不同于常规出版流程的,尽管省去了印刷、仓储的成本,但是数字制作的成本并不低,也只有大型的出版集团可以承担数字出版的高成本。总之,进行在线数字化作品发行和服务的成本是很高的,硬件、人工、维护以及后续服务的提供都需要投资。"出版商和互联网公司一样,他们都有网络中介机构的属性,例如,里德·爱思唯尔集团拥有90万亿字节的存储量,可以提供来自120个国家近700万篇文章的下载。2012年开始,互联网使用者下载量已经相当可观。"❷ 数字革命并没有消除从研究者到读者之间的发行成本,而是实现了成本的转换,从有形的资源例如印刷和仓储转换为软硬件设施的投入和人力资源的投入。在数字出版时代,需要改变的是角色而不是彻底颠覆,在网络环境下,出版商不仅要提供出版服务,还要提供很有价值的附加服务。在网络环境下仍然坚持同行评阅制度,确保文章质量的规范性。研究表明,研发人员投稿是受到多种因素影响的,例如

---

❶ MOSSOFF A. How Copyright Drives Innovation in Scholarly Publishing [EB/OL]. George Mason University Law and Economics Research Paper Series13-25, http://ssrn.com/abstract=2243264.

❷ MOSSOFF A. How Copyright Drives Innovation in Scholarly Publishing [EB/OL].[2013-12-05]. George Mason University Law and Economics Research Paper Series13-25, http://ssrn.com/abstract=2243264.

出版周期、审稿频率、研究领域，这些成为网络平台之间的显著区别，学术出版商维护并发展着期刊的同行评议机制，确保期刊的认可度。超过 90%的学者认为同行评议机制可以确保文章的质量。同行评议机制仍然是网络出版的重要制度，即使倡导公开获取的学者也是支持这个制度的。"但是同行评议是需要成本投入的。出版商需要雇用编辑，聘请国内外的学者审稿，而且审稿量是巨大的。例如，里德·爱思唯尔集团的同行评议预算每年超过 1 亿美元。"❶ 除了要支付同样评审的巨额费用，还要支付内部工资及外部供应商的费用以维持电子出版物的制作发行。电子内容的出版包含了大量的劳动密集型活动，包括格式、编辑、排版，一篇文章的出版费甚至可以达到 170~400 美元。很多出版商提供不同格式的文本，需要进行格式的转换，这也需要成本。格式转换需要仔细检查，很可能在转换过程中出错。还要雇用专业技术人员负责安全维护。如果是声誉高的期刊，其成本维护费用可能更高。特别是一些科技期刊中的图标和数据的制作费用也是很高的，甚至还包括 3D 成像技术。后续服务也是需要成本的，出版商需要给作者和读者提供售后服务，给作者提供的服务包括报告文章的下载量和引证量以及相关的分析报告。给读者提供的服务包括提供应用程序下载服务，方便与读者沟通和阅读。美国很多大型的出版机构都推出了自己的数字移动平台或 APP 程序，可以支持在移动设备中使用。"事实上，出版商在数字化变革到来时就已经在积极准备数字出版了，21 世纪初威利出版集团、美国物理研究所等学术出版商和科研机构在法兰克福书展上就达成了交叉投资意向，创建了 Cross Ref 项目。"❷ 这个项目的成功也代表了知识产权许可模式的创新，例如交叉许可的使用。学术出版中的创新商业模式很多，如里德·爱思唯尔推出的 TULIP，是一款在线期刊发行系统，该系统与 17 所大学合作，持续了 4 年，包括 80 多种期刊，还有

---

❶ Durham Statement on Open Access to Legal Scholarship [EB/OL]. [2014-06-09]. https：//cyber. law. harvard. edu/publications/durhamstatement.

❷ Cross Ref 是一个致力于推进在线学术资源相互链接方便性和有效性、由出版商创建和管理的独立会员制、非营利性的协会。Cross Ref 是 DOI 的唯一注册机构，它维护着一个 DOI 查询系统，从而保证其他参与其中的出版商、图书馆、研究者或销售商能够实现内容的自动链接，Cross Ref 也是唯一的实现 DOI 和 Open URL 集成的机构。通过 Cross Ref，图书馆无须跟各个出版商签订双边协议，也无须跟踪出版商自身的链接表，就能够在 Cross Ref 成员出版商之间建立链接。该系统还支持 DOI 的重新定位，以建立与图书馆馆藏的本地链接。

很多出版商和大型的互联网公司合作。但归根结底,学术出版也要遵循基本的商业规则,至少要收回成本。目前世界范围内有 7600 多种期刊实现了开放获取,而且它们是高度异质性的。出版商为了实现数字化出版,做了大量的投入,但是不被理解,包括学者和读者对他们所做的工作都不清楚,无怪乎有法官在判决中指出:作者们都支持自由复制,因为他们并不在意传播带来的风险,而恐惧的是出版商。出版商投资建立了版权结算中心(The Copyright Clearance Center),正是出版商的努力和投资,才实现全球范围内的自由获取,目前所谓的数字学术创新完全是出版商投资的结果。

开放存取运动的推广最终的主要推手实际上是出版商,不得不说,出版商最了解市场,也拥有最多的版权,由出版商牵头建立的开放存取期刊取得了一定的成功,但是在科技出版领域内,作为作者的科学家和其他科研工作者开始对大型学术出版机构提出质疑,因为他们认为这些商业出版机构垄断了学术市场,使学术出版开放存取的未来变得十分不确定,因为一旦出版机构决定停止开放存取的模式,没有其他主体可以提出反对。于是,很多有威望的学者开始号召抵制目前的以大型出版机构为主导的开放存取模式,学者们的抵制甚至最终导致奥巴马政府力推的《公平获取科学和技术研究法案》最终破产,这实则也暴露出科研领域内长期存在的矛盾。虽然开放存取出版模式取得了长足的发展,但是其发展所面临的瓶颈在于期刊荣誉度不高,所以并不会吸引知名学者的投稿,而市场中出现的低质量杂志因为发表成本低廉又分割了开源期刊的市场。因此,开源期刊从竞争力角度来看,不及读者付费的传统出版模式。但是一些大型出版集团通过强强联合或者兼并收购的方式,事实上已经弥补了期刊信用度的问题,因为这些大型机构可以负担同行评议的费用,所以一些开放存取期刊的引证率和信用度也在上升,甚至更高。

数字出版模式下对作品的商业运营通常是"赢家通吃"。何为"赢家通吃"?得版权者会获得议价权,也就掌控了话语权,如果一味强调经济价值,一些非主流的或者不具有很强经济价值的文化产品就会丧失市场空间,因为在商业运营模式下,资本总要逐利,没有盈利空间的产品很难有市场空间,这就需要从政策角度进行利益平衡,因为文化产品的价值不能全部依靠市场来衡量。在埃尔德雷特诉阿什克罗夫特案（Eldred v. Ashcroft）中，法院在判决中指出："版权法鼓励追求利益回报，而对于公众来说可以获得知识，而追求利润的动机是确保科技进步的动力。"❶ 美国联邦最高法院历来强调作品传播的重要性，在戈兰诉赫德案（Golan v. Holder）的判决中，法院认为，"版权法中促进科学技术发展的宗旨和激励创作的宗旨并不冲突，促进作品传播就是促进科技发展。法院进一步指出，是出版者而不是作者创造了成功的市场运行机制，将作品通过打印或者数字化的形式传播，使公众获取作品"❷。出版是有成本的，如果因为定价问题导致相关学术图书馆无力支付订阅费用会使科研工作者无法获取研究材料，这无疑是巨大损失。但出版商一贯要求保护其投资成本，例如兰德斯和波斯纳就不断强调不能忽视出版商的利益，因为版本很容易被复制，所以出版商的投资需要被保护，即使出版商的成本可以忽略不计，但基于其出版行为导致的作品传播效果也应当受到保护。所以我们可以看到，根据版权法的规定，作者如果想在一级市场发表作品，必须授予排他权利给出版者，在数字出版模式下，这个操作规则同样被延续下来。如果说开放存取运动是由出版商推动的，且出版商的投资利益需要被保护，那么在数字出版模式下构建作品数字版权的专有出版权也是合理的。

（二）版权因素的影响

数字出版模式下，版权保护的力度在逐渐加强，我国也在不断提升知识产权保护水平，尽管如此，在中美贸易战中，知识产权保护的问题仍然是焦点。美国版权制度的保护力度也在逐渐加强，美国版权法的保护期限一延再延，已经从1970年的28年延长到了1998年的70年。保护期的延长也使出版商对作品的控制时间延长。这种长期的版权保护期限对科学进步具有促进作用吗？已经有很多学者就此提出了质疑。虽然争议不断，但是显而易见，这种长期保护的负面效应却已经显现，即可以获取作品的主体有限。过长的版权保护期导致出版商既没有参与创作，也没有提供资金支持，通过发行行为，却轻松获取了市场。另外，这种形式也从客观上导

---

❶ Eldred v. Ashcroft, No. 01-618. 2003 U. S. LEXIS 751. January152003.
❷ Golan v. Holder. 132 S. Ct. 873. 2012.

致很多研究人员获取作品的途径受限，这对整个社会福利来说也是有影响的。所以这也是为什么很多知名学者主张需要重构一个出版模式，一方面确保出版者获益，另一方面也需要确保科研工作者对作品的获取。这种争议的本质在于目前的版权制度引起了一系列的危机，那么就需要对版权法进行修改以应对这个危机。知识产权的合理性与利益分配问题在理论上有各种解释，其中洛克的劳动价值论是最容易被接受的一种，因为洛克的劳动价值论从道德层面也容易被接受，他论证了财产权与创造性的关系。知识产权的价值来源于个人创造，创造也可以产生商品即知识产品，这些产品可以被创造、获取、转让和使用，基于这些原因，洛克认识到版权是财产，因为个人通过创作为繁荣人类生活创造了价值，所以作品作为财产就要受到保护。有关知识产权的功利主义理论提出，知识产权的运转需要大量的投资，所以对知识的投资也应当被保护，这样，作者作为作品内容的生产者，其成果需要得到保护，出版商作为投资者，其投资利益也应该受到保护。数字出版只是打破了利益平衡的模式，但是仍然没有改变利益分配的基础，创作者的回报与商业出版商的利益平衡仍然是分析问题的出发点。知识产权的范围是不断变化的，技术的发展增加了对数字内容的需求，互联网的高监控成本和信息产品的网络效应，决定了是时候改变目前的利益分配状况了，版权法规的经济和文化重要性正在迅速增加。更具体地说，通过数字技术，如数字平台和社交媒体，知识产权的重要性正在逐步增加。技术进步影响出版和学术交流，科学著作的出版构成传播和分享科学研究和知识的主要渠道或途径。数字出版带来的变革导致需要重组文化产品传播中的主体关系，传统的文化传播主体都在经历转型，有学者提出在数字环境下需要重新构筑出版伦理，美国出版业成立了出版伦理委员会（COPE），它在规范作者和出版商之间的关系方面发挥着重要作用，该组织协助作者、编辑与出版商实现数字出版中的新秩序，这个组织不定期发表出版标准来约束出版行为，包括学术道德、出版秩序等。

总之，开放存取模式作为一种新的商业模式，大有成为学术出版主流的趋势，但是需要建立面向新技术的新规则，这种规则的建立还在探索中，目前仍然通过许可使用和行业自律来实现。美国开放存取学术出版商协会（OASPA）于2008年成立，其使命是通过分享信息，制定标准，提供援助和教育以及促进创新来传播知识。通过行业协会出台规则指南，可以更好地帮助和引导出版机构和作者加入开放存取运动中。"2017年第6届开放获取推介周大会上，中国科学院文献情报中心作为中国首家科研机构，签署了《大规模实现期刊论文开放获取的OA2020倡议意向书》。这代表中国主动参与全球学术交流治理体系的改革和建设。"❶ 开放存取运动的推进过程中至少暴露出目前版权法制度中的一些条款确实已经不再适用于数字出版时代的权利构造，所以美国立法已经开始讨论《美国数字千禧年版权法》的现代化路径，而我国著作权法的修正在面向网络时代的过程中也是争议不断，从第三次著作权法修正的过程来看其难度可见一斑。作品在数字环境下的传播，需要考虑以下问题。第一，严格的版权保护期限是否仍然有必要，是否需要构建更加有弹性的版权保护期限。第二，目前的版权许可使用制度仍然完全按照意思自治来设定，即完全依靠合同来设定，那么合同设定的授权条款如果与著作权法的一般规定相冲突如何解决？版权规则优先还是合同规则优先？第三，实践证明，创作共享协议授权模式是一套行之有效的授权体系，能否将这些授权规则上升为立法规则，在网络平台或者出版平台中强制适用以进一步完善数字出版时代的版权授权机制？第四，在数字出版模式下，出版者仍然是版权产业运营中的重要主体，出版仍然是重要的环境，因为尽管是数字出版，也需要符合出版流程的规定，取得行政审批，作品才能面世。所以，是否有必要构建数字出版模式下的专有出版权规则，允许出版者最大限度地控制版权以维护其版权利益？总结前文上述观点来看，有必要对作品的保护期限作出合理的限缩，当然要针对不同类型作品区别对待，而创作共享协议中的某些规则在一些国家如美国的州立法中已经原则上被承认了。第五，基于数字出版的商业模式习惯来看，赋予出版者数字出版中的独家出版权具有合理性。数字出版模式下形成的出版路径可以分成两种，一种是面向具有市场潜力的作品的商业出版模式；另一种是面向学术出版的开放存取模式，这两种出版模式的运行机理和版权理念并不相同，所以需要设计不同的版权治理规则，帮助树立数字出版的新秩序。

---

❶ 渠竞帆. 国际开放获取新势与中国路径 [EB/OL]. [2017-08-01]. http：//www.cbbr.com.cn/article/116496.html.

第三节　少数民族传统文化产品实现开放存取的路径分析

一、少数民族传统文化产品实现开放存取的可行性

版权法的功能之一在于确保文化作品的传播，之二在于鼓励创作，二者不可偏废。如果过于强调通过传播作品获利，强调作品的经济价值，就会导致公众利益受限。在数字出版模式下，这种利益平衡更重要也更复杂，许多疑难问题都是因为利益的再分配导致的。作为少数民族文化，在数字时代如何平衡这种利益关系，更需要理性思考。少数民族文化并不是原生态的活化石，也需要激励创作再生，在数字出版模式下版权的激励政策更加重要。少数民族文化的创作者或者传承者会在意版权所带来的经济回报，同时更关注公众对其研究的文化内容认可，对其学术地位或者文化地位的确认。所谓的主流文化传播模式更多地关注了商业模式的创新，但是少数民族文化的传播中也产生了一系列新技术、新发明、新技艺以及高质量的学术著作与论文，这些信息需要交流，对于少数民族文化来说，交流也许更重要。但从目前版权法的运行状况来看，在数字出版环境下存在激励不足的问题，同时版权法的诸多限制也困扰着少数民族文化的创作与传播。

我们已经分析了少数民族文化资源传播的渠道，总体来看仍然是依托传统出版方式，如果要实现比较彻底的数字化转型，还要依靠图书馆等文化机构的传播。当下由出版方推动的开放存取模式取得了成功，也受到了批评，同时图书馆推动开放存取运动并发挥着核心作用也不容忽视。"例如，学术出版和学术资源联盟是由美国图书馆研究协会1998年发起设立的。该联盟是一个国际学术研究图书馆组织，已经拥有超过800名成员，致力于推进和了解开放存取政策实施和运行，确保有关科研数据的公开。从世界范围来看，该组织的目标对于图书馆的发展至关重要，一方面促进了学术资源共享，另一方面也减轻了图书馆的财政压力。"[1] 具有影响力

---

[1] 吴林娟. 学术出版和学术资源联盟的开放存取实践研究［J］. 出版广角，2014（3）：116.

的图书馆联盟开始支持开放存取运动，随之也影响了政府的决策。2013年，美国政府宣布以政府基金资助的研究数据必须公开，并且可以实现网络存取。事实上，美国国立卫生研究院的开放存取政策非常具有代表性，这个开放存取路径引领了未来科研数据的披露方式，也为其他国家所效仿。这个路径有稳定的财政资金支持，可以最终确保公众对研究资源的获取。因为开放存取运动从兴起到发展时间并不算长，所以对其路径发展还存在争议。绿色开放存取模式和金色开放存取模式所存在的主要问题是因为没有达成全球合作的意向，尽管开放存取模式的推广是全球性的，但是基于付费方式和开源期间的问题，这两个路径接受度都不高。数字出版模式下，开放存取的成本不应该由版权内容提供方承担或者由公众承担，而需要整体协调。从目前的实现路径来看，图书馆和科研机构是最有优势进行开放存取的机构。这些机构本身就拥有大量的研究文献出版，如果采用国际标准构造数据库是可以支持数据交换的，其运行机理就是常见的搜索引擎，如百度学术或者谷歌学术。所以，从少数民族文化传播的路径和从读者角度来看，存在推行开放存取的可行性，从文化产品的存储方式来看，图书馆已经成为传播文化产品的主要渠道，而且图书馆的功能决定了其具有推进开放存取出版方式的正面立场，而我国的很多出版机构也通过国际合作或者联盟的方式积极参与开放存取出版模式的推进。上述因素都决定了在少数民族文化的传承路径中对某些作品使用开放存取出版模式是可行的。

二、从国家层面推动少数民族传统文化产品共享

（一）开放存取运动有利于对少数民族传统文化产品的传播

中华人民共和国成立以来，就十分重视对少数民族文化的保护和传承，1949 年设立了中央民委领导下的文教司，其主要职责是管理少数民族文化教育事务。1950 年，成立了专门领导和组织开展民间文学工作的中国民间文学研究会，各省、自治区、直辖市也相继成立民间文艺研究会。同年，中央人民广播电台成立民族部，开办民族语言广播。自此，各少数民族地区陆续建立了广播电台，采用少数民族语言和汉语多种语言播音。20世纪50年代原文化部设立民族文化司。1953年,民族出版社成立,主要任务是以汉文出版有关少数民族内容的读物,以少数民族文字翻译出版各类图书。各少数民族聚集地根据需要,也陆续成立了大批民族文字新闻出版机构。在国家的财政帮扶下,少数民族语言文字翻译、出版、新闻报道等工作得到显著的发展。1956—1964年,我国组织了历史上最大规模的民族社会历史调查和语言调查,共调查记录各种资料340多种,2900万字,整理各种资料100多种,1500多万字,共调查了42个民族的语言,同时,还帮助一些少数民族创制和改革文字。1979年,《民族问题五种丛书》的编辑、修订、出版工作开始进行,同年,原文化部会同国家民委和中国文联的文艺协会共同开始了编撰《中国民间歌曲集成》《中国民族民间舞蹈集成》《中国民族民间器乐曲集成》等10部文艺集成志书的伟大工程。1982年始,国家民族事务委员会发起了少数民族古籍的统一规划与整理工作。1984年,国家对少数民族文字的翻译和出版工作给予了相应的优惠政策,以经费补贴的方式支持民族文字印刷的期刊。1986年,全国少数民族古籍整理规划会议召开,会上,全国17个省、直辖市、自治区共提出31个民族的古籍整理项目1246项,会议通过了《1986—1990年全国少数民族古籍整理出版规划》。同年,《民族古籍》杂志创刊,其是国家民委全国少数民族古籍整理研究室主办的综合性季刊。该刊主要宣传党中央和国务院有关保护、抢救、搜集、整理、翻译、出版、研究少数民族古籍的方针政策;介绍全国少数民族古籍工作开展情况、交流经验;发布研究少数民族古籍领域的学术文章和少数民族古籍工作动态。1996年,第二次全国少数民族古籍工作会议召开,决定在"九五"期间或用更长时间编纂大型著作《中国少数民族古籍总目》,预计共出版55卷。1998年,全国少数民族古籍整理研究室决定编纂《中国少数民族文献集成》,预计编70册。1996年,原新闻出版署又对少数民族文字图书的出版在书号使用和资金方面给予支持。2003年,在国内外立法调研的基础上,由原文化部与全国人大教科文卫委员会共同组织起草了《中华人民共和国民族民间传统文化保护法(草案)》。进入21世纪以来,国家集中制定和发布了一批重要法规、规划和文件,以促进少数民族文化的发展。原国家新闻出版总署以各种方式积极促进和推动"少数民族文字出版工程"的发展进程。"东风工程""农家书屋"等重大文化建设工程中,对民族出版进行了大力扶持。2000 年,针对少数民族优秀图书,国家建立了专门的出版基金,到 2007 年,分四批共资助了 256 个项目。自 2007 年起,国家以专项资金、补贴、专用书号、项目支持、单独设立奖项的形式对民族文字出版事业给予扶持。"2010 年,我国 5 个自治区共出版图书 16 684 种,其中新出版图书 7320 种,比 2005 年分别增长 58% 和 33%;同年,全国共出版少数民族文字报纸 82 种,平均每期印数 82.07 万份,比 2005 年增加 29.5%;总印数 19 846.24 万份,比 2005 年增加 84.1%。"❶ 改革开放以来,少数民族文化"走出去"有了重要进展,已成为世界各国人民了解和认识中华文化的重要窗口。以全面展示中华各民族服饰文化为内容的重点文化交流项目"多彩中华",至今在国外举办表演和展览活动 30 余场,曾赴法国、比利时、意大利、西班牙、德国、安道尔、澳大利亚、新加坡、日本等国交流演出,累计演出 400 多场次,观众达到 100 多万人次,少数民族艺术团组出国访问占全部出国演出团组的 30%~40%,通过民族服饰、民族歌舞、器乐、技艺等极具民族特色的形式感染外国的观众。《国务院关于进一步繁荣发展少数民族文化事业的若干意见》提出,要"切实增加少数民族文化在国家对外交流中的比重""打造一批少数民族文化对外交流精品,巩固少数民族文化对外交流已有品牌,进一步提升少数民族文化国际影响力"❷。毫无疑问,我国对少数民族文化的保护和传承投入了大量资金支持,也取得了辉煌的成绩,可以说,在传统出版模式下,可以保证少数民族文化产品的创作产出和市场供给,而且公众也有渠道获取这些资源,例如图书馆、书店购买等渠道。但是在面向数字出版模式的转型前提下,出版方式和文献获取的方式都发生了很大变化,如何将现有的文化发展保障政策顺利和数字出版模式对接是需要审慎思考的问题。通过对开放存取理论的研究,笔者认为只要符合以下条件,就可以使用开放存取出版模式传播作品:首先,作者应该有实现开放存取的意愿;其次,要有良好的数字出版平台支持;最后,要求足够的资金支持开放存

---

❶ 中国出版工作者协会. 中国出版年鉴 2011 [M]. 北京:中国出版年鉴社,2012:1013.
❷ 国务院关于进一步繁荣发展少数民族文化事业的若干意见 [EB/OL]. [2019-07-05]. http://www.gov.cn/gongbao/content/2009/content_1383261.htm.

取出版的持续性进行。从我国少数民族文化传承的政策支持和传播方式来看，对于少数民族文化产品是可以考虑采用开放存取模式的，除了古籍等具有文物性质的作品外，都可以考虑采取开放存取的模式，概因目前的学术评价机制下，少数民族学术作品也使用同样的评价机制，从作者意愿来看，只要满足其学术目标，就可以促成开放存取的实现。对一些文化价值高，但商业性价值有待开发、传播度比较低的少数民族文化产品也可以考虑使用开放存取模式，扩大作品影响，提升作品商业价值，再考虑使用商业出版路径。此外，国家已经投入了大量资金支持，在作者和出版方的创作成本和生产成本都可以获得弥补的前提下，使用开放存取出版方式也有利于公众获取少数民族文化产品。

在开放存取计划提出十周年后（2002—2012），开放存取运动组织提出未来的发展目标是实现开放存取运动同行评议的规范化。对于这一愿景能否实现，英国开放存取组织持悲观态度，他们认为，由于政府以及研究机构缺乏参与热情，很难达成这一开放存取愿景。但行动也在推进，美国麻省理工学院积极推进OA设施建设并构建相关评价标准及制定开放存取期刊的发展策略，英国帝国理工大学牵头设计开放存取学术交流许可证，法国和德国也制订本国的开放存取计划，从世界范围来看，实现同行评议规范化虽然存在困难，但实践起来未必悲观。在英国，对开放存取运动持异议的团体则认为，开放存取并不代表着学术自由的力量，而是在政府支持下的一种对作品传播的限制。尽管争议不断，但是在英国，像欣达维和生物医学中心旗下实现完全开放存取的期刊其地位和声誉不断提高，其学术水平也受到作者的认可。政府推动开放存取期刊的发展是必要的，也是可行的，单纯地将其视为一种对作者权利的限制有失片面。从知识产权制度的运行机理来看，对知识产权的限制有时也是必要的和正当的。对于受众较少的文化资源，其传播需要得到政府的支持，这是大多数国家的文化政策。美国政府为了保持其在科技和文化领域内的竞争优势地位，一直在不间断地支持并加大在科研领域内的投入，给科研提供了大量资金支持，同时也产生了很多高质量的研究成果。在美国，除了国家图书馆提供丰富的文献供公众使用，由国家支持的科研资金所获得的研究结果一般都是免费向公众提供的。美国是开放存取运动的起源地，也是大力推广开放存取运动的国家之一,支持开放存取运动发展的美国学者认为,开放存取应该成为学术出版的发展方向,而且未来的开放存取不仅限于期刊,还应包括图书、视听作品、软件以及有声读物等,至少那些获得国家专项资金资助的文化产品是可以实现全面开放存取的。

(二) 可采取延迟开放许可模式推进少数民族文化产品传播

基于目前开放存取出版的各种模式分析,能被顺利接受的模式就是延迟许可制度,因其可以维护市场的有效运转,并不会对目前的市场产生影响,造成市场发展的失衡。如果市场从读者支付模式转变为作者支付模式,这种转变会引发很多问题和冲突。从谨慎应对互联网带来的转变角度考虑,还是应该选择比较稳妥的模式。延迟许可允许作者保留部分权利,待期限届满后权利恢复。延迟许可建立了一个整体体系,消除了协商所带来的影响。延迟许可使用制度也比金色开放通道有优势,金色开放通道并不是一种理性的出版模式。延迟许可制度是一个基于私人的协议,即合同并不依赖于法律的制定或者实施,也就是说,这不是一个强制的法律、法规或者规则。所以和立法相比较,既有优点也有缺点。法律手段和私人协议之间的显著区别在于前者自动适用于所有权利人,后者是约束相对人,所以在一些情况下,个人协议的效率和成本要比法律规定有效。延迟开放许可制度是一揽子许可,因此机构和出版商之间的许可比私人协议的适应性更强。延迟许可制度比去版权化更有法律上的优势,目前来看也最能有效缓解各方利益之争。设定延迟开放许可模式,可以首先尝试起草延迟使用许可协议条款。延迟许可协议推广的前提是建立一个可以被广泛使用的授权模板。这个模板可以被科研机构和出版机构所接受,而且不需要对现行的法律体系或者管理资源作出调整。使用行业标准的优点在于给所有市场参与方提供平等的信息,因为在出版机构和学术机构协商中,存在一个信息不对等的问题,科研机构对商业运作缺乏经验,导致谈判成本和效果都会受到影响。如果建立了标准协议样板,每个机构通过既定条款的规定,就可以获得同样的信息,这样可以确保条款的适用一致且合理。在网络环境下,很多跨行业的许可协议模板都获得了认可,比如CC协议。针对学术期刊的许可使用归根结底是一个法律协议而不是一个技术协议,所以不存在技术上的障碍，创建一个协议模板的主要目的在于便利行业运作。而且创建统一的协议模板也有利于减少分歧和不公平，确保出版商对条款的解读和说明，因为通常出版商会加入协议的起草中，这样他们没有必要再进行特别条款的磋商。对于大型的商业出版集团来说，他们更倾向于维持目前的版权分割状态，而延迟许可使用协议则更容易受到学术出版机构以及研究机构的支持，所以一旦获取了这两个组织的支持，商业出版机构的反对余地也不大。制定许可协议模板需要几个月甚至几年的时间，所以最好是通过中介组织的介入来起草，如律师事务所，政府机构或者其他非营利性组织也可以参与模板的起草工作，以积极推动开源运动的发展。

一旦出版机构的领导者开始推行新的知识产权模式，新的规则可以很快在出版领域推行。尽管延迟使用许可的推行不需要政府强制推进，但是资金支持还是需要的。这种资金支持的作用主要是：有资金支持更容易被大机构所接受并易于推广。例如，美国国立卫生研究院就是因为有政府的资金注入才可以在其旗下的期刊中顺利推广开放存取模式。使用统一的延迟许可协议模式可以有效避免一些潜在的版权纠纷。第一，利用统一模板可以确保版权转移的确定性，而且这个模式可以被出版者或中介机构所接受。科研机构可以在本机构内推广经多数人认可的协议，这样就减少了长期磋商带来的时间成本。第二，版权出让成本可以大大降低，因为避免了单次磋商的各种支出以及时间成本。总之，在纸质出版时代，出版商利用格式合同已经可以比较熟练地完成出版流程，或者说通过签订格式合同已经成为出版业流程中的一环，但是在数字出版时代，既定的流程需要被打破，引入新的流程，这个流程指的是制定面向数字时代的新的授权合同模板。改革必然会遇到阻力，但并不意味着就没有希望，特别是在数字出版领域内，这种变革的要求早已出现。

有学者指出，《美国数字千禧年版权法》的出台意味着在美国版权法立法中更强调商业化政策。法律保护各种形式作品的数字化传播，不论是音乐、图书、期刊，还是其他的媒介，未经许可不得翻印。其实这种市场化权利的立法思想也影响了美国版权法中相关制度的发展，例如合理使用标准的最关键因素就是判断使用行为是否会对作品潜在的市场造成影响，如果造成了对原作品市场的破坏是不构成转换性使用的。转换性使用强调使用的目的和方式的不同。总之，版权法要求转换性使用不能威胁投资人的市场回报，要保护出版者的利益，所以版权中的市场化政策仍然占据核心地位。在数字化时代，P2P 分享案例的出现使人们对合理使用标准进行了彻底的反思，这类案件的重要性在于迫使人们开始反思技术的进步对版权法市场化权利的影响，是否这个基本的法理依据会发生变革。学术出版面临同样的问题，技术的发展使人们对学术作品的获取更便捷，但是自由获取的愿景仍没有达成。版权法不仅激励作者创作，同时也保护邻接权人的利益，例如出版者，他们创造并维护作品出版的市场秩序。从经济角度分析，法院不断强调版权是财产权，如同所有的财产权一样，其重要的功能在于创建并维护一种市场机制，确保财产从创造者手中流向消费者。版权政策就是劳动果实的捍卫者，这里的劳动果实不仅是作者的，也是邻接权人的。作者创作了作品而出版者发行了作品。因此，作者和出版者的角色都最终推动着版权法的立法目标，促进和鼓励知识传播的实现。毋庸置疑，数字出版领域内版权已经高度商业化了，但是对于版权的文化传播功能，司法实践中也没有忽视。"1996 年，美国第六巡回法院在普林斯顿大学出版社诉密歇根文献服务公司案（Princeton University Press v. Michigan Document Services）的判决中指出，对于学者来说，直接的经济激励是不重要的，当然出版商会在经济上鼓励出版学术作品。版权法提供了足够的激励，鼓励学术出版商出版发行作品，维系目前的作品流通商业模式，满足不同读者群体的需求，最大限度地确保学术研究领域的开拓和学术研究标准的建立，从本质上看，学术出版商促进了学术研究的传播。"[1]

　　少数民族文化的传播要宣传和保留文化传统，显示少数民族文化在中华民族文化中的地位、作用和发展，所以对于一些研究少数民族文化的学者来说，他们更关心作品能否出版、出版的数量以及出版物的质量等，财产价值有时反而不是最重要的。"目前学术出版领域所倡导的开放存取运动就受到学者的支持，例如，美国经济学教授马克·麦卡比认为，无论是哪类学科的学者，他们更关心期刊的质量，而对期刊作为商品的角色一无

---

[1] Princeton University Press v. Michigan Document Services, Inc. 99 F. 3d 1381.

所知。经济学家知道期刊的价值，但不知道期刊的定价。"❶ 布达佩斯计划提出了开放存取期刊的路径，这也是由学者支持而形成的，但是如何运营开放存取期刊，该计划没有提出具体的发展路径，而是提出运营开放存取期刊需要一个过渡期，在过渡期要解决的问题是，如何推广开放存取期刊，培养受众，同时要注意解决版权法中的问题，确保期刊中不存在版权纠纷，最重要的是开放存取要成为一个可持续的模式。未来知识经济发展的关键是对知识的获取，开放存取运动为知识的发展和繁荣提供了机会。

本章小结

自第一本数字化作品诞生起，人们就意识到数字技术为获取文化资源带来了颠覆式的改变，只要在网络世界中，就可以进行全球范围内的文化资源共享。当然这是一个非常美好的愿景，从技术发展来看也是可以实现的，但是技术的发展还要受到法律规则制约，在数字技术飞速发展的时代，人们获取文化资源的能力却没有得到提升，甚至某种程度上还出现了阻碍。于是从版权层面的反思展开，有学者明确提出版权法规则是阻碍技术便利实现的根本原因，要抛弃版权制度，实现真正的文化自由传播。但是否全盘放弃版权制度就会促进文化产品的自由传播呢？从各国版权法的发展动态来看，很显然答案是否定的。如果彻底抛弃版权法，只能导致文化传播的无序和混乱。"去版权运动"的产生和发展可以视为作者群体对出版者以及新兴的网络平台通过技术对文化产品进行垄断的反对，因为创作者所期待的自由获取并没有实现，他们认为是出版者和网络平台通过签订合同和以技术的方式聚集了大量的数字化资源，从而提升了数字出版模式下的文化资源获取成本，于是开源运动产生。开源运动的最终目的是促使公众可以在接入互联网的条件下免费获取文化资源，但研究开源运动的发展轨迹可以看出，开源运动之所以取得了比较快速的发展，实际上仍然是由作者、出版商和公众来推动的，

---

❶ How Copyright Drives Innovation In Scholarly Publishing [EB/OL]. [2016-10-21]. https://ssrn.com/abstract=2243264.

不过其中要进行利益的重新配置。

　　数字技术带来了获取文献的便利，同时也带来了海量的文献资源，如果没有诸如大数据分析等技术的支持，公众很难精确地找到所需的文献材料，反而会陷入文献的海洋而不知所措。所以出版商和数字资源提供商的投资和努力也是不能忽视的，归根结底，要厘清开放存取的模式如何设置，才能使各方利益所受的伤害降到最低或者说能使各方的利益得到最大限度的满足。所以在不断的探索中，形成开放存取的不同模式，包括完全实现自由获取的绿色开放存取模式、由作者承担出版成本的金色开放存取模式、相对比较折中的铂金开放存取模式以及争议很大的黑色开放存取模式。无论采取何种模式，最终的目的都在于使公众更快速、更便捷地获取文献资源。区别在于，快速出版模式将出版成本完全转嫁给作者承担，所以看似作者的成果可以非常迅速地出版，却牺牲了出版物的评判标准和核心价值，即同行评议准则。通过研究发现，数字出版的成本其实是比较高的，虽然出版的效率提高了，但是其他的软硬件成本和人工成本仍然很高，这些成本是个人无法承担的。所以，开放存取运动的继续推进最后仍然是由出版机构承担，这体现了作者与出版者的又一次权利博弈，最终双方达成的妥协是出版者愿意在一个合理的期限内公开文献资源，作者也可以尽快公开自己的研究成果，公众也可以掌握学术研究的动态。但是这种暂时的平衡显然还是不能满足科技发展的要求，对于生物医学等学科的研究，科研工作者希望能第一时间公开研究资料，实现文化资源的全球共享，而不是将精力都花费在与出版者协商如何设置开放存取期限。为了确保能及时分享第一手研究资料，同时也是为了掌握科学研究的发展先机，美国政府率先提出了由政府主导的开放存取计划，对生物科学、医学领域内的期刊实现政府资助的数字化以及无条件的开放存取。由此，开放存取运动受到了各国政府的重视，欧洲、澳大利亚等国家和地区都纷纷跟进，推出各自的开放存取计划。但由政府完全主导的开放存取路径并不是一帆风顺的，政府可以提供的资助有限，也只能满足重点研究领域的文献公开，而对于人文科学和其他基础科学领域推定开放存取是存在困难的，所以在这些领域内开放存取运动的推动仍然需要出版者考虑是否愿意加入。

公众在习惯了开放存取带来的便利性后，自然更习惯于接受通过网络获取资料的路径，获取数字化文献已经成为一种研究习惯，所以基于科学研究的便利性而言，无论哪种学科都应该接受开放存取模式，区别在于路径选择。路径选择的关键问题是成本的负担，这样图书馆作为文化传播机构，其保存和传播文化资源的功能决定了图书馆具有天然的支持开放存取运动的立场。所以，可以看到世界上大部分国家的图书馆都开始采取结盟的方式与版权内容提供方展开谈判，进一步促成开放存取运动的推广。在图书馆与版权内容提供方的力量博弈中，图书馆是具有一定的议价能力的，因为图书馆本身就是学术资源订阅的主要力量，也是版权内容提供方的主要收入来源。所以，由图书馆来推进开放存取运动要比依靠作者的自愿加入更有成效。

前文已述，在我国，数字出版模式下的少数民族文化传播路径有其明确的路径可循，其特征可以总结为国家扶植、少数民族群体的自发参与和文化机构的保存。这种文化产品的传播路径是符合开放存取制度要求的，而且各方也比较容易达成协议。首先，作为少数民族文化产品的创作者来说，自然希望自己的作品可以很快被公众获取、熟知，这样既可提升自身知名度，也丰富了少数民族文化。其次，在创作和发行有国家专项资金支持的情况下，实现开放存取并不会过多地削弱作者以及出版者的市场利益，这就给开放存取的实现提供了支持。最后，对于公众来说，开放存取模式为公众尽快获取和了解少数民族文化提供了更好的渠道，也扩大了少数民族文化的传播渠道并提升影响力。

从法律层面来看，由于著作权法规定的作品保护期限为作者终生及其死亡后五十年，这也是国际条约认可的规则，所以这一保护底线不能被突破。但事实上，在数字出版模式下，作品保护期限过长并不一定有利于作品经济价值的发挥，特别是在学术研究领域内，一篇学术论文或者专著的价值可能是很短暂的，因为很快会被新的发现取代。对于商业性更强的文化产品，如文学著作、美术作品以及电影作品来说，其艺术价值往往更难以具象，保护期更不宜缩短。实际上，在数字出版模式下，市场利益更高的作品，其作者和出版者都希望赋予作品强版权保护，然而在学术出版领域，作者并不过多追求经济利益而更在乎精神利益，所以可以有条件地缩短作品保护期限，这就为开放存取模式的推进奠定了基础。少数民族文化的数字化传播并不需要从法律层面缩短或者延长作品保护期限，而且也不现实，应该根据作品的性质和作者的意愿选择商业性出版或者开放存取出版。所以，灵活利用著作权许可使用制度，设置不同期限、不同方式的许可使用模板，可以更好地助力数字出版模式下少数民族文化产品的传播。

目前来看，6个月至1年的延迟开放存取区间比较合理，也为大部分团体所接受，在设定开放存取版权许可使用合同时，可以考虑使用这种延迟开放许可模式。但对于那些非常具有研究价值且稀缺的民族文化产品，在受到国家资助的前提下可以考虑缩短开放存取期限。所以，我国少数民族文化数字化传播的模式选择仍然需要实事求是，按需设定。

第五章
数字出版模式下少数民族传统文化传承的版权规则构造

本书系统研究了少数民族传统文化在数字出版模式下的传承问题，但是有必要在数字出版模式下对少数民族文化的概念再进行一下澄清。少数民族文化的概念十分宽泛，在理论研究中，通常会将少数民族文化的发展从语言保护、非遗传承、文化产业建设等角度分析，或者将少数民族文化再细化为民间文学、传统知识、非物质文化遗产等。当然这些分类研究都是正确的，但是容易在认知上产生僵化，将少数民族文化模式化，即认为少数民族文化一定是原生态性的、一定是严肃的、一定是具有神秘感的。本书梳理了中外有关少数民族文化保护的策略，事实上，从知识产权保护语境下来看，少数民族文化在网络环境下的保护可以分为文化遗产的数字化以及文化传承的数字化。传统知识、民间文学、非物质文化遗产、历史遗迹等这些历史悠久，历代相传，深深打上民族烙印的文化可以归入文化遗产。少数民族群体有需要也有权利保护这些古老的文化，传承民族精神，也在这些古老的文化中汲取营养，创造和传承新文化。对文化遗产的数字化保护，其中具有无形财产性质的文化遗产（如传统知识、民间文学以及非物质文化遗产），可以通过知识产权制度（如专利制度、版权制度以及商标制度）进行保护。在数字出版模式下的少数民族文化传承，还有一些作品类型不能被忽视，就是少数民族作家创作的作品、少数民族题材类的作品，这些作品是少数民族文化现代化传承的体现，也是新时代民族团结的见证。这些作品如何在数字出版模式下提升影响力，鼓励持续创作，也是需要在版权法保护中探讨的。总之，少数民族传统文化遗产数字化保护与少数民族传统文化通过数字化进行的现代化传承共同组成了本书的议题，少数民族文化遗产因其具有历史性、精神价值、集体创作属性，对其进行版权保护要构建相应的配套政策，弥补版权理论的不足。对于那些体现时代特色，但市场竞争力相对较弱的反映少数民族文化传承的作品，则需要利用版权规则，激励作者创作并提升作品的影响力。

第一节 面向数字出版的版权权利构造

少数民族文化发展往往与地方经济发展和地域环境相关，地方经济落后，文化建设自然也相对发展缓慢，当然，作为中华民族文化的重要组成部分，少数民族文化具有蓬勃的生命力和吸引力，只是基于技术水平和版权保护理念的问题，导致利用新技术传播少数民族文化的平台落后。所以少数民族文化被认为是相对弱势的文化，流行性和影响力都不高。数字出版产业的发展和推广为少数民族文化发展提供了新的契机。在现行的出版模式中，作者实际上承担了更多的创作压力，例如，创作作品要经过重重筛选或者作者要承担出版成本，作品才能公开发行，所以只有那些经过行业筛选，认为具备较高商业价值的作品才能获得更严格的版权保护和商业收益，而那些没有得到认可的作品甚至都不会被公众所知。但是在数字出版模式下，这种作品传播的现状却被打破了，作者可以不必经过严格筛选，只要选择自己认可的平台发表作品，就可直接与公众交流，而且并不需要承担过高的成本，有时只需要免费在平台注册就可以发表作品。所以，在数字出版模式下，竞争的方式和秩序被打破，只要有合适的作品传播平台和渠道，少数民族文化产品依然可以取得影响力和长足发展。

一、有关少数民族文化产品需求的调研分析

为了增进公众对少数民族文化资源的了解和需求度，并对项目研究大纲进行设计，在进行项目建设的过程中，笔者进行了面向全国的有关少数民族文化产品传播的问卷调查，对项目研究的主要内容有针对性地设计了一些问题，以审视研究路径是否合理。本次问卷调查时间为 2017 年 12 月

至 2018 年 3 月，调查范围主要包括内蒙古、山西、湖北、广东、江苏、浙江、北京、上海等 31 个省、自治区、直辖市，调查问卷共计发放 1000 份，回收有效问卷 1000 份。

通过关键字分析可以看出，大多数人赞同网络环境下少数民族文化产品利用，认为少数民族文化应该通过主流网站、网络媒体进行多元化、多途径的传播，具体包括微信、微博、公众号、APP 等，同时运用影视、电视公益广告、纪录片、短视频等形式加强少数民族文化产品的宣传和传播力度。加强产品传播推广的前提是要加强大众对于少数民族文化的了解，加大少数民族文化产品的创新和创作，只有创作出具有民族特色、符合时代潮流、新颖独特的高质量、高品质产品，打造出少数民族文化产品品牌，引起广大受众的兴趣，才有利于文化的传播和传承。此外，还需加大国家、政府对于少数民族文化产品的扶持力度，加大资金支持，加强网络监管和引导，以确保网络环境下少数民族文化产品的健康传播。

通过调研发现，在民族自治地区之外的省市居民对少数民族文化的理解比较模糊，所列举的少数民族文化产品也往往是大众耳熟能详的文化产品，如经典的民歌、有代表性的美食、热门的旅游景点等。但是对于少数民族文学著作、非物质文化遗产、科技发展现状、流行文化知之甚少。这表明，一方面，公众对少数民族文化产品有兴趣了解，但获取的渠道有限，加之少数民族文化产品内容存在的供给不足，又造成少数民族文化产品并没有借助数字出版模式的传播技术提升影响力。事实上，随着数字出版产业中各项扶植政策的推行和实施，少数民族地区的数字出版事业发展已经取得长足进步。以内蒙古自治区为例，内蒙古地区的数字出版产业发展形式日趋多元化，主要有电子书出版、数据库、在线教育等。2009 年内蒙古出版集团成立，内蒙古地区的 6 家图书出版单位均加入集团，实现了资源整合。"到目前为止，内蒙古出版集团及所属信息技术公司成功研发的产品有蒙古文字体输入法、多文种全媒体浏览器及跨平台办公软件、蒙古文编码转换器在内的基础软件群及蒙古文数字资源共享与交互管理系统、数字内容交互平台、数字内容管理平台在内的数字出版服务平台和多文种电子商务与在线阅读平台、多文种数字出版管理系统等科技支撑计划项目成果、大 e 洋蒙汉文教育平台、蒙古文星火 OCR 等产品。"❶ 但是这些平台建设大多处于初级阶段，除了一些教育平台已经开始与中小学校接洽，提供蒙古语言文字教学支持，很多平台还没有进行市场化运作。也就是说，大部分平台仅仅进行了数字化存储，但是如何将这些数字文化资源转化成市场收益，还没有形成可行的路径。"甚至有些图书数字出版项目起步晚，发展缓慢，整体实力不强，种类也不多的局面，大多数字出版项目的投入远远超过了产出，有些甚至只有投入而没有产出。"❷ 另一方面，从学术层面的研究来看，虽然数字出版版权保护的成果已经十分丰硕，但对于少数民族文化产品的数字化传播的版权保护问题却鲜少有针对性的研究，这也反映出在少数民族地区知识产权保护意识比较薄弱，同时也暴露出由于市场供给不足，导致在研究层面出现空白。笔者在调研过程中与出版社编辑、高校老师、少数民族学生进行了交流，在提到数字版权保护问题时，要么表示不清楚，要么表示没有考虑过相关问题。也有业内人士已经开始关注数字版权的问题，但对于数字版权如何利用还不得而知，然而根据出版合同，出版社已经开始要求作者将作品出版后的数字版权在出版周期内授权给出版社，但数字版权的收益如何分配还不确定。总之，目前公众对少数民族文化产品的需求与少数民族文化产品的生产是不相匹配的，加之版权保护意识的薄弱和版权保护规则的欠缺，导致在数字出版模式下，少数民族文化的数字化传承之路缺少导航，不免有些遗憾。

二、加大对少数民族文化资源的收集创作与版权管理

少数民族文化传承中对于那些已经进入公有领域的文化产品，因为要对其进行挖掘保存，但基于其权利主体难以考证，可能会出现版权纠纷，所以在数字化后又难以有效利用。当然也基于历史和文化原因，一些少数民族文化资源虽然已经进入公有领域，但仍然需要加以保护。对于这些文化产品，其收集整理的机构可以赋予博物馆、图书馆等文化机构，也有些

---

❶ 张华峰. 内蒙古图书数字出版现状、问题与对策 [D]. 呼和浩特：内蒙古大学，2018：44-45.

❷ 张华峰. 内蒙古图书数字出版现状、问题与对策 [D]. 呼和浩特：内蒙古大学，2018：50.

国家将这些权利赋予著作权集体管理组织,例如,《荷兰版权法》规定,著作权集体管理组织有义务收集公有领域中的文化遗产并代为授权使用。因为一些作品的权利人不可考或者不能确定作品是否进入公有领域,所以集体管理组织创设了一个"退出机制",即允许作者选择退出,不授权作品进行使用。如此就会出现以下情形,如果集体管理组织挖掘出部分文化产品并推定这些文化产品已经进入公有领域,那么集体管理组织可以授权使用者对这些文化产品进行使用,但如果一旦有作者可以举证证明其作者身份,那么作者可以选择退出集体管理组织,不再许可对作品的使用。这种延伸性集体管理的规定更灵活,一方面解决了民族文化资源的收集问题,另一方面也解决了民族文化资源的使用问题,同时也兼顾了作者的利益,不失为平衡作者和公众之间利益的有效途径。❶

对于处于著作权保护期限内的少数民族文化产品,作者可以选择自行管理著作权,也可以选择与集体管理组织合作,委托集体管理组织管理著作权,这就需要双方缔结许可使用协议来对作品的使用方式作出约定。依靠著作权集体管理组织对作品进行许可使用还有一个核心问题,就是如何分配作品收益。目前各国采取的收费标准大致包括:第一,费用由作品使用者支付;第二,作品的商业价值越高,使用率越高,使用者所支付的费用就越高。但费用收取的方式不统一也造成利益分配的纠纷,加之著作权集体管理组织的运行方式因具有垄断性,更加剧了作者和公众对版权收益分配制度的质疑。从少数民族文化传承的角度看,通过集体管理组织收集少数民族文化资源不失为一个保存少数民族文化的有效渠道,我国《著作权集体管理条例》第2条规定的著作权集体管理组织的职能包括与使用者订立著作权或者与著作权有关的权利许可使用合同、向使用者收取使用费、向权利人转付使用费、进行涉及著作权或者与著作权有关的诉讼、仲裁等。可见,著作权集体管理组织的职能更多在于帮助作者收取版权使用费,并无推广作品的职能,所以对于一些影响力不大的文化产品,著作权集体管理组织的作用有限。但赋予著作权集体管理组织收集并利用少数民

---

❶ 延伸性集体管理的概念起源于斯堪的纳维亚国家,模式是自愿集体管理和法定许可管理的结合。延伸性集体管理虽然有自身的优势,但是也存在固有的缺陷,即这种模式的运行依赖于现存的集体管理组织的完善,必须已经存在集体管理组织,才能使用延伸性管理。

族文化资源的权利是可以作为立法借鉴的,这有利于加大对少数民族文化资源的收集和管理,也有利于帮助作者维护版权利益,激励创作。

本书对数字出版模式下版权法权利体系受到的冲击和规则变革进行全面梳理,数字出版还在深入推进而且伴随着技术手段的不断进步,数字出版的模式还将不断深化发展。目前来看,数字出版不仅止于将作品从书面形态转换为二进制形态,数字出版还改变了创作方式。创作已经不限于手写或电脑前打字,而是可以运用技术手段进行互动性、立体化的创作,于是混音作品、互动作品等新型作品被提出,但是这些新型的作品是否可以被归入版权法中的作品分类中呢?在学术层面的讨论已经展开,但总体来看,还没有必要对现行版权规则作出大篇幅的修改。2016年,美国国会发布了《数码经济中的版权政策、创意及创新》绿皮书,其中对新型作品的问题有所提及,例如对混音作品进行了定义,认为混音是一个宽泛的定义,包括混音和音乐方面的取样,以及使用其他类型的预先存在的材料的创作。❶ 这是对新型创作方式的承认,但是在绿皮书中并没有提出要将混音作品纳入版权法中,而是认为混音作为一种新的创作形式对其使用可以版权法中的合理使用制度以及法定许可制度来解决,没有必要另外制定新的规则。至于是否在数字出版模式下增加首次销售原则,目前来看仍然存在争议。在目前的著作权法规则中,对著作财产权中的发行权施加限制是为了维护公众获取文化资源的权利,这被上升为一项基本人权,在目前的出版模式下,从文化资源的出版流程和图书馆机制结合来看,无论是作者、出版者,还是公众,都已经达成了各方可以接受的利益平衡模式。出版者可以通过出版作品获得收益,公众也可以以较为低廉的价格获取二手作品,作者也可以通过创作获益,这个机制也可以支持鼓励创作的目的。加之在图书馆的运行规则中,版本呈缴制度的发展和馆际互借等作品流转机制的建立更进一步确保了公众有足够的渠道获取文化产品,所以这个机制是合理的。但是在数字出版模式下,这个平衡被打破了,在数字环境中是没有所谓的二级市场的,而且也没有足够的理由支持建立网络环境下的首次销售原则。目前还没有证据表明,因为缺少了网络环境下的首次销售

---

❶ USPTO. Copyright Policy, Creativity, and Innovation in Thedigital Economy [EB/OL]. [2019-01-20]. https://www.copyright.gov.

原则而导致公众利益受损。虽然在网络环境下获取作品的模式以许可使用为主，但随着创作共享协议等多类型许可使用模式的使用，实际上目前已经形成适应不同消费者需求的多价格层次的获取作品模式，这种许可使用的授权模式更灵活。所以目前看来，没有二级市场的存在，一级市场也没有出现定价过高、文化资源垄断的问题，如果人为开放二级市场会导致盗版的加剧，反而不利于一级市场的发展，数字出版产业本就是新兴产业，其权利生态和商业模式还没有形成稳定的机制，可以说还很脆弱，所以在没有实际证据表明网络环境下缺失首次销售原则会使公众利益受损的情况下，不宜在版权法规则中引入面向数字环境的首次销售原则。也有学者提出，在商业数字出版模式中已经出现了利用"转发删除"技术控制消费者使用行为的方式，例如，亚马逊公司曾经统一删除消费者 kindle 系统中的作品，既然技术力量已经可以对消费者的使用行为加以控制，那就为构造网络环境下的"首次销售"原则提供了契机。但相关的技术专家表示，目前这项技术的发展还不成熟，而且很容易被破解，所以从技术角度来看，目前的数字传播模式实际上是对版权内容提供方以及版权人不友好的，更进一步否定了在网络环境下适用首次销售原则的观点。

在网络环境下不延伸适用"首次销售原则"有其合理性，而学者和公众所担心的在缺乏文化产品网络二级市场的情况下会造成获取数字资源的成本过高的问题也没有出现，因为这个问题实际上已经通过分级定价的方式被解决了。例如，一部作品在网络平台上传播，如果选择开通会员，那么在开通会员权限期间，作品是允许下载的。如果不愿意付费加入会员，对作品的使用方式就相对受限，比如不支持下载，仅支持在线欣赏。所以，只要支付能力允许，可以对获取作品的方式作出选择。对于少数民族文化资源数字化传播来说，提升版权保护意识，加强版权管理，选择一种更合适的传播渠道，提升作品的知名度和影响力才是关键。

第二节　推动图书馆作为文化传承机构的功能发挥

相比之下，数字出版模式给图书馆业务带来的冲击更大。首先，图书馆并没有主动地加入数字出版进程中,而是对这个模式被动接受。图书馆很长时间仍然是依赖传统订阅模式维系运转,但是,随着数字出版模式的发展,越来越多的出版机构开始推出基于其拥有的版权内容而制作的数据库或者说数字图书馆,但这些机构多是一些新兴机构,并不是传统图书馆基于自身的收藏推出的新业务,所以图书馆对数字资源的使用实际上受到出版方的制约,例如,一份电子文本可以被出借几次、是否可以被续借,都需要与出版方签订许可使用合同。这个期限的设定一般都是由出版方决定的,作为版权使用方,图书馆往往没有议价权。数字出版模式下如何设定图书馆的版权权利争议巨大,图书馆的运行规则确实已经无法适应网络销售环境,故在美国相关判例中对图书馆大规模数字化馆藏资源的行为给予支持,认为符合转换性使用规则,但并没有支持图书馆对这些数字资源的使用。因为一些出版商愿意为图书馆提供永久使用许可,所以未来图书馆如何发展还需要结合市场发展进行判断,暂时还不宜对图书馆版权规则作出大范围修订。但从比较法角度分析,《美国版权法》中规定了图书馆使用作品的版权例外规则,而其他没有制定图书馆版权例外规则的国家则采取了版权补偿金制度,以弥补图书馆利用给作者带来的损失,我国仅在著作权法合理使用制度中原则上规定了图书馆使用作品视为合理使用的有限情形,在《信息网络传播权保护条例》中有限支持图书馆对馆藏内容的数字化,事实上,我国现行《著作权法》是不支持图书馆对馆藏资源大规模数字化的,这极大地限制了图书馆功能在数字出版模式下的发挥。

  在本书的调研过程中,笔者对全国各地的图书馆数字资源进行了整理分析,发现虽然各省级图书馆都已经建立了网站,在网站中设置了数字图书馆板块,但一些网站中有关数字图书馆的站点无法打开或者显示资源正在建设中。可以连接到相应站点的数字图书馆也大都显示图书馆所购买的数据库,大部分都是资源重复、种类单一。一些图书馆在网站中也开辟了有关地方少数民族文化的板块,同样存在内容建设不足或者内容无法打开的情况。可以通过网络读取的内容很少,可提供的资源不多。例如,内蒙古图书馆网站中设置了特色馆藏资源板块,其中蒙古文文献收录不足百部,仅提供书籍封面信息和极少的内容简介,出版时间和主要内容并不全面,读者通过浏览网页能获取的信息不多。广西壮族自治区图书馆的网站上设有数字图书馆推广工程数字资源板块,但大部分内容都是关于工程的建设思路和推进介绍,并没有提供相关内容的在线阅览服务。与少数民族文化有关的宣传主要集中在"非物质文化遗产"板块,但其中的内容设计也比较简单,以图片、文字介绍和短视频为主,内容有限。总体来看,在我国少数民族地区,由于经济发展及技术手段的限制,数字图书馆建设水平相对较低,从保护少数民族文化,实现少数民族地区图书资源的跨区域流动角度出发,开展少数民族地区数字图书馆建设,具有重要的现实意义。

数字出版的发展改变了作品的传播模式,也改变了图书馆的运营模式。在互联网没有全面普及的时期,图书馆的主要职能在于确保妥善保存纸质文本资源并有效地将这些文本提供给读者,确保文化的保存和传承;但是在数字出版模式下,图书馆特别是公共图书馆的职能被一些大型的数据库所取代,所谓数字图书馆不过是图书馆中增添的一项新的服务,但是这个服务并不是图书馆所主导的,而是由一些商业机构主导的,例如,中国知网就是由清华大学、清华同方发起的采取公司制运营的专业数字出版机构,多数图书馆特别是高校图书馆都会购买知网产品,中国知网已经成为开展学术研究的基本工具,其他专业的数据库如超星、读秀等也都是通过商业运营的方式与图书馆展开合作,通过图书馆订阅获利。对图书馆来说,数字出版不过是增加了数字订阅成本,扩大文献保存的数量,而更深层次的数字红利还没有完全体现出来。

谷歌图书馆系列案件之所以引起了世界范围内的探讨,是因为案件解决了图书馆对馆藏资源的利用问题,即图书馆只要合法获得了文献资源是可以对其进行复制的,因为按照版权法的规定,未经权利人许可的复制构成侵权,但图书馆对馆藏作品的数字化是构成转换性使用的,且这种转换性使用符合合理使用的要求。对于少数民族地区图书馆来说其借鉴意义在于,对于馆藏民族文化资源的数字化也是合理的,即使一些作品的作者不可考,也可以对其进行数字化保存。这就为图书馆进行大规模数字化存储提供了法律依据。但数字化只是第一步,关键是如何利用这些数字化文献。尽管从法律层面而言,数字化是可行的,但图书馆可以复制几本?是否可以对这些数字文献提供借阅？法律并无规定。除了《美国数字千禧年版权法》规定，图书馆可以以馆藏为目的复制至多三份数字版本外，并无可参考立法。我国《著作权法》第 24 条规定"图书馆、档案馆、纪念馆、博物馆、美术馆、文化馆等为陈列或者保存版本的需要，复制本馆收藏的作品"构成合理使用。《信息网络传播权保护条例》第 7 条规定，"图书馆、档案馆、纪念馆、博物馆、美术馆等可以不经著作权人许可，通过信息网络向本馆馆舍内服务对象提供本馆收藏的合法出版的数字作品和依法为陈列或者保存版本的需要以数字化形式复制的作品，不向其支付报酬，但不得直接或者间接获得经济利益。当事人另有约定的除外"。法律又对图书馆数字化馆藏文本的条件加以限制：首先，数字化的目的必须是陈列和保存版本的需要；其次，数字化的版本必须是通过市场无法获取或者面临毁损或丢失的，但并不能以借阅为目的使用。对于图书馆来说，如果馆藏的文献是纸质版的，那么只有在符合法律规定的条件下才可以进行数字化，而且不得流通。通过购买数据库所组建的数字图书馆，图书馆并不享有所有权，仅享有使用权，当使用期限届满，如果不再继续订阅就会丧失继续使用资源的权利。所以根据目前的版权使用规则，数字出版所带来的版权利益更多地被出版机构所取得，而图书馆对数字文献的使用权实际上受到限制。这就导致很多少数民族文献仍然仅能在图书馆中以纸质版本借阅的形式被使用，数字版本往往很难流通。世界知识产权组织（WIPO）为推动图书馆功能在数字出版模式下继续发挥，积极主张应有条件地允许图书馆可以将馆藏数字资源提供借阅，但目前仍然处于磋商阶段，如何实施仍然存在争议。

作为民族文化资源丰富的大国，我国图书馆数字化建设取得了举世瞩目的成绩，数字图书馆已经被投放到牧区乡镇、边境军营❶，但版权问题却制约了图书馆数字资源的内容投放。此外，通过对印度、美国、澳大利亚等国家图书馆新功能发展的研究，在文化资源的保护和传承过程中，图书馆可以发挥的作用实际上是巨大的。例如，印度政府突破版权法中的公有领域理论，将传统知识数字化，组建数字图书馆，一方面确保了传统文

---

❶ 张艳灵. 我国数字图书馆建设中的问题及对策 [J]，图书馆学刊，2016（6）：14-15.

化的保存和传承,另一方面也阻止了发达国家的"知识海盗"行为。美国、加拿大等发达国家对本国少数族裔文化资源的数字化传承也日益重视,积极发挥图书馆的文化保存和传承功能,收集并整理少数族裔文化资源,允许数字化保存,并在图书馆向少数族裔提供教育培训,确保知识获取,并将收益合理分配。在文化传承的过程中,图书馆所发挥的功能越来越重要,如果仍然将图书馆的功能限于对有形文本的保存和流通,就会与数字出版的时代脱节。

总之,图书馆应该积极利用数字技术,结合数字出版产业发展,拓展功能发展的新渠道。我国少数民族图书馆具有丰富的馆藏资源优势,集中收藏了大量少数民族文化产品,对这些少数民族文化的传承既要积极数字化,同时又要思考构建新的利用方式。从版权法律规则完善层面来看,首先,需要构建面向数字出版的图书馆图书利用规则,允许以使用为目的的数字化借阅,构建合理的图书馆版权例外规则。其次,对民间文学与传统知识也要建立相应的数字图书馆,提供查询、借阅和使用,构建合理的版权利益分配机制,有效地突破著作权法公有领域理论的限制。最后,注重图书馆教育功能的发挥,在数字化少数民族文化资源的同时,还要通过开设课程、讲座的方式,将少数民族文化传承下来和传播出去,这就需要构建灵活的合理使用规则,防止使用少数民族文化过程中因不当使用导致侵权。

第三节 建立更灵活的版权许可机制

"据统计,截至 2015 年,全球使用许可的作品数量已经超过 10 亿篇,这表明作者和版权内容提供方会逐渐接受通过使用许可协议授权数字化作品的网络使用,这种授权模式已经成为趋势。"[1] "自 2002 年中国科学数据共享会议上,徐冠华、孙鸿烈等院士提出切实改变我国传统的科学数据占有观念,打破信息壁垒,实现科学数据合理的开放存取至今,开放存取在中国的发展已逐步跨越起步阶段,目前覆盖的学科领域已经涉及农业和

---

[1] KOUTRAS N. Open Access: A Means for Social Justice and Greater Social Cohesion [J]. Seattle J. Soc. Just, 2017, 105 (16): 110.

食物科学、艺术和建筑、生物和生命科学、语言和文学等 17 个专题和学科领域。厦门大学、浙江大学、中国科学院力学所、中国科学院半导体所等机构都在建设机构知识库,其他知识库还包括奇迹文库、国家科技图书文献中心、中国预印本服务系统、中国科技论文在线等。"❶ 开放存取运动促成了更多元的版权授权许可模式的形成,也为作者提供了更多样的作品利用方式。不同于期刊、数据库等仓储式开放存取的授权许可路径,出版商之间通过设定统一的开放存取期限来统一行动,开放存取组织不定期地公布不同类型的开放存取方式,即作品许可使用方式供作者选择,更便于作品尽快公开。

总体来看,目前作品网络授权的许可模式类型已经由最初的创作共享协议演变为多种版本的创作共享协议,如今创作共享协议已经提供给作者更多的发布作品的选择,作者可以根据自身需求,作出符合实际的选择。开放存取组织公布的创作共享协议有六种不同的许可方式,每种许可的实现方式都各不相同。第一种许可方式为允许使用,但要表明作品来源(作者也可以声明不表明作者身份或来源);第二种许可方式为允许使用,但要表明作品来源,同时也允许再许可;第三种许可方式为许可使用,但要说明来源且不允许进行演绎性的使用;第四种许可方式为允许使用且要表明来源,但不仅限于非商业性使用;第五种许可方式为允许使用并表明来源,同时也允许分享,但仅限于非商业性使用;第六种许可方式为允许使用但要表明来源,仅限于非商业性使用且不允许进行演绎性使用。❷ 版权人可以选择任意一种许可模式,在各个许可模式的设计中又被植入三个层次,就是三种类型的文本,第一种为法律文本,由于使用者多为普通公众,并不一定可以理解法律语言,所以第二种为易于一般公众理解的文本,第三种是计算机可以读取的文本。当用户找到受知识共享许可的作品时,该作品上附加的标记将描述创建者已选择的许可类型,并指示保留了哪些权利以及已授予用户哪些权利。作者一旦选择了授权许可使用模式,

---

❶ 刘巧英. 我国开放获取运动的追溯与展望[J]. 情报资料工作,2011(6):32.
❷ SCHMIDT R J. Not Your Grandparents' Intellectual Property: How Rightsholders are Using License Agreements to Avoid Exhaustion and Ensure Their Products Stay Out of the Secondary Market[J]. Saint Louis University Law Journal, 2019, 63(3): 4-7.

平台就会按照分类提供作品，这样就更便利于作品的传播。提供了多样选择的创作共享协议促进了知识共享的普及，自创建以来，利用共享协议进行知识共享的用户一直在上升。"但经过分析，研究者发现了一个颇为耐人寻味的现象，一般知名的音乐家并不愿意接受共享协议，而那些鲜为人知的艺术家和自由创作者会选择使用许可，并不担心会带来法律纠纷。"❶这意味着更多作者选择愿意将作品在符合某些条件的情况下，允许共享。这被认为是符合数字出版时代的创新要求的，因为如果仍然遵从传统的版权保护规则，实际上也不符合作品网络传播的规律，作品的转载量越多意味着作品更具市场价值，作者的人气和作品的销量都会增加。所以只要确保作者的精神权利不受损害以及遵守作者对作品使用方式的要求，可以有条件地允许公众分享作品。

虽然创作共享协议是否适用取决于当事人的自由选择，但基于其带来的正面影响，一些国家和地区已经开始尝试立法。"美国弗吉尼亚州法典有一项拟议的立法，该法案将允许各州机构发行具有知识共享许可的具有潜在版权的材料。此外，《犹他州行政法典》实际上规定：'犹他州的教育工作者可以根据知识共享许可协议共享资料，并应亲自负责理解并满足知识共享许可的要求。'"❷当然，利用创作共享协议传播作品也存在缺陷，因为作品一旦传播出去，作者很难控制用户对作品的使用方式，一旦用户违背了许可使用协议，维权相对较为困难。还有一个问题在于，提供许可的平台并没有责任帮助版权人收取报酬，所以实际上接受许可协议的版权方并不能直接获益，这种许可使用方式更适合那些名气不足或者寻求机会的创作者，因为作品获得广泛传播利于创作者增加曝光度和知名度。"最后的问题是创作共享许可与版权的专有许可是不能兼容的或者说是相互排斥的，如果作者选择了专有许可就不能再进行创作共享许可，反之亦

---

❶ Jones School of Law Library. Not In Court "Cause I Stole A Beat"：The Digital Music Sampling Debate'S Discourse on Race and Culture, and the Need for Test Case Litigation [J]. U. Ill. J. L. Tech. & Pol'y, 2012（141）：155-156.

❷ CARROLL M W. Creative Commons as Conversational Copyright [EB/OL]. [2019-12-12]. http：//ssrn. com/abstract=978195.

然。这样并不利于作品的后续商业化使用。"❶ 也就是说，一旦接受了作品的共享创作许可，就无法撤销，直到作品版权到期。

综上所述，利用知识创作共享协议传播作品一定程度上弥补了版权制度的不足，其自身也存在一些弊端，但对于少数民族文化产品的传播来说，这个制度是具有借鉴意义的。首先，少数民族文化产品的创作和传播一般都受到国家专项资金的资助或者其他补贴，所以创作者对于通过创作获利的目的并不十分迫切，因为创作的成本已经被一定程度上降低。其次，公众对于少数民族文化产品的需求还存在不足，概因少数民族文化产品的创作规模和传播渠道并不畅通，公众所知甚少，导致市场价值没有凸显，所以可以使用创作共享许可模式，先提升作品的影响力和知名度，再寻求商业价值的开发。最后，从知识创作共享协议的推广实施来看，确实起到了促进文化产品传播的作用，其优势明显可以掩盖其固有的缺陷。

第四节　重新审视合理使用制度的范围设置

"少数民族文化数字出版促进工程"是"十二五"时期数字出版领域的重点项目，推动少数民族文化传播，促进少数民族文化与汉族文化的有机融合，丰富具有中国特色、中国气派的文化内涵，为少数民族文化的传承保护、开发利用和持续发展提供数字化平台。❷ "十三五"期间，少数民族文化内容资源数字化建设成果卓著，内容供给显著增加。进入"十四五"建设新时期，全面整合少数民族数字文化资源，促成优秀作品数字传播，为传承中华文明、赓续中华文脉贡献力量。在保证软件、硬件等设施完备的前提下，支持少数民族地区数字出版产业稳定运行的保障就是数字内容的支持。数字内容建设一方面要依靠创作者的持续创作，另一方面也要依靠版权规则的支持。我国《著作权法》第 24 条规定，将中国公民、法人或者非法人组织已经发表的以国家通用语言文字创作的作品翻译成少数民族语言文字作品在国内出版发行属于合理使用。此规定在法理层面其

---

❶　MICHAEL W. Creative Commons as Conversational Copyright [EB/OL]. [2019 – 12 – 12]. http://ssrn.com/abstract=978195.

❷　新闻出版总署. 数字出版"十二五"时期发展规划 [J]. 中国出版，2011（9）：21.

实争议较大,"有学者指出第 11 项的规定是基于我国特殊民族政策而做出的限制,虽然该项规定在我国已经通行了多年,但这种人为强化民族身份、过分不利于作者的政策,是否还有继续存在之必要,值得认真反思"。❶ 该条款的适用需要满足一定的条件,首先使用的作品限于中国公民、法人或者非法人组织已经发表的以汉语言文字创作的作品。从立法背景来看,这里的中国公民、法人或者其他组织应该仅指中国大陆地区的公民、法人和非法人组织而不包括港澳台地区,因为这些地区都有本地区的著作权管理规定。但该项中的"以国家通用语言文字创作的作品"在理解中却存在歧义,有学者指出"应仅仅指以通用语言创作的文字作品,不包括以通用语言文字创作的视听作品、戏曲作品、音乐作品以及其他能够进行翻译的各类作品"❷;也有学者指出应该理解为"是由汉语言文字创作而成的作品,不仅限于文字作品,还可包括用汉语言创作的音乐作品、戏剧作品等,但不应该包括影视作品。因为影视作品是众多创作者智力劳动成果的综合物,一些国家对影视作品做了严格限制,不适用于合理使用规则"❸。再深入分析,其实还可以作出一种理解,即无论作品形式如何,只要是利用国家通用语言文字创作的,都可以适用该项规定。

《信息网络传播权保护条例》第 6 条第 5 项规定,"将中国公民、法人或者其他组织已经发表的、以汉语言文字创作的作品翻译成的少数民族语言文字作品,向中国境内少数民族提供"亦属于合理使用。但是立法表述发生了变化,现行《著作权法》规定为在"国内出版发行",而《信息网络传播权保护条例》则规定"向中国境地少数民族提供"。这种细节的变化体现出立法者对数字出版模式下少数民族文化产品的传播版权保护模式还是持谨慎态度的,至少对翻译后的作品传播范围作出了限制,但是对作品形式的规定仍存在含混之处。如何理解条款中所规定的作品类型呢?仅限于文字作品还是可以解释为只要属于著作权法中规定的所有作品类型,都可以使用上述条款的规定?在实践中已经出现了相关案例,使对此问题

---

❶ 李扬. 著作权法基本原理 [M]. 北京:知识产权出版社,2019:239.

❷ 曾晓武. 简析少数民族语言文字翻译出版中的合理使用 [J]. 出版发行研究,2009 (3):57-58.

❸ 张书琴.《著作权法》第 22 条第 11 项适用的探析 [J]. 出版发行研究,2014 (11):82-83.

的解决变得紧迫。

"2018年北京爱奇艺科技有限公司（以下称为爱奇艺公司）因著作权侵权纠纷将新疆互联视通信息科技有限公司、新疆讯百信息科技有限公司诉至北京互联网法院。本案的起因是二被告将爱奇艺公司所享有版权的'类电作品'《花千骨》翻译成维吾尔语并在二被告共同开发和运营的'Koznak'安卓手机端应用程序中提供在线播放服务。原告爱奇艺公司以侵犯信息网络传播权为由诉至法院，要求被告停止侵权并赔偿损失。"❶该案的终审判决因某些原因未在中国裁判文书网中公开，但并不妨碍从学理中探讨该案可能涉及的争议问题。如果被告以合理使用作为抗辩，是否可不承担侵权责任？结合法条规定来看，法条规定中存在的歧义就需要由法院作出回应。将"汉语言文字创作的作品翻译成的少数民族语言文字作品"是按照字面意思理解为仅限于文字作品，还是扩大解释为所有作品类型。笔者认为，根据《著作权法》的规定，应当将其中的作品限定为文字作品，因为"在国内出版"中的出版即复制和发行，而发行仅限于有载体的作品，所以我国《著作权法》对"国家通用语言译民文"的规定调整仅限于有形作品而不涉及信息网络传播，按照《著作权法》的规定，二被告的行为构成侵权。但根据《信息网络传播权保护条例》的规定，"向中国境地少数民族提供"实际上赋予了对"国家通用语言译民文"作品的信息网络传播权，那么是否意味着如果援引《信息网络传播权保护条例》的规定，二被告就不构成侵权？笔者认为需要根据案情，结合合理使用的判断标准来具体分析，而不宜任意扩大解释。

现行《著作权法》的立法背景依然是面向复制权为中心作出的权利构造，"国家通用语言译民文"条款也是基于我国民族政策作出的限制性规定，从有形载体的传播来看，这种规定虽然限制了作者权利，但因其发行和传播范围有限，作者所受到的经济利益损失也是有限的，意即这种损失是作者可以容忍的。但在数字出版模式下作出如此限制，就需要进行相关的实证分析来佐证法律规定的合理性了。因为在数字出版模式下，作品的数字版本一旦被上传到网络，就会有被破解盗版的可能，而一旦被盗版后

---

❶ 北京爱奇艺科技有限公司与新疆讯百信息科技有限公司等著作权权属、侵权纠纷一审民事裁定书，（2018）京0491民初332号。

再进行信息网络传播，那么作者所受到的损失就显然会超过文本出版所能容忍的限度，其代价也是相当大的，所以在数字出版模式下，如果构造面向少数民族文化产品传播的合理使用制度应当慎重分析。

第三次《著作权法》修正后，对合理使用条款的构造出现了由封闭向开放转化的趋势，在判断对作品的使用是否构成合理使用时，还要关注使用行为不能不合理地损害著作权人的合法利益。影视作品的制作成本比文字作品的创作成本要高，而目前的热播网剧或者电视剧的制作成本投入动辄过亿元，如果在短期内允许翻译并网络传播，那么给版权方造成的利益损失就会比较严重，所以从合理使用规则判定的市场影响角度分析，《信息网络传播权保护条例》的规定如何实施，仍需要细致的司法解释来说明。

前文已述，我国的合理使用制度从理论构造上是借鉴了美国版权法中的合理使用基本原理的，但是在立法构造中又与美国版权法中的合理使用制度不同。美国版权法中的合理使用规则判断四要素是灵活且弹性的，在说理过程中，法官通常会结合案例的具体情况，引用合理使用规则的判定要素进行针对性的分析，例如是否营利性使用、使用作品的性质、使用作品的数量和质量以及使用行为对作品潜在市场的影响。但是我国合理使用规则的构造是封闭式的，原则上不属于《著作权法》第 24 条规定的作品利用范围就不能构成对作品的合理使用。但这种判定规则随着数字出版产业的推进已经越来越不能适应创作的要求以及公众对作品的使用需求，日益受到学界的批评，其僵化性的规定也给司法实践带来了很多困扰。所以在司法实践中，可以看到很多法院已经开始将美国版权法中的合理使用判定规则引入我国的司法实践中，当使用行为不符合《著作权法》第 24 条的规定时，还要具体看作品的使用方式和目的等要素。特别是在近年的司法实践中，我国也开始借鉴了转换性合理使用原则来解决案例。例如，上海美术电影制片厂诉被告浙江新影年代文化传播有限公司、华谊兄弟上海影院管理有限公司著作权侵权纠纷案中，法院就援引了"转换性使用"规则判决被告使用行为不构成侵权。❶ 实践中，也有很多被告以转换性使用

---

❶ 上海美术电影制片厂与浙江新影年代文化传播有限公司、华谊兄弟上海影院管理有限公司著作权侵权纠纷案，(2015) 沪知民终字第 730 号。

作为抗辩理由,未来随着数字化创作形式的增多,这种对转换性使用规则的援引会逐渐增加。

我国第三次《著作权法》修正后对著作权合理使用规则的表述作出了一定的修改,虽然仍然没有彻底屏弃封闭式的立法模式,但在一些条款上的改动也表现了提高合理使用灵活性适用的方向。该法第 24 条增加了第 13 项"法律、行政法规规定的其他情形",作为对作品使用方式的兜底规定,使法院在认定合理使用时更灵活,同时加入"不得影响作品的正常使用,也不得不合理地损害著作权人的合法利益"的规定,从而进一步弥补了目前合理使用规则判定的封闭与僵化。综上,未来在数字出版的发展过程中,以合理使用规则作为抗辩的情形会越来越多,合理使用规则也越来越重要。少数民族文化产品的传播过程中,也需要注意研究合理使用制度的运行机理,一方面防止创作过程中产生侵权纠纷,另一方面也防止他人以合理使用为名行侵权之实。

参考文献

一、中文著作

[1]《图书情报工作》杂志社.移动图书馆服务的现状与未来[M].北京：海洋出版社，2015.

[2] 莱万斯基.原住民遗产与知识产权[M].廖冰冰，刘硕，卢璐，译.北京：中国民主法制出版社，2011.

[3] 埃斯特尔·德克雷.欧盟版权法之未来[M].徐红菊，译.北京：知识产权出版社，2016.

[4] 安守廉.窃书为雅罪——中华文化中的知识产权法[M].李琛，译.北京：法律出版社，2010.

[5] 陈昕.数字网络环境下传统出版社的转型发展[M].上海：上海人民出版社，2015.

[6] 丛立先.国际著作权制度发展趋向与我国著作权法的修改[M].北京：知识产权出版社，2012.

[7] 丁宏.中国少数民族事业发展报告（2017）[M].北京：知识产权出版社，2018.

[8] 美国著作权法[M].杜颖，张启晨，译.北京：知识产权出版社，2013.

[9] 黄先蓉.出版法规及其应用[M].苏州：苏州大学出版社，2013.

[10] 李晶晶.数字环境下中美版权法律制度比较研究[M].北京：人民日报出版社，2016.

[11] 李丽芳，邱昊，谢晓霞.民族文化传播研究[M].北京：人民出版社，2017.

[12] 李明德.美国知识产权法[M].2版.北京：法律出版社，2019.

[13] 李武.开放存取的两种实现途径研究——OA期刊和OA知识库[M].上海：上海交通大学出版社，2012.

[14] 李扬.著作权法基本原理[M].北京：知识产权出版社，2019.

[15] 李杨.著作权法个人使用问题研究——以数字环境为中心[M].北京：社会科学

文献出版社，2014.

[16] 梁志文.变革中的版权制度研究 [M].北京：法律出版社，2018.

[17] 梁志文.数字著作权论 [M].北京：知识产权出版社，2007.

[18] 刘劭君.权利限制与数字技术——著作权合理使用制度的变革 [M].北京：知识产权出版社，2019.

[19] 刘小琴，吴建中.数字图书馆发展趋势研究报告 [M].上海：上海科学技术文献出版社，2016.

[20] 刘银娣，唐敏珊.欧美大型学术出版机构营销战略研究 [M].广州：华南理工大学出版社，2011.

[21] 刘银良.信息网络传播权问题研究 [M].北京：北京大学出版社，2018.

[22] 卢海君.版权客体论 [M].2版.北京：知识产权出版社，2014.

[23] 罗伯特·P.莫杰思.知识产权正当性解释 [M].金海军，史兆欢，寇海侠，译.北京：商务印书馆，2019.

[24] 罗娇，刘细纹.图书馆著作权工作实务 [M].北京：科学技术文献出版社，2018.

[25] 吕淑萍.图书馆数字资源版权管理实践与案例 [M].北京：国家图书馆出版社，2013.

[26] 欧阳可惺，王敏，邹赞.民族叙述、文化认同、记忆与构建 [M].广州：暨南大学出版社，2013.

[27] 钱穆.民族与文化 [M].北京：九州出版社，2016.

[28] 石必胜.数字网络知识产权司法保护 [M].北京：知识产权出版社，2016.

[29] 司马俊莲.少数民族文化权利的法理研究 [M].北京：中国社会科学出版社，2014.

[30] 苏喆.民间文化传承中的知识产权 [M].北京：社会科学文献出版社，2012.

[31] 谈国新，钟正.民族文化资源数字化与产业化开发 [M].武汉：华中师范大学出版社，2012.

[32] 王迁.版权法对技术措施的保护与规则研究 [M].北京：中国人民大学出版社，2018.

[33] 王迁.网络环境中的著作权保护研究 [M].北京：法律出版社，2011.

[34] 王迁.知识产权法教程 [M].北京：中国人民大学出版社，2016.

[35] 王松.最高人民法院司法观点集成 [M].北京：人民法院出版社，2014.

[36] 吴翠英，张晓明，任乌晶.中国少数民族文化发展报告（2014—2015）[M].北京：社会科学文献出版社，2015.

[37] 吴汉东.知识产权法 [M].6版.北京：北京大学出版社，2014.

[38] 吴汉东.知识产权总论［M］.北京：中国人民大学出版社，2013.

[39] 武翠英，张晓明，张学进.中国少数民族文化发展报告（2012）［M］.北京：社会科学文献出版社，2013.

[40] 谢尔登·W.哈尔彭，克雷格·艾伦·纳德，肯尼思·L.波特.美国知识产权法原理［M］.宋慧献，译.北京：商务印书馆，2013.

[41] 徐黎丽.民族学原理［M］.北京：人民出版社，2014.

[42] 杨红军.版权许可制度论［M］.北京：知识产权出版社，2013.

[43] 杨延超.版权战争［M］.北京：知识产权出版社，2017.

[44] 姚鹤徽.数字网络时代著作权保护模式研究［M］.北京：中国人民大学出版社，2018.

[45] 姚林青.版权与文化产业发展研究［M］.北京：经济科学出版社，2012.

[46] 于玉.著作权合理使用制度研究——应对数字网络环境挑战［M］.北京：知识产权出版社，2012.

[47] 约斯特·斯密尔斯，玛丽克·范·斯海恩德尔.抛弃版权——文化产业的未来［M］.刘金海，译.北京：知识产权出版社，2010.

[48] 岳广鹏.冲击·适应·重塑——网络与少数民族文化［M］.北京：中央民族大学出版社，2010.

[49] 张凤杰.出版法规与著作权法论析［M］.北京：中国书籍出版社，2015.

[50] 张立，汤雪梅，介晶.数字出版商业模式研究［M］.北京：中国书籍出版社，2016.

[51] 张立.2015—2016 中国数字出版产业年度报告［M］.北京：中国书籍出版社，2016.

[52] 赵力.数字公共图书馆著作权限制研究［M］.北京：知识产权出版社，2018.

[53] 赵树旺.数字出版国际化变革与发展［M］.北京：科学出版社，2017.

[54] 赵为学，尤杰，郑涵.数字传媒时代欧美版权体系重构［M］.上海：上海交通大学出版社，2015.

[55] 中南民族大学民族文化传播研究中心.民族文化传播研究（2015）［M］.武汉：湖北人民出版社，2015.

[56] 祝建军.数字时代著作权裁判逻辑［M］.北京：法律出版社，2014.

[57] 祝建军.知识产权疑难案件裁判思维［M］.北京：法律出版社，2018.

二、中文论文

[1] 蔡浩明.论新闻传播中新闻作品的合理使用：一个比较法的视角［J］.中国出版，

2017（7）.

[2] 曾晓武.简析少数民族语言文字翻译出版中的合理使用［J］.出版发行研究，2009（3）.

[3] 陈军，党燕妮，陈萍.西部地区图书馆馆藏发展政策分析——基于少数民族文献的讨论［J］.图书与情报，2014（2）.

[4] 陈峻俊，李远兰.网络传播少数民族文化的意义与特点［J］.当代传播，2014（3）.

[5] 陈信.我国少数民族语言数字资源建设研究［J］.图书馆工作与研究，2014（10）.

[6] 陈志贤.高校学报开放存取情况调查［J］.编辑学报，2015（10）.

[7] 崔汪卫，梁波.图书馆技术措施规避例外的域外评述与立法启示［J］.图书馆学研究，2019（7）.

[8] 戴庆厦."科学保护各民族语言文字"研究的理论方法思考［J］.民族翻译，2014（1）.

[9] 单丹兵.开放存取期刊的版权政策及其发展趋势［J］.出版广角，2017（1）.

[10] 德庆央珍.少数民族语言出版的数字化思考［J］.出版发行研究，2013（6）.

[11] 董凡，关永红.论文本与数字挖掘技术应用的版权例外规则构建［J］.河北法学，2019（8）.

[12] 段宇峰，王灿昊.内蒙古图书馆"彩云服务"的创新之路［J］.图书馆杂志，2018（4）.

[13] 冯可欧.论首次销售与合同约定之关系——以淘宝电子书市场"集体违约"现象为观察视角［J］.出版发行研究，2017（7）.

[14] 冯晓青，刁佳星.转换性使用与版权侵权边界研究——基于市场主义与功能主义分析视角［J］.湖南大学学报（社会科学版），2019（10）.

[15] 何炼红，邓欣欣.数字作品转售行为的著作权法规制——兼论数字发行权有限用尽原则确立［J］.法商研究，2014（9）.

[16] 胡开忠，赵加兵.英国版权例外制度的最新修订及启示［J］.知识产权，2014（8）.

[17] 华劼.版权转换性使用规则研究——以挪用艺术的合理使用判定为视角［J］.科技与出版，2019（8）.

[18] 华劼.美国转换性使用规则研究及对我国启示——以大规模数字化与数字图书馆建设为视角［J］.同济大学学报（社会科学版），2019（6）.

[19] 黄汇.论版权、公共领域与文化多样性的关系［J］.知识产权，2010（6）.

[20] 黄玉烨，何蓉.数字环境下首次销售原则的适用困境与出路［J］.浙江大学学报

（人文社会科学版），2018（11）.

[21] 吉宇宽.图书馆数字资源永久保存权保障策略研究［J］.图书馆建设，2018（8）.

[22] 姜亦周.中国著作权合理使用制度之演变与完善——从1991年《著作权法》到2014年《著作权法（修订草案送审稿）》［J］.出版科学，2019（5）.

[23] 焦和平.发行权规定的现存问题与改进建议——兼评《著作权法（修订草案送审稿）》相关规定［J］.交大法学，2015（3）.

[24] 金石，彭敏.论民文报纸与少数民族文化权利［J］.西藏民族学院学报，2014（3）.

[25] 李红杰，严庆.欧洲安全与合作组织少数民族问题高级专员制度评析［J］.民族研究，2007（2）.

[26] 李红青.少数民族传统音乐特殊版权保护研究［J］.贵州民族研究，2014（9）.

[27] 李洁.国际法视野下的自由贸易与文化多样性之冲突［J］.中南民族大学学报（人文社会科学版），2011（5）.

[28] 李克伟，李丽娜，张耀绅.我国学术期刊进入了开放存取时代吗？——基于CSCD及CSSCI来源期刊的调查［J］.图书馆研究，2019（11）.

[29] 李萍.知识获取权的证成——以应有权利为视角［J］.法治研究，2014（6）.

[30] 李晓阳.重塑技术措施的保护——从技术措施保护的分类谈起［J］.知识产权，2019（2）.

[31] 李扬.我国少数民族文化保护立法实证研究［J］.河北法学，2014（8）.

[32] 李运抟.少数民族文学研究"边缘化"另种理解［J］.广西民族大学学报，2014（9）.

[33] 梁秋春.民族地区高等医学院校构建开放存取型机构知识库探讨［J］.情报探索，2017（8）.

[34] 刘阜源.国外开放存取学术期刊市场发展态势分析［J］.数字图书馆论坛，2018（9）.

[35] 刘艳靖.内蒙古民族文化出版现状及策略研究［J］.编辑之友，2014（5）.

[36] 刘颖.版权法上技术措施的范围［J］.法学评论，2017（5）.

[37] 马季.网络时代的民族文学生态［J］.民族文学研究，2009（1）.

[38] 马玄，刘有东.著作权合理使用的学术研究状况、趋势与对策分析［J］.重庆社会科学，2019（1）.

[39] 莫曲波.谈出版的融合发展——以广西师范大学出版社为例［J］.出版广角，2019（4）.

[40] 倪朱亮."用户生成内容"之版权保护考［J］.知识产权，2019（1）.

[41] 帕提曼, 李万梅. 网络环境下民族院校图书馆少数民族文献资源共建共享思考 [J]. 西藏大学学报（自然科学版）, 2013 (10).

[42] 彭桂兵. 新闻聚合的著作权合理使用问题研究 [J] 中国出版, 2017 (7).

[43] 彭学龙. 论著作权语境下的获取权 [J]. 法商研究, 2010 (7).

[44] 秦珂. 首次销售原则在我国图书馆传播与利用数字作品中的延伸性适用探讨 [J]. 图书情报工作, 2018 (8).

[45] 秦天. 从数字复合出版系统工程看民族出版数字化 [J]. 科技传播, 2017 (12).

[46] 邵燕.. "转换性使用" 规则对我国数字图书馆建设的启示 [J]. 图书馆论坛, 2015 (2).

[47] 宋飞, 郭斌. 内蒙古图书馆 "彩云服务" 的实践及启示 [J]. 图书馆学刊, 2017 (12).

[48] 宋韦韦. 论文化多样性公约限制视听产品贸易的可能性 [J]. 山东大学法律评论, 2011 (1).

[49] 孙雯. WTO 框架下文化产品贸易自由化与文化多样性的冲突与协调——以中美出版物与视听作品案为背景 [J]. 南京大学法律评论, 2011；春.

[50] 孙新强, 姜荣. 著作权延伸性集体管理制度的中国化构建——以比较法为视角 [J]. 法学杂志, 2018 (2).

[51] 谭洋. 在线内容分享服务提供商的一般过滤义务——基于《欧盟数字化单一市场版权指令》[J]. 知识产权, 2019 (6).

[52] 王迁. 技术措施保护与合理使用的冲突及法律对策 [J]. 法学, 2017 (11).

[53] 王迁. 论《马拉喀什条约》及对我国著作权立法的影响 [J]. 法学, 2013 (10).

[54] 王迁. 论版权法对滥用技术措施行为的规制 [J]. 现代法学, 2018 (7).

[55] 王文兵, 卢显明, 祝方林, 等. 少数民族地区图书馆民族民间文化资源建设研究 [J]. 图书馆工作研究, 2012 (7).

[56] 王煜. 构建我国版权合理使用制度与技术措施协调机制 [J]. 出版发行研究, 2018 (8).

[57] 魏露露. 互联网创新视角下社交平台内容规制责任 [J]. 东方法学, 2019 (1).

[58] 吴汉东. 现代传播技术中的合理使用制度 [J]. 南京大学法学评论, 1996；秋.

[59] 吴汉东. 中国知识产权法律变迁的基本面向 [J]. 中国社会科学, 2018 (8).

[60] 吴慧婷, 王炎龙. 公益出版的营销困局与转型路径 [J]. 出版发行研究, 2010 (10).

[61] 谢惠加. 视障人士版权合理使用制度的审思——评《著作权法》（修订草案送审稿）第 43 条 [J]. 出版发行研究, 2015 (1).

［62］谢晴川，何天翔.论著作权合理使用制度的开放化路径——以"中间层次"一般条款的引入为中心［J］.知识产权，2019（5）.

［63］熊琦.非法著作权集体管理司法认定的法源梳解［J］.华东政法大学学报，2017（9）.

［64］熊琦.论"接触权"——著作财产权类型化的不足与克服［J］.法律科学，2008（9）.

［65］熊琦.著作权转换性使用的本土法释义［J］.法学家，2019（3）.

［66］杨一.我国当代少数民族文学出版现状及扶持举措［J］.出版发行研究，2019（7）.

［67］姚新勇.少数民族文学：身份话语与主体性生产［J］.暨南学报（哲学社会科学版），2014（2）.

［68］于文.纵深融合趋势下的版权许可制度一体化建设［J］.中国出版，2019（11）.

［69］袁锋.网络影评类短视频合理使用问题研究——以转换性使用为视角［J］.中国出版，2019（2）.

［70］袁杏桃.著作权集体管理组织反垄断问题研究［J］.知识产权，2017（5）.

［71］袁征宇.新疆民文数字出版在探索中寻求突破［J］.中国出版，2015（4）.

［72］翟瑛栋，任忆冬.互联网时代民文出版数字化转型研究［J］.出版科学，2018（4）.

［73］张次第.少数民族文献资源建设研究［J］.中国图书馆学报，2011（9）.

［74］张大伟.民族类出版社数字转型的理念、人才与技术因素分析［J］.编辑之友，2018（2）.

［75］张耕，林楠.规范性路径下作品的转换性使用标准重构及其本土化［J］.西南民族大学学报（人文社科版），2019（8）.

［76］张惠玲.我国少数民族语言文字立法保护研究［J］.贵州民族研究，2014（10）.

［77］张慧春.网络环境下期刊出版者权利的保护——以第三次著作权法修改为视角［J］.编辑之友，2016（10）.

［78］张慧春.学术期刊数字出版中的版权问题分析［J］.编辑之友，2019（2）.

［79］张今，田小军.欧盟著作权法改革与中国借鉴［J］.中国出版，2019（3）.

［80］张立彬，张晓新.凸显合理使用量化观的美国高校图书馆版权指南文本研究［J］.图书馆学研究，2019（10）.

［81］张书琴.《著作权法》第22条第11项适用的探析［J］.出版发行研究，2014（11）.

［82］张树杰.内蒙古网上数字图书馆的建设与思考［J］.内蒙古图书馆工作，2016

(6).

[83] 赵青.刍议西部少数民族地区的数字鸿沟与信息服务 [J]. 现代情报，2007 (3).

[84] 赵锐.开放许可：制度优势与法律构造 [J]. 知识产权，2017 (6).

[85] 郑建明，钱鹏.国内数字图书馆建设模式研究——以国家数字图书馆与中国高等教育数字图书馆为例 [J]. 大学图书馆学报，2011 (1).

[86] 郑万青，高金强.电子书版权保护的欧美经验——兼论我国电子书版权保护体系的构建 [J]. 知识产权，2017 (12).

[87] 郑万青，高金强.数字出版中电子书版权保护难题辨析 [J]. 中国出版，2018 (9).

[88] 周庆生.少数民族语言在社会转型中的挑战与机遇 [J] 云南师范大学学报，2013 (3).

[89] 周庆生.市场经济条件下少数民族文字图书出版状况报告 [J]. 民族学刊，2010 (1).

[90] 朱美华，王月娥.文化自觉视角下的少数民族地区图书馆多元文化服务 [J]. 图书与情报，2011 (4).

[91] 朱喆琳."发行权穷竭"理论对我国版权产业影响研究 [J]. 科技与出版，2018 (1).

三、外文著作

[1] PETER M. Copyright Exhaustion Law and Policy in the United States and the European Union [M]. Cambridge University Press, 2018.

[2] MANOJ K S, VANDANA M. Copyright Law in the Digital World [M]. Springer press, 2017.

[3] MELISSA L. Finding the Public Domain：Finding the Public Domain [M]. Rengents of the university of Michigan, 2016, is licensed under CC-BY4. 0.

[4] FRANCINA C. Authors, copyright, and publishing in the digital era [M]. IGI Global, 2014.

[5] GRAHAM P C. Copyright interpreting the law for libraries. Archives and information services [M]. Facet Publishing, 2015.

[6] KENNEETH D C. Copyright law for Librarians and Educators [M]. American Library Association, 2006.

[7] JANE S, CHRIS M. Copyright and E-learning A guide for practitioners [M]. Facet Publishing, 2016.

[8] JOAO P Q. Copyright in the age of online access alternative compensation system in EU Law [M]. Kluwer Law International B. V, 2017.

四、外文论文

[1] MORING T. New Media and Implementation of Instruments in Support of Minority Rights Related to Media [J]. 6Eur. Y. B. Minority Issues, 2013.

[2] MCGONAGLE T, MORING T. Minorities and the Media: Present, Probing and Pressing Questions [J]. 9 Eur. Y. B. Minority, 1998.

[3] MORING T. Media Markets and Minority Languages in the Digital Age [J]. Journal on Ethnopolitics and Minority Issues in Europe 2013, 112 (4).

[4] LEVITIN A J. Remote Deposit Capture: A Legal And Transactional Overview [J]. Banking Law Journal, 2009, 115 (126).

[5] AARON J. The Authors Guild V. Hathitrust: A Way Forward For Digital Access To Neglected Works In Libraries [J]. Lewis & Clark L. Rev, 2012, 1317 (16).

[6] DIA A S. Fair Use & Mass Digitization: The Future of Copy-Dependent Technologies After Authors Guild V. Hathitrust [J]. Berkeley Tech. L. J, 2013, 683 (28).

[7] SCHAUFENBUEL B. Revisiting Reader Privacy In The Age Of The E-Book [J]. Marshall L. Rev, 2011, 204 (175).

[8] POPERNIK S B. The Creation of an access Right in the Ninth Circuit's Digital Copyright Jurisprudence [J]. Brook. L. Rev, 2013, 740 (78).

[9] STOUT K D. Copyrights without Limits: The Undefeatable Right of Access Control under Sec. 1201 (A) of the Digital Millennium Copyright Act [J]. Marq. Intell. Prop. L. Rev, 2015, 220 (19).

[10] GINSBURG J C. Essay: From Having Copies to Experiencing Works: The Development of an Access Right in U. S. Copyright Law [J]. Copyright Soc'y U. S. A., 2002-2003, 132 (113).

[11] HEIDE T. Copyright in the EU and U. S. : What Access-Right [J]. Copyright Soc'y U. S. A., 2001, 382 (363).

[12] LANDAU M. Has the Digital Millennium Copyright Act Really Created a New Exclusive Right of Access: Attempting to Reach a Balance between Users'and Content Providers'Rights" [J]. Copyright Soc'y U. S. A, 2011, 312 (277).

[13] MURRAY M D. Reconstructing the Contours of the Copyright Originality and Idea-Expression Doctrines regarding the Right to Deny Access to Deny Access to Works

[J]. Tex. A & ML. Rev, 2014, 940 (16).

[14] GREENE K J. Copyright, Culture & Black Music: A Legacy of Unequal Protection [J]. Hastings Comm. & Ent. L. J, 1998, 399 (21).

[15] HUGHES J, MERGERS R P. Mergers. Copyright and Distributive Justice [J]. Notre Dame L. Rev, 2016, 513 (92).

[16] MTIMA L. Copyright Social Utility and social Justice Interdependence: A Paradigm for Intellectual Property Empowerment and Digital Entrepreneurship [J]. W. Va. L. Rev, 2009, 97 (112).

[17] LONG D E. The Impact of Foreign Investment on Indigenous Culture: An Intellectual Property Perspective [J]. N. C. J. Int'IL. & Com. Reg, 2007, 229 (23).

[18] SHAVER L. The Right to Take Part in Culture Life: On Copyright and Human Rights [J]. Wis. Int'IL. J, 2009, 637 (27).

[19] TORKORNOO G. Creating Capital from Culture Re-Thinking the Provisions on Expressions of Folklore in Ghana's Copyright Law [J] Ann. Surv. Int'I & Comp. L, 2012, 1 (18).

[20] MCGONAGLE T. Freedom of Expression of Minorities in the Digital Age: Staking out a New Research Agenda [J]. JEMIE, 2013, 1 (12).

[21] MTIMA L. Copyright and Social Justice in the Digital Information Society: Three Steps toward Intellectual Property Social Justice [J]. Hous. L. Rev, 2015, 459 (53).

[22] KARANJA W. The Legitimacy of Indigenous Intellectual Property Right' Claims [J]. StrathemoreL. Rev, 2016, 165 (1).

[23] VINCZE L. Language Minorities and New Media: Facing Trilingualism [J]. Eur. Y. B. Minority Issues, 2010, 377 (9).

[24] MTIMA L. What's Mine Is Mine but What's Yours Is Ours: IP Imperialism, the Right of Publicity, and Intellectual Property Social Justice in the Digital Information Age [J]. Arize. St. U. Sports&Ent. L. J, 2012, 35 (2).

[25] INAWAT R J. Music as Culture Heritage: Analysis of the means of Preventing the exploitaion of intangible cultural heritage [J]. J. Marshall Rev. Intell. Prop. L. i 2014-2015, 14.

[26] DITTMORE S W. Privilege over Innovation: Sports Broadcasting, Mobile Television, and the case of Aereo [J]. J. Legal Aspects Sports3, 2017, 18 (27).

[27] MCKENZIE E. A book by Any Other Name: E-Book and the First Sale Doctrine

[J]. Chi-Kent J. Intell. Prop, 2013, 57 (12).

[28] SCHONHOFEN S. Usedsoft and its aftermath: The Resale of Digital Content in the European Union [J]. Wake Forest J. Bus. & Intell. Prop. L, 2016, 262 (16).

[29] MOSLEY C T. Mourning the Loss of copyright's Unsung Hero: Destruction of the First Sale Doctrine [J]. chi.-kent J. Intell. prop, 2014, 235 (14).

[30] EICHIER A C. Owning what You Buy: How iTunes Uses Federal Copyright Law Inheritability of Content, and the Need to Expand the First Sale Doctrine to Include Digital Assets [J]. Hous. Bus. & Tax L. J, 2016, 208 (16).

[31] PETASIS A M. Association Standing under the Copyright Act [J]. U. Chi. L. Rev, 2017, 1517 (84).

[32] SHIPLEY D E, SUITE D D. Copyright's First Sale Doctrine and Preemption of State Law [J]. Hastings Comm. & Ent. L. J1, 2017, 42 (39).

[33] REIS S. Toward a Digital Transfer Doctrine-The First Sale Doctrine in the Digital Era [J]. Nw. U. L. Rev, 2014, 173 (109).

[34] CONDOULIS K A. Let Me Sell My Song: The Need for a digital First Sale Doctrine Amendment to the Copyright Act [J]. B. U. J. Sci. & Tech. L, 2016, 121 (22).

[35] SAID Z K. A Transactional Theory of the Reader in Copyright Law [J]. Iowa L. Rev, 2017, 605 (102).

[36] WLAZLO M. The Tale of the E-Book: Library Lending's Newest Edition [J]. Syracuse L. Rev, 2013, 273 (63).

[37] BLAIER A. Fair Use and First Amendment: Without Fair Use, What Would You Freely Speak about [J]. pace Intell. Prop. Sprots & Ent. L. F, 2017, 97 (8).

[38] FINDLEY J. Liberating the Library: Fair Use Mostly Upheld for University E-Reserves in Cambridge University Press v. Becker [J]. Mercer L. Rev, 2013, 611 (64).

[39] CHRISTEN K. Opening Archives: Respectful Repatriation [J]. The American Archivist, 2011, 74 (11).

[40] LONGSON A. Electronic Legal Deposit and the Advocates Library [J]. LIM, 2014, 80 (14).

[41] SAG M. Internet Safe Harbors and the Transformation of copyright Law [J]. Notre Dame L. Rev, 2017, 499 (93).

[42] NIVA E K, ORIT F A. Rulifying Fair Use [J]. Ariz. L. Rev, 2017, 161 (59).

[43] SUTHERANEN U. Property and Culture: A Case Study on Orphan Works [J]. Art Antiquity & L, 2017, 172 (22).

[44] KIMBROUGH J L, GASAWAY L N. Publication of Government-Funded Research, Open Access, and the Public Interest [J]. Vand. J. Ent. & Tech. L, 2015-2016, 267 (18).

[45] BALINSKI A. From Library to Liability-Importing Trade Secret Doctrines to Erase Unfair Copyright Risks Lurking in YouTube's Creative Commons Library [J]. BYU L. Rev, 2016, 971 (16).

[46] KOUTRAS N. Open Access: A Means for Social Justice and Greater Social Conesion [J]. Seattle J. Soc. Just, 2017, 105 (16).

[47] KOUTRAS N. The Desirability of Open Access as a Means of Pbulication and Dissemination of Information: Time to Recast the Relationship between Commercial Publishers and Authors [J]. I. W. Austl. L. Rev, 2017, 85 (41).

[48] BOYD K M. What's in a Name: Cable Systems, Filmon, and Judicial Consideration of the Applicability of the Copyright Act's Compulsory License to Online Broadcasters of Cable Content [J]. Duke L. & Tech. Rev, 2017, 154 (15).

[49] BUTLAND N C, SULLIVAN J J. Pirate Tales from the Deep: An Exploration of Online Copyright Infringement in the Digital Age [J]. U. Mass. L. Rev, 2018, 50 (13).

[50] CHRISTEN K. Opening Archives: Respectful Repatriation [J]. The American Archivist, 2011, 126 (74).

[51] TUTT A. Unique Copyrights [J]. J. Pat. & Trademark Off. Soc'y, 2013, 390 (95).

[52] LIU J. Copyright for Blockheads: An Empirical Studay of Market Incentive and Intrinsic Motivation [J]. Columbia Journal Of Law & The Arts, 2014-2015, 467 (38).

[53] SKLADANY M. Alienation By Copyright: Abolishing Copyright To Spur Individual Creativity [J]. J. Copyright Soc'y U. S. A, 2007-2008, 361 (55).

[54] LIPTON J D. Copyright And The Commercialization of Fanfiction [J]. Hous. L. Rev, 2014-2015, 425 (52).

[55] LESTER T. Blured Lines-Where Copyright Ends and Culture Appropriation Begins-The Case of Robin Thicke Versus Bridgeport Music and the Estate of Marvin Gaye [J]. Hastings Comm. & Ent. L. J, 2013-2014, 217 (36).

[56] VAVER D. Copyright Defenses As User Rights [J]. J. Copyright Soc'y U. S. A, 2012-2013, 661 (60).

[57] SUZOR N. Free-Riding, Cooperation, And Peaceful Revolution in Copyright [J]. Harv. J. L. & Tech, 2014-2015, 137 (28).

[58] ABRUZZI B E. Copyright, Free Expression, And The Enforceabilitiy Of Pesonal Use-

Only And Other Use-Restrictive Online Terms Of Use [J]. Santa Clara Computer & Hing Tech. L. J, 2009-2010, 85 (26).

[59] MONTANO N. Hero With a Thousand Copyright Violations: Modern Myth and an Argument for Universally Transformative Fan Fiction [J]. NW. J. Tech. & Intell. Prop, 2012-2013, 11 (17).

[60] ETLIN R A. Copyright, Education and Social Responsibilities [J]. Historical Journal of Film, Radio and Television, 1998, 1 (18).

[61] MCMONAGLE S. The European Charter for Regional or Minority Languages: Still Relevant in the Information Age? [J]. JEMIE, 2012, 11 (1).

[62] VERNA C G. Developments in the Field of the European Charter for Regional or Minority Languages in 2009 [J]. Eur. Y. B. Minority, 2009, 595 (8).

[63] SIDHU K. A Call for Minority Involvement in Cybersecurity Legislation Reform and Civil Rights Protests: Lessons form the anti-SOPA/PIPA Demonstrations [J] Hastings Comm. & Ent. L. J, 2016, 117 (38).

[64] AUSTIN G W. Authors'Human Rights and Copyright Policy [J]. Colum. J. L. & Arts, 2016-2017, 405 (40).

[65] EVANS T M. User Safer Harbor from Statutory Damages: Remixing the DOC's IP Task Force White Paper [J]. San Diego L. Rev, 2017, 116 (54).

[66] HSIA J. Twitter Trouble: The Communication Decency Act in Inaction [J] Colum. Bus. L. Rev, 2017, 452 (339).

[67] FRAZIER B W. Optimizing Copyright Duration for the Digital Age [J]. SMU Sci. & Tech. L. Rev, 2011-2012, 209 (15).

[68] PETER K. YU. Bridging The Digital Divide: Equality in the Information Age [J]. Cardozo Arts & Ent. L. J, 2002, 20 (1).

[69] LIPOTT S. The Hungarian National Minority in Slovenia: Assessment of Protection and Integration after EU Accession [J]. Romanian J.. Eur. Aff, 2013, 64 (13).

[70] MARCELINO F L. The Digital Dilemma: Ten Challenges Facing Minority-Owned Media Ventures [J]. Fed. Comm. L. J, 1998-1999, 577 (51).

[71] BISSELL T. The Digital Divide Dilemma: Preserving Native American Culture While Increasing Access To Information Technology On Reservation [J]. 2004 U. Ill. J. L. Tech. & Pol'y, 2004, 129 (6).

[72] CORWIN P. OutLook For Copyright And Digital Media Legislation in The 108th congress [J]. Media L. & Pol'y, 2002-2003, 98 (11).

[73] FRAZIER B W. Optimizing Copyright Duration for the Digital Age [J]. SMU Sci. & Tech. L. Rev, 2011-2012, 209 (15).

[74] BANERJEE A. Copyright Piracy And The Indian Film Industry: A Realist Assessment [J]. Cardozo Arts & Ent. L. J, 2016, 609 (34).

[75] STORTZ M. App Advice: Spotlight on Pinterest [J]. Martha Stortz Tall Q, 2017, 22 (2016).

[76] KOREN N E. Rulifying Fair Use [J] Ariz. L. Rev, 2019, 200 (59).

[77] TRAVIS H. Free Speech Institutions And Fair Use: A New AGenda For Copyright Reform [J]. Cardozo Arts & Ent. L. J, 2015, 673 (33).

[78] LESTER T. Dessialava Pachamanova. The Dilemma Of False Positives: Making Content Id Algorithms More Conducive To Fostering Innovative Fair Use In Music Creation [J]. UCLA. L. Rev, 2017, 74 (24).

[79] LATOZA I R. Amber Tears And Copyright Fears: The Inadequate Protection Of Culture Heritage In the United States [J]. J. Marshall Rev. Intell. Prop, 2016, L. 543 (15).

[80] GERSTENBLITH P. The Destruciton Of Culture Heritage: A Crime AGainst Property Or Crime Against People? [J]. J. Marshall Rev. Intell. Prop. L, 2015-2016, 336 (15).

[81] CHAN C S W. Is There a Liberal Case for Minority Culture Rights? [J]. H. K. J. Legal Stud, 2007, 1 (1).

[82] KEATON A M. Using the Copyright Act To Protect Cultural Properties: Copyright Protection of Mardi Gras Indian Suits [J]. Tul. J. Tech. & Intell. Prop, 2012, 89 (15).

[83] BIETTI E. Defining Art for Copyright: Against The Museum Without Walls [J]. UCL Jurisprudence Rev, 2010, 154 (16).

[84] LERDAL S N. Evidence - Based Librarianship: OPPortunity for Law Librarians [J]. Law LIbr. J, 2006, 33 (98).

[85] CONTRERAS J L. Confronting The Crisis In Scientific Publishing: Latency, Licensing, And Access [J]. Santa Clara L. Rev. , 2013, 491 (53).

[86] SHAVELL S. Should Copyright Of Academic Works Be Abolished? [J]. J. Legal Analysis, 2010, 301 (2).

[87] WIEHE K. Dollars, Downloads and Digital Distribution: Is Making Abailable a Copyrighted Work a Violation of the Author's Distribution Right? [J]. UCLA Ent. L. Rev,

2008, 117 (15).

[88] CHAN G K. Downstream Alteration of Copyright Works in a World of Licensed, Digital Distribution [J]. Coulun. J. L. & Arts, 2012-2013, 261 (36).

[89] BRACBA O, SYED T. Beyond Efficiency: Consequence - Sensitive Theories of Copyright [J]. Berkeley Tech. L. J, 2014, 229 (29).

后 记

我生长在锡林郭勒草原，听惯了马头琴的悠扬，也熟悉长调的苍茫。飘香的奶茶、清洌的美酒在我的生活中司空见惯。草原文化就这样沁润着生活在这片土地上的人们。荆楚求学六载，蓦然发现，我习以为常的风景风俗，可能是某位"姑凉伢"神往已久的远方，文化的魅力在差异中得到彰显。回到母校任教，偶尔和学生们聊聊爱好，他们喜欢《特斯河之赞》的雄浑激烈，也欣赏《莫尼山》的静谧温柔，腾格尔演绎的《热爱105℃的你》会让整个课间充满欢笑。少数民族文化并非全然都是原生态的，在交融传承中，她以独特的魅力征服、感染着热爱这片土地的每个人。数字环境下，少数民族题材作品传播更广，影响力也得到提升，传统文化在网络环境下焕发生机，版权保护日益重要，这应是本书选题的缘起。运用知识产权制度，保护传承并激励创新，是本书所研究的主题。

从确定选题到完成写作，过程并不顺利，材料卷帙浩繁，思路时断时续。文化传承是过于宏大的议题，我并不想完全局限于传统、原生态的层面去探讨传承问题，也不能忽视少数民族文化的独特性只谈激励创新，终稿所呈现的结构和内容，如今看来对很多问题的探讨大多浅尝辄止，甚至可谓浅薄。聊以自慰的是，通读本书后尚能发现些许灵感闪现的痕迹，对今后的研究方向仍有启发，本书的完成是一个过程的终止，亦是新的起点。

选题确定之初，我还是个推崇以学术为志业的"青椒"，书稿完成之际，我的儿子已经背起书包去探知属于他的世界。数不清多少个日夜，伴随着他的啼哭，那些可爱的创作灵感灰飞烟灭，也是他的欢声笑语，让我没有放弃曾经坚守的志业。感谢他的到来，点缀了乏善可陈的生活。

书稿能付梓，全赖知识产权出版社各位编辑老师的辛勤付出，他们进行文稿审读，编辑极为细致，原稿谬误之多，着实令我汗颜。本书出版过程颇费周章，感谢刘睿老师和邓莹老师对本书出版流程的把控。

最后，愿以本书为鞭策，提醒我始终不忘学术研究的初心，保持严谨、保持刻苦、保持敬畏。

张慧春

2022 年 6 月 16 日于内蒙古呼和浩特